Flexibilização dos Direitos Trabalhistas

Ações Afirmativas da Dignidade da Pessoa Humana como Forma de Resistência

RODRIGO GOLDSCHMIDT

Graduado em Ciências Jurídicas e Sociais pela Universidade de Passo Fundo/RS (1993).
Especialista em Direito Civil — Contratos e Responsabilidade Civil — pela Universidade de Passo Fundo/RS (1997).
Mestre em Direito pela Universidade Federal de Santa Catarina (2001). Doutor em Direito pela Universidade Federal de Santa Catarina (2008). Professor de Cursos de graduação e pós-graduação em Direito.
Professor de Curso Preparatório para Magistratura do Trabalho — AMATRA 12. Juiz do Trabalho Substituto — Tribunal Regional do Trabalho da 12ª Região/SC.

Flexibilização dos Direitos Trabalhistas

Ações Afirmativas da Dignidade da Pessoa Humana como Forma de Resistência

EDITORA LTr®
SÃO PAULO

Dados Internacionais de Catalogação na Publicação (CIP)
(Câmara Brasileira do Livro, SP, Brasil)

Goldschmidt, Rodrigo

Flexibilização dos direitos trabalhistas: ações afirmativas da dignidade da pessoa humana como forma de resistência / Rodrigo Goldschmidt. — São Paulo : LTr, 2009.

Bibliografia.
ISBN 978-85-361-1307-4

1. Contratos de trabalho 2. Direito do trabalho 3. Flexibilização do trabalho 4. Negociação coletiva 5. Poder Judiciário I. Título.

09-02131 CDU-34:331.8

Índice para catálogo sistemático:

1. Flexibilização dos direitos trabalhistas :
Limites : Direito do trabalho 34:331.8

Produção Gráfica e Editoração Eletrônica: **LINOTEC**
Capa: **ELIANA C. COSTA**
Impressão: **COMETA GRÁFICA E EDITORA**

EDITORA LTDA.
Rua Apa, 165 — CEP 01201-904 — Fone (11) 3826-2788 — Fax (11) 3826-9180
São Paulo, SP — Brasil — www.ltr.com.br

LTr 3808.9 **Abril, 2009**

Dedico este trabalho de pesquisa a minha esposa Marilde Angélica Webber Goldschmidt e a minha filha Lívia Webber Goldschmidt, pessoas nas quais encontro razões suficientes para lutar por um mundo melhor.

Agradeço ao meu professor orientador, Dr. *José Isaac Pilati*, que sempre acreditou no meu potencial e atuou com dedicação na minha orientação. Agradeço, também, a minha esposa Marilde Angélica Webber Goldschmidt que, pacientemente, soube ouvir minhas ideias e dúvidas, sempre ajudando com suas oportunas considerações. Por fim, agradeço a Deus pela minha filha Lívia, que veio completar a felicidade da minha vida.

SUMÁRIO

PREFÁCIO — José Isaac Pilati 11

INTRODUÇÃO 13

CAPÍTULO 1 — A dignidade da pessoa humana 19

1.1 A dignidade da pessoa humana na perspectiva da Filosofia e da Ciência Política 20

1.2 A dimensão jurídica da dignidade da pessoa humana 56

1.3 A constitucionalização da dignidade da pessoa humana 64

1.3.1 A dignidade da pessoa humana na Constituição da República Federativa do Brasil 66

1.4 As dimensões defensiva e prestacional da dignidade da pessoa humana 69

1.4.1 A dimensão defensiva (negativa) da dignidade da pessoa humana ... 70

1.4.2 A dimensão prestacional (positiva) da dignidade da pessoa humana ... 73

CAPÍTULO 2 — A base principiológica e a crise do Direito do Trabalho 78

2.1 A Revolução Industrial e a contrarrevolução social: um direito imprimido pelo oprimido 79

2.2 A base principiológica do Direito do Trabalho 83

2.2.1 O conceito de princípio e sua funcionalidade no sistema jurídico 83

2.2.2 Os princípios do Direito do Trabalho 89

2.2.2.1 Princípio da proteção 89

2.2.2.2 Princípio da irrenunciabilidade 95

2.2.2.3 Princípio do contrato realidade 97

2.2.2.4 Princípio da continuidade da relação de emprego 99

2.2.2.5 Princípio da irredutibilidade salarial 101

2.2.2.6 Princípio da autodeterminação coletiva 102

2.2.2.7 Princípio da boa-fé 103

2.2.2.8 Princípio da proibição do retrocesso social 105

2.2.2.9 Princípio da dignidade da pessoa humana 106

2.3 O ideário econômico neoliberal e a crise do Direito do Trabalho 108

CAPÍTULO 3 — O Fenômeno da flexibilização do Direito do Trabalho 116

3.1 Aproximações contextuais e tentativa de conceituação do fenômeno da flexibilização 117

3.1.1 Globalização 117

3.1.2 Privatização 123

3.1.3 Terceirização 125

3.2 Tentativa de conceituação do fenômeno flexibilização 128
3.3 A tipologia da flexibilização 129
3.4 A flexibilização ante as bases filosóficas do Direito do Trabalho. Uma abordagem crítica inicial 136

CAPÍTULO 4 — Ações afirmativas da dignidade da pessoa humana como forma de resistência 149
4.1 A dignidade da pessoa humana como fundamento material e instrumental de resistência à flexibilização precarizante dos direitos trabalhistas 149
4.2 O papel do Estado na afirmação da dignidade da pessoa humana: políticas públicas e jurisdição 152
4.2.1 Políticas públicas 154
4.2.2 Jurisdição 170
4.3 O papel da sociedade civil e dos particulares na afirmação da dignidade da pessoa humana 176
4.4 Perspectivas de uma resistência (in)exitosa: o futuro do Direito do Trabalho e do homem trabalhador 195

CONCLUSÕES 203

REFERÊNCIAS 207

PREFÁCIO

Atendendo recomendação enfática dos membros da Banca que aprovou sua brilhante Tese de Doutorado, defendida junto ao Curso de Pós-Graduação em Direito da Universidade Federal de Santa Catarina — o Magistrado e Professor Rodrigo Goldschmidt, com o lançamento desta obra, presta uma contribuição inédita e inestimável às letras jurídicas do mundo contemporâneo.

O livro realiza o seguinte trajeto: toma a noção de dignidade da pessoa humana, desde as fontes históricas e filosóficas até sua positivação constitucional nos textos contemporâneos, fixando um marco teórico; recorta, no campo dos fatos, em tempos de globalização, terceirização e flexibilização de direitos, um universo específico de atuação do princípio, para destacar a crise do Direito do Trabalho nos dias atuais; e a propósito disso, discute e defende ações afirmativas da dignidade da pessoa humana como forma de resistência aos efeitos nocivos da referida flexibilização dos direitos trabalhistas.

Desafiados e incomodados estão, nesse recorte, em face da multifuncionalidade dos direitos fundamentais, todas as partes da tríade: Estado, Sociedade Civil e indivíduo (cidadão). Já o leitor, certamente — enriquecido pelo enfoque da situação específica do Direito laboral — é estimulado pelo autor a retomar, em novos ares, a questão fundamental da dignidade da pessoa humana nos planos: filosófico e jurídico.

Da minha parte, a atualidade do tema reporta à realidade constitucional: da república participativa. Sem liberdade e democracia e enquanto não se der feição política e jurídica à participação, nas matérias em que a soberania é passada à coletividade de cidadãos diretamente, pela Constituição (art. 1º), não haverá inclusão social. Ao contrário, permanecerá o déficit de dignidade das pessoas, em favor da racionalidade econômica em suas últimas consequências.

O livro apresenta-se com as virtudes de uma Tese de Doutorado — ineditismo, cientificidade e autoridade — sem os defeitos do ranço acadêmico. Seu estilo é suave e sua leitura é leve.

José Isaac Pilati
Professor dos Programas de Mestrado e Doutorado em
Direito da Universidade Federal de Santa Catarina

PREFÁCIO

INTRODUÇÃO

O Direito do Trabalho nasceu com a marca da vanguarda.

Foi o primeiro ramo do Direito a estabelecer normas de ordem pública e de caráter irrenunciável objetivando a proteção do empregado contra a força material (econômica) do empregador, justamente para que, no contrato de trabalho, fossem garantidas condições básicas, necessárias para proporcionar uma vida digna ao trabalhador.

Modernamente, vários outros ramos do Direito assumiram esse feitio protetor ou tutelar, bastando exemplificar com o Código de Defesa do Consumidor, o Estatuto da Criança e do Adolescente e o Estatuto do Idoso. Todas essas novas normas jurídicas foram concebidas partindo do pressuposto de que os sujeitos que protegem (consumidor, criança, adolescente e idoso) são considerados vulneráveis nas relações que entabulam, assim como o trabalhador o é no Direito do Trabalho.

Nada obstante, nos tempos atuais, o Direito do Trabalho encontra-se em profunda crise, pois, com a globalização da economia e com a ideologia neoliberal em curso, suas normas de proteção do trabalhador vêm sendo consideradas economicamente "pesadas" e "inflexíveis"; fator que, segundo os empresários, aumenta o "custo" da produção, inviabilizando a competitividade das empresas e a própria manutenção de postos formais de trabalho, dada a suposta "alta" carga tributária e parafiscal.

Neste contexto é que vem sendo pregado, no mundo do trabalho, com veemência e eficácia preocupantes, o discurso da "flexibilização" dos direitos trabalhistas.

No âmbito deste estudo, entende-se por "flexibilização" o movimento impulsionado pela ideologia neoliberal que pretende suprimir ou relativizar as normas jurídicas que garantem a proteção do empregado na relação contratual com o seu empregador, com vistas a "baratear" a mão-de-obra e o "custo" da produção, viabilizando, pretensamente, a competitividade das empresas no mercado globalizado.

Na realidade brasileira, a partir do último quartel do século XX, várias normas jurídicas e inúmeras decisões judiciais (súmulas, inclusive) já flexibilizavam direitos trabalhistas, atingindo duramente a dignidade do trabalhador, podendo-se exemplificar com o inciso VI do art. 7º da Constituição, que permite a redução do salário mediante negociação coletiva, quando, perante o Direito do Trabalho, por força de um de seus princípios mais caros, é vedada a redução salarial.

No plano da jurisprudência, meramente para ilustrar, cita-se a Súmula n. 342 do TST, que permite descontos (tratamento médico, tratamento odontológico, seguro de vida em grupo e mensalidade de associação de empregados) no salário do empregado, quando, como já visto, o Direito do Trabalho consagra o princípio da intangibilidade salarial.

É justamente este cenário que traz inquietude profissional e acadêmica e anima a elaborar uma tese científica que busque não só compreender as forças que agem por trás desse fenômeno da flexibilização das normas trabalhistas, gerando o necessário conteúdo crítico, mas, também, que seja capaz de buscar referencial teórico para idealizar mecanismos que ofereçam resistência aos efeitos "precarizantes" ou "corrosivos" do Direito do Trabalho impostos pelo referido fenômeno.

E esse movimento de resistência, num primeiro momento, parece pertinente e salutar, porquanto as bases sobre as quais o Direito do Trabalho foi idealizado continuam atuais, na medida em que as partes contratantes, no caso empregado e empregador, não estão em pé de igualdade material para negociar as cláusulas contratuais, ante a profunda desigualdade social que marca o Brasil, persistindo, ao que parece, a necessidade de o Estado intervir na relação entre o capital e o trabalho para garantir o equilíbrio jurídico do ajuste, protegendo a parte vulnerável desta relação, que é o trabalhador.

Diante dessa temática, o problema que se formula é o seguinte: Os efeitos precarizantes da flexibilização dos direitos trabalhistas podem ser evitados ou minimizados com a utilização das ações afirmativas da dignidade da pessoa humana?

A hipótese provisória que se elabora diante do problema acima proposto é positiva, ou seja, que as ações afirmativas da dignidade da pessoa humana, levadas a cabo pelo Estado, pela sociedade civil e pelos particulares, constituem meios eficazes de resistência aos efeitos nocivos da flexibilização do Direito do Trabalho.

De fato, o Estado, bem como a sociedade civil e os particulares, devem reconhecer a força normativa do princípio constitucional da dignidade da pessoa humana, colocando-o em prática, como forma de cumprir a promessa assumida na Constituição, afirmando os direitos trabalhistas conquistados pela classe trabalhadora.

Para confirmar (ou não) a hipótese acima levantada, é necessário buscar a noção, a funcionalidade e a força normativa do princípio da dignidade da pessoa humana voltadas à construção de um referencial teórico e de um mecanismo, juridicamente sustentável, de resistência contra os efeitos precarizantes da flexibilização dos direitos trabalhistas.

Para os fins desta tese, entende-se por dignidade a capacidade racional que a pessoa humana possui de perceber o contexto em que se insere e, diante dele, tomar decisões essenciais sobre a sua própria existência, fator que o torna singular e, ao mesmo tempo, igual aos seus semelhantes, por ser credor e devedor do mesmo tratamento e respeito.

Esse referencial teórico é pertinente porque o princípio da dignidade da pessoa humana constitui um dos fundamentos da República Federativa do Brasil (art. 1º, inciso III, da Constituição), dotado de força normativa, integrando a base dos direitos fundamentais, entre os quais o Direito do Trabalho.

Mais do que isso, tal princípio constitucional, consoante o art. 170 da Constituição, limita a ordem econômica e a livre iniciativa, determinando, expressamente, que elas devem não só respeitar, como também promover a dignidade da pessoa humana.

Daí porque, numa primeira análise, a flexibilização dos direitos trabalhistas não pode seguir curso livre, pois sua validade e eficácia estão condicionadas à preservação daqueles direitos mínimos necessários à manutenção e à promoção da dignidade da pessoa humana, preconizados, basicamente, na Constituição.

Partindo desse pressuposto, este estudo apresenta uma construção teórica de resgate da dignidade da pessoa humana nos campos filosófico e jurídico, acoplando esse aporte teórico às especificidades do Direito do Trabalho, atualizando e fortalecendo as suas bases.

A construção da tese, inédita neste aspecto, fornece ao Direito do Trabalho os subsídios teóricos para fazer frente à flexibilização precarizante, respaldando ações que afirmam a dignidade humana do trabalhador, reconhecendo-o como fim e não como meio do processo econômico-produtivo.

Nessa linha, como forma de resistir e de impor limites a essa flexibilização, defende-se, também de forma inédita, a tese das "ações afirmativas da dignidade da pessoa humana".

Para os efeitos desta pesquisa, entende-se por "ações afirmativas da dignidade da pessoa humana" as condutas positivas tomadas pelo Estado, pela sociedade civil e pelos particulares para dar efeito prático ao princípio constitucional da dignidade da pessoa humana.

A ideia de "ações afirmativas" que se pretende empregar nesta pesquisa não se confunde com a noção estrita, definida na doutrina, de "discriminação positiva", de inclusão social de minorias.

Na verdade, a noção de ações afirmativas que será utilizada neste estudo tem pretensão mais ampla, já que se deseja afirmar o princípio constitucional da dignidade da pessoa humana e, pela via reflexa, proteger a generalidade dos trabalhadores (aí também incluídos segmentos de trabalhadores ainda mais vulneráveis, como mulheres, envelhescentes e portadores de necessidades especiais) contra os efeitos precarizantes da flexibilização dos direitos trabalhistas.

Nesse sentido, as ações afirmativas, no sentido da discriminação positiva (inclusão de minorias) é uma das facetas das "ações afirmativas da dignidade da pessoa humana" que se pretende defender, sendo esta última noção mais ampla e abrangente do que aquela primeira.

Tais ações, além de reconhecer a força normativa do princípio constitucional em foco, visam a preservar o conteúdo mínimo de proteção das normas trabalhistas, tais como originalmente concebidas e, também, envolver, na sua prática efetiva, o Estado, a sociedade civil e os particulares, pois todos esses entes são responsáveis pela proteção e pela promoção da dignidade da pessoa humana.

Com efeito, o Estado, através de políticas públicas e da jurisdição, assim como a sociedade civil e os particulares, nas mais diversas formas de organização e de mobilização, devem reconhecer a força normativa do princípio constitucional da dignidade da pessoa humana, colocando-o em prática.

Assim, estarão cumprindo o postulado constitucional (de preservar e promover a dignidade da pessoa humana), afirmando os direitos trabalhistas conquistados pela classe trabalhadora, resistindo aos efeitos precarizantes da flexibilização e colocando o capital a serviço do homem, e não o contrário.

O ineditismo da tese, neste contexto, além de se consubstanciar no aporte teórico do princípio da dignidade da pessoa humana ao Direito do Trabalho, repousa também nas ações afirmativas propostas nesta pesquisa e na funcionalidade das mesmas para a superação da flexibilização precarizante.

A escolha deste tema justifica-se porque, no Direito do Trabalho brasileiro, é pouca a doutrina que versa sobre a força normativa do princípio constitucional da dignidade da pessoa humana e sua utilização como forma de resistência aos efeitos nocivos da flexibilização.

Partindo dessa constatação, vislumbrou-se que este tema constitui um campo aberto para novas pesquisas, merecendo contribuições doutrinárias.

Ademais, a matéria em questão está diretamente ligada às atividades profissionais deste pesquisador, quais sejam, o magistério superior (graduação e pós-graduação em Direito do Trabalho e Direito Processual do Trabalho) e a magistratura trabalhista.

O objetivo geral desta pesquisa é verificar se as ações afirmativas do princípio constitucional da dignidade da pessoa humana podem contribuir para obstar ou minimizar os efeitos nocivos da flexibilização dos direitos trabalhistas.

Como objetivos específicos, a tese pretende: a) pesquisar o princípio constitucional da dignidade da pessoa humana, estabelecendo sua noção, seu conceito, sua força normativa e suas dimensões defensiva e prestacional; b) estudar a base principiológica do Direito do Trabalho, demonstrando que é adequada à realidade brasileira. Com isso, estudar a crise do Direito do Trabalho ante a crescente flexibilização de seus postulados filosóficos originais, em especial o princípio da proteção do trabalhador, impostos pela globalização neoliberal em curso; c) compreender a teoria da flexibilização dos direitos trabalhistas (base ideológica, conceito, classificação e efeitos) e demonstrar que ela traz consequências nefastas para a classe trabalhadora brasileira; e d) defender a ideia de que as ações afirmativas do princípio constitucional da dignidade da pessoa humana, colocadas em prática pelo Estado, pela sociedade civil e pelos particulares, constituem meios efetivos de resistência aos efeitos nocivos da flexibilização dos direitos trabalhistas.

O método de abordagem aplicado nesta pesquisa é o indutivo, uma vez que se parte de uma situação particular — a flexibilização dos direitos trabalhistas — generalizando o estudo para compreender e tratar o tema.

O método de procedimento é o monográfico, uma vez que permite generalizar a pesquisa, ampliando as possibilidades de estudo de temas pertinentes e conexos para confirmar ou não a hipótese da pesquisa.

As técnicas de pesquisa são a bibliográfica e a documental, com a consulta de fontes documentais primárias, como leis e tratados, bem como a pesquisa bibliográfica de fontes secundárias, como doutrina e jurisprudência.

Visando a atingir os fins propostos, ou seja, confirmar ou não a hipótese desta pesquista, a tese é estruturada em quatro capítulos, sistematicamente conectados.

O primeiro capítulo veicula a teoria de base da pesquisa. Investiga-se a ideia de dignidade da pessoa humana na concepção de alguns autores clássicos e atuais. Na sequência, aborda-se a dimensão jurídica da dignidade da pessoa humana, estudando-se os tratados internacionais mais expressivos, pertinentes ao mundo do trabalho, bem como o processo de constitucionalização da aludida categoria. Por fim, estudam-se as dimensões defensivas (negativa) e prestacionais (positiva) do princípio da dignidade da pessoa humana.

O segundo capítulo versa sobre a base principiológica e a crise do Direito do Trabalho. Inicia-se com uma abordagem histórica do surgimento do Direito do Obreiro, tal como modernamente concebido. Na sequência, abordam-se, num primeiro momento, o conceito e a funcionalidade dos princípios, para depois estudar um a um os mais importantes princípios do Direito do Trabalho. Por fim, procura-se descrever a crise do Direito do Trabalho contemporâneo.

O terceiro capítulo contempla o fenômeno da flexibilização do Direito do Trabalho. Inaugura-se a temática tratando das privatizações, das terceirizações e da globalização, como aproximações contextuais. Na sequência, após estabelecer a conceituação, trata-se da tipologia da flexibilização, apresentando-se exemplos na lei e na jurisprudência. Derradeiramente, coteja-se dito fenômeno com a base principiológica do Direito do Trabalho, procurando extrair conteúdo crítico dos efeitos precarizantes que aquela exerce sobre esta.

O quarto capítulo arremata a tese abordando as ações afirmativas da dignidade da pessoa humana como forma de resistência aos efeitos nocivos da flexibilização dos direitos trabalhistas. Resgata-se, inicialmente, o princípio da dignidade da pessoa humana (teoria de base) como fundamento material e instrumental de resistência à flexibilização precarizante dos direitos trabalhistas e, na sequência, abordam-se as ações afirmativas que Estado, sociedade civil e particulares podem desenvolver, apontando-se exemplos práticos. Por fim, realiza-se um exercício teórico de prospecção, abordando-se as perspectivas, para o mundo do trabalho, de uma resistência (in)exitosa.

Encerrando, reprisam-se os principais tópicos da pesquisa, procurando-se extrair as conclusões da tese.

os tratados internacionais [illegible], pertinentes ao ambiente de trabalho, bem como o processo de [illegible] [illegible] [illegible] [illegible] [illegible] [illegible] dignidade da pessoa humana.

O segundo capítulo [illegible] [illegible] do Direito do Trabalho [illegible] [illegible] [illegible] [illegible] [illegible] [illegible] [illegible] do Direito do Trabalho [illegible]

O terceiro capítulo [illegible] flexibilização [illegible] Direito do Trabalho [illegible] [illegible] [illegible] [illegible] [illegible] flexibilização [illegible] [illegible] [illegible] sobre esta.

O quarto capítulo [illegible] dignidade da pessoa humana [illegible] flexibilização [illegible] [illegible] [illegible] [illegible]

[illegible]

CAPÍTULO 1

A DIGNIDADE DA PESSOA HUMANA

A noção do que se designa "dignidade da pessoa humana" é central para a Filosofia, para a Ciência Política e para o Direito.

A Filosofia, desde sempre, questionou: O que torna o homem diferente dos demais seres vivos do planeta? Qual o papel do homem ao longo de sua existência? O que torna possível a convivência entre os homens?

A Ciência Política, por seu turno, desde a sua origem, ocupou-se de investigar e explicar, entre outros temas conexos, as relações de poder entre os homens: Por que alguns dominam e outros se sujeitam? Quais as formas de obtenção e de manutenção do poder? O que leva os homens a promoverem a guerra e a celebrarem a paz?

O Direito, de igual modo, surgiu da necessidade de regular as relações entre os homens, mantendo ou promovendo um equilíbrio de forças entre os mais diversos interesses e, com esse objetivo, vem se desenvolvendo ao longo do tempo, com sucessos e retrocessos.

O que importa aquilatar é que o homem e a sua dignidade constituem temas fundamentais, em torno dos quais os ramos do saber acima mencionados se desenvolvem e se relacionam.

Mais do que isso, pode-se dizer que o homem e a sua dignidade constituem a razão da instrumentalidade da Filosofia, da Ciência Política e do Direito, já que tais esferas do saber são frutos da cultura humana e, como tais, idealizados pelo homem como forma de manter e dar sentido a sua existência.

Não se quer afirmar, com isso, que a dignidade da pessoa humana constitua um valor absoluto, em face do qual tudo se deduz ou se reduz, mas, inegavelmente, que se trata de um bem valioso, sentido até mesmo intuitivamente nas múltiplas relações interpessoais, cujos contornos o saber humano, desde sempre, busca entender, explicar e, acima de tudo, preservar.

Cumpre-se advertir que nesta fase inicial da pesquisa não se pretende perpassar a evolução do pensamento do homem acerca da dignidade da pessoa humana, assim como não se deseja esgotar a matéria construindo e propondo-se conceitos taxativos e reducionistas acerca desta temática.

Tem-se em vista, simplesmente, colher elementos de alguns autores expressivos da Filosofia, da Ciência Política e do próprio Direito para se estabelecer uma noção do que vem a ser "dignidade da pessoa humana" e, com ela, se trabalhar ao longo desta pesquisa.

Nessa linha, *Farias* observa:

> Em razão de o princípio da dignidade da pessoa humana ser uma *categoria axiológica aberta,* considera-se inadequado conceituá-lo de forma "fixista". Além do mais, uma definição filosoficamente sobrecarregada, cerrada, é incompatível com o pluralismo e a diversidade, valores que gozam de elevado prestígio nas sociedades democráticas contemporâneas.(1)

Dessa forma, somente assumindo uma postura aberta e plural é que se poderá pretender introduzir algo de novo, ou seja, um colorido diferente sobre o tema, com o intuito de fornecer novos elementos para a produção e a interpretação do Direito, especialmente do Direito do Trabalho, tornando-o mais eficaz como mecanismo de defesa e de promoção dos justos anseios do homem e da sociedade.

1.1 A dignidade da pessoa humana na perspectiva da Filosofia e da Ciência Política

No seio das relações humanas intersubjetivas, a noção de dignidade surgiu do contraste entre estratos sociais. Assim, quanto maior o grau de poder e de influência de um determinado estrato social, tanto maior seria a "dignidade" de seus integrantes. Vale dizer que, quanto maior a dignidade de uma pessoa, maior a sua proeminência social em relação aos demais.

Hill Jr., abordando as origens da noção de dignidade humana, refere que:

> Muitas culturas em que existe uma estratificação social dispõe de um código moral ou de regras protocolares que exigem que os membros das classes superiores se comportem de maneira "digna", ou seja, com a contenção e a presença de espírito que supostamente exprimem de maneira apropriada sua posição social superior.(2)

De fato, para se distinguir dos súditos e, ao mesmo tempo, para dominá-los, o nobre invocava a sua "dignidade" real, que, pelos usos e costumes vigentes, lhe atribuía uma condição social superior, digna de respeito e de consideração. Percebe-se, aqui, um paradoxo inicial em torno da ideia de dignidade, na medida em que, ao mesmo

(1) FARIAS, Edílson Pereira de. *Colisão de direitos*. Porto Alegre: Fabris, 1996. p. 50.

(2) HILL Jr., Thomas E. Dignidade. Tradução de Magda Lopes. In: CANTO-SPERBER, Monique. *Dicionário de ética e filosofia social*. São Leopoldo: Unisinos, 2003, v. I. p. 441.

tempo em que designa uma posição elevada e diferenciada de uma determinada pessoa (de quem se espera, por corolário, uma compaixão e uma tolerância maior para com as pessoas menos favorecidas), engendra, também, uma manifestação de poder e de dominação, por dar uma condição de superioridade a uma pessoa em face de outra.

Discorrendo em torno desse tema, *Rabenhorst* sustenta que na sociedade grega a dignidade não se manifestava da mesma forma em todos os indivíduos, variando em função da posição que estes ocupavam dentro da *polis*. Daí porque, refere o mencionado autor:

> Somente atenienses do sexo masculino, filhos de atenienses e no perfeito gozo de suas liberdades, possuíam cidadania. Só esses poucos privilegiados eram assegurados os direitos à igualdade (isonomia) e ao pleno exercício da palavra (isêgoria). Mulheres, escravos e estrangeiros não participavam da vida pública por serem considerados inferiores em virtude de sua própria natureza.[3]

Essa ideia de dignidade como "hierarquia", sustentando relações de poder fulcradas na condição diferenciada e proeminente de algumas pessoas em face de outras, perdurou ao longo de toda a história, e ainda hoje manifesta-se com força na sociedade contemporânea.

De fato, foi assim na Roma antiga, entre patrícios e plebeus; na Idade Média, entre senhores feudais e servos e; na Idade Moderna, entre colonizadores e colonizados.

Na idade contemporânea, várias foram e são as manifestações dessa concepção hierárquica de dignidade. Basta ver a ideia da supremacia da raça ariana, defendida pelos nazistas. Também não podem ser desconsideradas as intolerâncias raciais e religiosas espalhadas por todo o mundo e a pretensa hegemonia norte-americana sobre as demais nações mundiais.

Todavia, essa ideia de dignidade que discrimina pessoas, colocando-as em posição de sujeição de umas em face das outras, comporta uma leitura diametralmente oposta, qual seja, a de igualdade material de tratamento entre os sujeitos e a de proibição de domínio de uma pessoa sobre outra, conforme se verá mais adiante, *v.g.*, no pensamento de *Cícero* e de *Immanuel Kant*.

Com isso colocado, cumpre-se buscar a noção de dignidade da pessoa humana na doutrina de alguns pensadores expressivos da filosofia e da ciência política, da idade antiga até a contemporânea, perpassando, nesta ordem, por *Marco Túlio Cícero*, *Marco Aurélio*, *Tomás de Aquino*, *Giovanni Pico Della Mirandola*, *Immanuel Kant*, *Thomas Hobbes*, *John Locke*, *Thomas Jefferson*, *Jean-Jacques Rousseau*, *Marx*, *Engels* e *Leão XIII*.

As concepções rudimentares em torno da ideia de que os homens são iguais em dignidade surgiram na Filosofia Estoica.[4]

---

(3) RABENHORST, Eduardo Ramalho. *Dignidade humana e moralidade democrática*. Brasília: Brasília Jurídica, 2001. p. 16.

(4) Segundo Galves, "O Estoicismo é um sistema de filosofia que teve grande influência no mundo antigo. Teve duas fases: a grega e a romana. À primeira pertencem os filósofos gregos Zenão de Cítio (336 a 264 a.C.),

O estoicismo constitui uma das grandes escolas filosóficas do período helenista, tendo sido fundado em 300 a.C., por *Zenão de Cítio*.(5)

Além da fase grega, o estoicismo teve a fase romana, destacando-se como seus principais filósofos, *Marco Túlio Cícero* (106 a.C. a 43 a.C.) e *Marco Aurélio* (121 a 180 d.C.).(6)

Segundo *Comparato*: "dos primeiros estoicos, como Zenão de Cítio (322-264), Cleanto (264-232) e Crisipo (232-204), nenhuma obra foi conservada [...]". Daí porque, neste estudo, por ausência de fontes primárias da fase grega, serão abordados autores da fase romana, em especial *Marco Túlio Cícero* e *Marco Aurélio*.(7)

Entre os grandes postulados do estoicismo estão: a) "a doutrina segundo a qual, assim como o animal é guiado infalivelmente pelo instinto, o homem é guiado infalivelmente pela razão, e a razão lhe fornece normas infalíveis de ação que constituem o direito natural"; b) "*cosmopolitismo*, ou seja, doutrina de que o homem não é cidadão de um país, mas do mundo".(8)

Tratando desse tema, *Galves* assim leciona:

> Notava, ainda, o Estoicisimo que, sendo a essência da natureza humana a razão, e tendo todos os homens a mesma natureza, daí se seguia, como de Direito Natural, que todos os homens são iguais. O Estoico, ademais, via, como consequência dessa igualdade, o cosmopolitismo da humanidade, transcendendo as fronteiras do tempo. O Estoico é o primeiro igualitarista e internacionalista a aparecer na História. Outra consequência: ao lado dos Direitos Nacionais há um direito natural uno aplicável a todos: é o germe do Direito das Gentes, hoje chamado de Direito Internacional.(9)

---

seu fundador, e, entre outros, Possidônio (135 a 264 a.C.), de quem Cícero foi aluno. Na segunda fase sobressaem os romanos: Cícero (106 a 43 a.C.), Sêneca (4 a.C. a 64 A.D.), Epíteto (50 a 93 A.D.) e Marco Aurélio, imperador (121 a 180 A.D.). Os estoicos influenciaram, ainda, nos séculos ulteriores, grandes figuras da literatura e da filosofia do Ocidente. Os estoicos gregos concentraram-se nos temas da filosofia do Direito. Os romanos usaram, predominantemente, dos princípios da Filosofia Estoica na elaboração e aplicação do Direito Positivo. Essas ideias associam-se à concepção estoica de que o mundo é o logos, de tal modo que suas partes encontram-se unidas entre si e com o todo numa relação bem precisa: a simpatia". GALVES, Carlos. *O direito natural*: teoria e crítica. 3. ed. Passo Fundo: UPF, 1988. p. 18. Ainda, de acordo com Abrão "Dentre as correntes filosóficas do helenismo, o estoicismo é a que melhor traduz o espírito cosmopolita que caracteriza o período. Num mundo onde começavam a diluir-se as fronteiras e a distinção entre os povos, o estoicismo faz dos novos e mais amplos horizontes o seu ideal e difunde-se para além de Atenas [...] O ideal cosmopolita traduz-se por ideias de humanidade (*humanitas*, em latim) e de ecumenismo (palavra derivada de *oecumenicu*, ou terra de todos)". ABRÃO, Bernardette Siqueira. *História da filosofia*. São Paulo: Nova Cultural, 1999. p. 74.

(5) ABBAGNANO, Nicola. *Dicionário de filosofia*. Tradução de Alfredo Bossi e de Ivone Castilho Benedetti. 5. ed. São Paulo: Martins Fontes, 2007. p. 437.

(6) GALVES, *op. cit.*, p. 18.

(7) COMPARATO, Fábio Konder. *Ética: direito, moral e religião no mundo moderno*. São Paulo: Companhia das Letras, 2006. p. 109.

(8) ABBAGNANO, *op. cit.*, p. 438.

(9) GALVES, *op. cit.*, p. 190.

Essa visão universal do estoicismo é particularmente especial, uma vez que se constitui no primeiro impulso histórico para a construção da noção de direitos humanos, ou seja, de um mínimo ético e jurídico arraigado na ideia de igualdade entre os homens, a exigir que os mesmos sejam tratados com idêntica dignidade.

A complexidade dessa noção, cuja efetividade no plano real e concreto das relações intersubjetivas desafia as sociedades contemporâneas, coloca em destaque a filosofia estoica, uma vez que foi a primeira a identificar essa qualidade intrincada do homem, um misto de respeito individual e de igualdade universal.

Nessa linha, *Gomes* arremata: "Estavam convencidos os estoicos de os homens serem essencialmente iguais, razão por que as discriminações entre eles, por conta do sexo, classe, raça ou nacionalidade eram injustas e contrárias à lei da natureza".[10]

A filosofia estoica, pelo acima expendido, assume uma posição de relevo na construção da ideia de dignidade da pessoa humana, já que, com vanguarda e bom nível de clareza, soube identificar no homem uma qualidade que o torna ao mesmo tempo singular e universal, digno de respeito individualizado e, ao mesmo tempo e por tal sorte, de tratamento igualitário em face de seus semelhantes.

Em *Cícero* encontra-se bem clara a figura da racionalidade como traço distintivo do homem em face dos demais seres vivos, traço este que reveste o ser humano de dignidade, ou seja, de uma singularidade peculiar:

> Mas há diferença entre o homem e o animal; pois este obedece exclusivamente aos sentidos, só vive o presente, o que está perante dele e não tem qualquer percepção de passado e futuro. O homem, ao contrário, com o auxílio da razão, que é o seu galardão, percebe as conseqüências, a origem, o passo das coisas, compara-os uns com outros, liga e reata o futuro ao passado; envolve, de um golpe de vista, todo o fluxo de sua vida, e faz guarnição do necessário para iniciar a sua profissão.[11]

Cícero detecta, com acuidade, que é a racionalidade do homem que permite aproximá-lo do seu próximo, fazendo-o dialogar e viver em comum, fazendo-o desejar reuniões e conservar sociedade com seus semelhantes, além de lutar pela conservação e por comodidades, não só para si, mas para o coletivo.[12]

No pensamento de *Cícero* é possível antever uma dupla dimensão da dignidade humana: uma que se manifesta na própria racionalidade do homem, que o torna singular, e outra que se revela no seu impulso ético, qual seja, de se preocupar com o seu semelhante e com a vida em sociedade.

Quanto à primeira dimensão, *Cícero* assevera:

> Lembre-se que a natureza nos deu dupla personalidade: uma, comum a todos nós, porção de razão e dignidade que nos eleva acima dos animais, princípio de todos

---

(10) GOMES, Dinaura Godinho Pimentel. *Direito do trabalho e dignidade da pessoa humana, no contexto da globalização econômica*: problemas e perspectivas. São Paulo: LTr, 2005. p. 22.

(11) CÍCERO, Marco Túlio. *Dos deveres*. Tradução de Alex Marins. São Paulo: Martin Claret, 2007. p. 34.

(12) *Idem*, p. 34.

> os nossos deveres, e de onde derivam o que se chama dignidade e decência: a outra, própria de cada um de nós. Assim, como há diferença entre os homens segundo suas qualidades corporais, que fazem uns leves e próprios para as corridas, outros, robustos e próprios para a luta, prevalecendo nuns a dignidade, noutros a amabilidade, assim entre os espíritos há as mesmas circunstâncias.[13]

Quanto à segunda dimensão, *Cícero* aduz:

> É princípio de conhecimento universal que a utilidade pública e a utilidade particular são uma só e mesma coisa. Se cada qual tira para si mesmo, a sociedade humana será diluída. Se a natureza preceitua que o homem deve fazer o bem a seu semelhante pela única razão de ser homem, segue-se que nada há de útil em particular que não seja em geral. Por esse motivo, essa lei da natureza é igual para todos, e a ela estamos todos sujeitos; a lei natural nos proíbe ainda de prejudicar os outros. O primeiro sendo verdadeiro, o segundo também o é.[14]

Nas lições de *Cícero*, veem-se bem presentes os postulados principais da escola estoicista, acima destacados, quais sejam, o primado da racionalidade do homem, que o torna diferente e singular diante dos demais seres vivos, e o cosmopolitismo, que reconhece iguais direitos e deveres para todos os homens, independentemente de sua condição social ou nacionalidade.[15]

Digno de nota, em *Cícero*, é seu refinado senso para a preservação do bem comum, ministrada pela justiça social. A respeito, *Cícero* assevera:

> É igualmente contra a natureza abandonar o cuidado pela coisa pública, pois esse abandono é uma injustiça. Assim, a própria lei natural, que mantém o bem público, é favorável ao homem de merecimento e de virtude que não pode perecer e aceita que se tome o que é preciso do homem inútil e ocioso para salvar uma vida. Isso, entretanto, sem cometer injustiça, arrogância ou amor próprio, só tendo em vista a utilidade pública e o bem da sociedade.[16]

Essa visão ciceriana é especialmente interessante para se entender a dimensão prestacional da dignidade da pessoa humana,[17] que prescreve que não só o Estado, mas também a sociedade e o particular devem proporcionar meios de existência digna ao homem, principalmente quando fragilizado ou incapaz de promover a sua própria existência. Aqui há uma nota de alteridade, que integra a noção de dignidade humana, segundo a qual não é permitido ao homem se desinteressar por seu semelhante.

---

(13) *Idem*, p. 63.

(14) *Idem*, p. 120.

(15) A propósito, Comparato assevera: "Na vida social, a inserção do homem na natureza universal implica também a necessária admissão da unidade de gênero humano, princípio ético que os estoicos foram os primeiros na História a afirmar". COMPARATO, *op. cit.*, p. 111.

(16) CÍCERO, *op. cit.*, p. 121.

(17) *Vide* o tópico 1.4.2 desta pesquisa.

A propósito, *Cícero* adverte que há duas classes de injustiça:

> Uma que é a ação dos que injuriam; outra que é omissão, quando podemos evitar não o fazemos. Atacar de maneira injusta seus semelhantes, por movimento de fúria ou outra qualquer paixão, é como levar a mão à cara do próximo; não impedir uma injustiça, quando tal se pode fazer, é como se abandona seus pais, seus amigos, sua pátria.[18]

Em *Cícero*, encontra-se um chamado à ação positiva, no sentido de proteger e proporcionar dignidade ao homem, assegurando-se, com isso, o bem comum, afastando-se a injustiça revelada pela omissão daquelas pessoas que, podendo, não agem em prol dos seus semelhantes.

Colocadas em síntese as contribuições de *Cícero*, cumpre agora estudar as de *Marco Aurélio* (121 a 180 d.C.), outro expoente da filosofia estoica.

Em que pese a exposição não tão clara, detalhada e direta como em *Cícero*, *Aurélio* também vê na racionalidade o elemento que: a) distingue o homem dos demais seres vivos; b) que torna o homem, pelo simples fato de ser homem, digno do mesmo respeito e tratamento.

Com efeito, em seu livro "Meditações", escrito durante as guerras que liderou e os afazeres do seu governo, no qual estão condensados seus pensamentos, *Aurélio* dedica-se a falar do homem e de sua racionalidade, assim como da relação do homem com os seus semelhantes.

Nesse ponto, *Aurélio* assevera:

> Tanto a inteligência é comum a todos como também o é a razão, graças à qual somos racionais. Dessa forma, a razão que prescreve o que devemos ou não devemos fazer é comum a todos. Então, a lei é comum. Dessarte, somos todos concidadãos. Assim sendo, participamos do mesmo Estado. Nessa sequência, o mundo é como uma cidade: de que outro Estado poder-se-ía, sem erro, dizer que abrange todo o gênero humano.[19]

Do trecho acima citado, percebe-se claramente a presença dos postulados da filosofia estoica: a) o homem é dotado de razão; b) a racionalidade é traço comum do gênero humano; c) por ser comum ao gênero humano, a racionalidade prescreve a todos os homens o que devem ou não fazer, tornando-os cocidadãos (cosmopolitismo).

Então, vê-se em *Aurélio* que a racionalidade é nota comum em todos os seres humanos, fato que os torna "cocidadãos" no mundo, já que submetidos às mesmas leis que derivam da inteligência.

Essa ideia é reforçada em outro trecho do pensamento de *Aurélio*:

> As coisas todas se ligam entre si por um laço sagrado e quase nenhuma é estranha à outra. Coordenadas, concorrem para a harmonia do mesmo mundo. Eis o

---

(18) CÍCERO, *op. cit.*, p. 37.

(19) AURÉLIO, Marco. *Meditações*. Tradução de Alex Marins. São Paulo: Martin Claret, 2002. p. 34.

que há um só mundo formado de tudo, um só Deus por tudo repartido, uma só substância, uma só lei, uma só razão comum a todos os seres inteligentes, uma só verdade, já que há uma só perfeição para todos os seres que têm a mesma natureza e participam da mesma razão.[20]

Sem dúvida é na racionalidade humana que *Aurélio* encontra o traço comum do gênero humano, na medida em que o submete aos mesmos princípios e às mesmas leis traçadas por Deus, a quem considera ter feito tudo e estar em tudo.

Da racionalidade do homem decorre a sua dignidade, na medida em que, por ser inteligente, é capaz de compreender os fenômenos que o cercam e de dirigir livremente sua conduta.

Também, por ser dotado de razão, o homem é digno do mesmo tratamento e respeito, já que, por ser um ente inteligente, submete-se às mesmas leis que regem a conduta do seu semelhante, colocando-se em situação de igualdade, um cidadão com os mesmos deveres e direitos, um cocidadão do mundo.

Em *Aurélio*, assim como em *Cícero*, percebe-se a preocupação com o uso prático da racionalidade, que deve estar voltada para a realização de atos úteis, voltados para o bem comum. Por fidelidade ao seu pensamento, no aspecto, eis as palavras do autor:

> Será ou não suficiente para isso minha inteligência? Se o é, sirvo-me dela como de um instrumento dado pela natureza do Todo. Caso não, abandono a obra a quem a puder melhor conduzir — a menos que seja um dever — ou realiza-a, valendo-me de minha própria razão e de um auxiliar que me ajude a levar a cabo o que é oportuno e útil à sociedade. Sozinho ou com outrem, aquilo que faço deve apenas e tão-somente atender a esse fim: a utilidade e a conveniência da sociedade.[21]

Interessante notar que nos pensamentos de *Cícero* e de *Aurélio* não se encontra, apenas (em que pese de fundamental importância), a exaltação do homem como ser racional e cosmopolita, mas também a exortação do homem para praticar boas condutas, úteis para uma boa vida em sociedade.

Disso decorre uma nota interessante para o conceito de dignidade da pessoa humana, que lhe dá um sentido útil, conclamando para ações práticas, voltadas para o bem comum.

Colocadas as principais ideias de dois dos principais expoentes do pensamento estoico acerca da noção de dignidade da pessoa humana, cabe avançar no tempo para abordar, acerca da mesma temática, o pensamento de *São Tomás de Aquino*, que viveu na Idade Média e, ainda hoje, influencia fortemente o pensamento e a doutrina da Igreja Católica.

O pensamento de *Tomás de Aquino*, como bem salienta *Comparato* é "[...] francamente racionalista. O primeiro e inabalável postulado do sistema é o de que o homem foi dotado pelo Criador de capacidade de separar a verdade do erro, mediante o uso da razão".[22]

---

(20) AURÉLIO, *op. cit.*, p. 64.

(21) *Idem*, p. 63-64.

(22) COMPARATO, *op. cit.*, p. 143.

Com efeito, *Tomás de Aquino* estabelece uma espécie de escala entre os seres inanimados e animados, destacando, entre estes últimos, o homem como ser supremo, dado a sua inteligência, fator que o aproxima do Divino.

Eis uma passagem que merece destaque:

> Ademais, as coisas, quanto mais inferiores são na escala dos seres, tanto mais se aproximam de escala divina. Vemos, no ínfimo grau, umas coisas participarem da semelhança divina só quanto ao ser, como os seres inanimados; outras, quanto ao ser e ao viver, como as plantas; outras quanto também ao sentir, como os animais; e, finalmente, à suprema maneira e à mais conveniente participação da semelhança divina, pela inteligência. Por conseguinte, as criaturas inteligentes são as supremas. E, porque entre as demais criaturas são as que mais se aproximam da semelhança divina, diz-se que foram constituídas à imagem de Deus.[23]

Procurando encontrar uma explicação lógica (racional-científica) às sagradas escrituras, principalmente quanto à questão da *imago Dei* (imagem de Deus — o homem foi criado à imagem e à semelhança de Deus), *Tomás de Aquino* procura enquadrar o homem em posição destacada no plano da Criação (dignidade humana), colocando em evidência a racionalidade (inteligência) deste.

Nesse sentido, *Aquino* sustenta que as criaturas racionais assemelham-se a Deus na forma de imagem, ao passo que as irracionais, na forma de vestígio. Nesse sentido assevera:

> Embora em todas as criaturas haja uma semelhança de Deus, somente na criatura dotada de razão a semelhança de Deus se encontra a modo de imagem; nas outras criaturas ela se encontra a modo de vestígio. Ora aquilo que a criatura dotada de razão transcende as outras criaturas é o intelecto ou a mente. Donde resulta que, na criatura racional, a imagem de Deus se realiza apenas segundo a mente; nas outras partes, se essa criatura racional as possui, se verifica uma semelhança a modo de vestígio, como também nas outras coisas às quais se assemelha relativamente a essas partes.[24]

Ainda sobre esse tema, *Aquino* registra: "A intelecção pertence ao homem, e ela o coloca acima de todos os animais. É evidente que só o homem considera as coisas de modo universal, bem como as relações existentes entre as coisas e as coisas imateriais, pois só por ato da inteligência isso tudo é conhecido".[25]

---

(23) AQUINO, Tomás. *Compêndio de teologia*. Tradução de D. Odilão Moura. Rio de Janeiro: Presença, 1977. p. 82-83.

(24) AQUINO, Tomás. *Suma teológica*. Tradução de Aldo Vannucchi *et al.* São Paulo: Loyola, 2001. p. 630, v. 2, parte 1.

(25) AQUINO, *op. cit.*, 1977, p. 84-85.

Com base nessas constatações, *Tomás de Aquino*, ao comentar o artigo primeiro do credo,[26] exalta a dignidade da pessoa humana, aduzindo:

> Em quinto lugar, porque fomos criados por Deus, devemos reconhecer a nossa dignidade. Deus fez todas as coisas para o homem, como se lê na Escritura: *todas as coisas submetem-se aos seus pés* (Sl 8.8). O homem, depois dos anjos, é a criatura que mais se assemelha a Deus, como se lê no livro do Gênesis: *Façamos o homem à nossa imagem e semelhança (1,16)*. Não se referiu Deus neste texto nem às estrelas, nem aos céus, mas ao homem. Não é, porém, pelo corpo, mas pela alma, que possui vontade livre e é incorruptível, que o homem mais se assemelha a Deus que às outras criaturas.[27]

Por ser dotado de racionalidade, *Tomás* vê no homem, depois dos anjos, a criatura que mais se assemelha a Deus (*imago Dei)*, razão pela qual exorta o homem a reconhecer a sua própria dignidade no plano da criação.

Aquino refere que Deus "além da faculdade natural da sua razão", confere ao homem "a luz da graça, pela qual ele interiormente é aperfeiçoado para a virtude, quer quanto ao conhecimento, enquanto a inteligência humana é elevada por essa luz para conhecer aquilo que exceda a razão".[28]

Assim, *Tomás* vê no homem não somente um ser racional, mas também um homem dotado da "luz da graça", que não só o vocaciona para a virtude, como lhe dá a capacidade de conhecer até mesmo o que excede da razão, aproximando-o de Deus Criador.

Em outra passagem, *Tomás de Aquino*, ao perquirir sobre a produção do corpo do primeiro homem e da matéria pela qual dito corpo foi produzida, ressalta a dignidade da pessoa humana, aduzindo:

> Parece que o corpo do primeiro homem não foi feito do barro da terra. Com efeito, é necessário maior poder para produzir alguma coisa do nada do que a partir de algo, pois o não-ente está mais distante do ato do que o ente em potência. Ora, como o homem é a mais digna das criaturas inferiores, convinha que o poder de Deus se manifestasse no mais alto grau na criação do seu corpo. Logo, deveria ele ser criado não a partir do barro da terra, mas do nada.[29]

Sobre esse mesmo tema, arremata: "Além disso, os corpos celestes são mais nobres do que os terrestres. Ora, o corpo humano goza da mais alta nobreza, pois recebe sua perfeição da forma mais nobre, a alma racional. Logo, não deveria ser formado a partir de um corpo terrestre, mas antes de um corpo celeste".[30]

---

(26) O artigo primeiro do Credo é o seguinte: "Creio em um só Deus, Pai todo-poderoso, criador do céu e da terra".

(27) AQUINO, Tomás. *Exposição sobre o credo.* Tradução de D. Odilão Moura. São Paulo: Loyola, 1981. p. 31.

(28) AQUINO, *op. cit.*, 1977. p. 161.

(29) AQUINO, *op. cit.*, 2001, p. 600, v. 2, parte 1.

(30) *Idem*, p. 601, v. 2, parte 1.

Ainda, ao tratar do tema da encarnação de Cristo no homem, mais uma vez *Aquino* coloca em relevo a dignidade da pessoa humana, asseverando:

> Deve-se dizer que a personalidade pertence necessariamente à dignidade e perfeição de alguma coisa na medida em que pertence à sua dignidade e perfeição o existir por si, que é o que se entende pelo nome de pessoa. Contudo, é mais digno para alguma coisa o existir em outro mais digno do que o existir por si. Por essa razão a natureza humana recebe maior dignidade em Cristo do que em nós, porque em nós, existindo por si, possui a própria personalidade, mas em Cristo existe na pessoa do Verbo. Assim, também pertence à dignidade da forma ser o que completa a espécie; no entanto, a sensibilidade é mais nobre no homem por estar unida a uma forma mais nobre que completa a espécie, do que no animal no qual ela é a forma última.[31]

De outra sorte, ao perquerir se a natureza humana foi a mais apta para ser assumida (encarnada) pelo filho de Deus, *Aquino* responde negativamente, aduzindo que Cristo podia encarnar em todos os seres, ou tanto nos seres racionais ou irracionais. Todavia, *Aquino* acaba dizendo que foi conveniente Cristo encarnar no homem, explicando que:

> Essa conveniência se encontra na natureza humana sob dois aspectos: o da dignidade e o da necessidade. Quanto à *dignidade*, porque a natureza humana, enquanto racional e intelectual, é capaz de atingir o Verbo de alguma maneira mediante sua operação, ou seja, conhecendo-o e amando-o. Quanto à *necessidade*, porque precisava de reparação, submetida como estava ao pecado original. Essas duas condições se verificam somente na natureza humana. À criatura irracional falta a conveniência da dignidade; à natureza angélica falta a conveniência da sobredita necessidade. Logo, só a natureza humana mostra-se apta a ser assumida.[32]

Fica assentado, nessa linha tomista de pensamento, que o homem possui uma proeminência, uma dignidade que o destaca dos demais seres vivos, uma vez que, por ser racional e intelectual, é capaz de conhecer e de amar Deus, portando-se segundo os desígnios deste.

Nessa esteira, colocando mais uma vez em relevo a dignidade da pessoa humana, *Tomás de Aquino* preceitua:

> Devemos, pois, considerar que o homem é, depois dos Anjos, a mais digna de todas as outras criaturas, e, por conseguinte, de maneira nenhuma queiramos diminuir essa nossa dignidade pelo pecado ou por algum desejo desordenado de coisas corpóreas, pois elas são inferiores a nós e foram feitas para nos servir. Que nos comportemos de acordo com os desígnios de Deus ao nos criar. Deus fez o homem para governar tudo o que há na terra, mas para que o homem ficasse submetido a Ele.

---

(31) *Idem*, p. 81, v. 8, parte 3.

(32) *Idem*, p. 124, v. 8, parte 3, grifos do original.

Devemos, por isso, dominar e governar o mundo, mas nos submetendo a Deus, a Ele obedecendo e servindo. Por esse caminho certamente chegaremos à união com Deus. Assim seja.[33]

Nada obstante *Aquino* reconhecer e proclamar a dignidade da pessoa humana, apresentou-se contraditório em alguns pontos da sua doutrina, nomeadamente ao aceitar a escravidão como algo natural e ao não tolerar a comunhão dos infiéis (hereges), conforme bem explana *Comparato*.[34]

Nesse aspecto, *Rabenhorst*[35] sustenta que a Igreja Católica portou-se de forma contraditória, ora reconhecendo a igualdade de dignidade entre os homens, ora colocando a dignidade como fator discriminante, admitindo a proeminência da nobreza e do clero em face das civilizações rústicas, as quais deveriam ser "colonizadas" e "catequizadas".

Essas contradições e impasses na posição da Igreja Católica conduziram a filosofia e a ciência política a buscarem uma noção laica de dignidade humana, fundada, inicialmente, na ideia da autonomia do homem.

Com isso, a ideia de direito natural foi resgatada, justificando que o homem, por sua natureza, é dotado de razão e de autodeterminação e, por isso mesmo, pode tomar decisões sobre o seu próprio destino e entabular pactos com os seus semelhantes visando assegurar a sua sobrevivência e convivência social.

Em virtude dessa nova visão, o homem não estaria mais sujeito ao fatalismo ou ao determinismo divino, passando a ser sujeito do próprio destino, guiado unicamente pela sua reta razão, fruto da natureza humana.

Vale dizer, o homem passou a se mover no tabuleiro das relações sociais não mais por imposição divina, mas sim pelos imperativos da sua própria razão, ora avançando, ora recuando, na busca da melhoria de sua posição ou de sua autopreservação.

Nesse contexto é que veio à luz o "Discurso sobre a dignidade do homem", de autoria de *Giovanni Pico Della Mirandola*, considerado o maior expoente do humanismo renascentista.

Pico Della Mirandola, em seu "Discurso", exalta a filosofia e vê na capacidade de filosofar (racionalidade) a nota que distingue o homem dos demais seres vivos. A par disso, *Pico* assevera que o homem é livre para tomar as decisões essenciais sobre o seu próprio destino.

Nessa linha, destacam-se as palavras do autor: "Ó suma liberalidade de Deus pai, ó suma e admirável felicidade do homem! Ao qual é concedido obter o que deseja, ser aquilo que quer. As bestas, no momento em que nascem, trazem consigo do ventre materno, como diz *Lucílio*, tudo aquilo que depois terão".[36]

---

(33) AQUINO, 1981, *op. cit.*, p. 31.

(34) COMPARATO, *op. cit.*, p. 149-150.

(35) RABENHORST, *op. cit.*, p. 26.

(36) MIRANDOLA, Giovanni Pico Della. *Discurso sobre a dignidade do homem*. Tradução e apresentação de Maria de Lourdes Sirgado Ganho. Lisboa: Edições 70, 2006. p. 57.

A dignidade do homem, segundo *Pico*, advém da sua extraordinária capacidade de raciocinar e de ser livre para estabelecer escolhas para a sua vida, fator que o diferencia das bestas e lhe dá um feitio quase que divino.

Mas não é só isso. *Pico* dá a entender, em seu "Discurso", que a dignidade da pessoa humana não se revela apenas pela racionalidade do homem e por sua liberdade de escolher, mas sim pela sua capacidade de idealizar e de tomar boas decisões, devendo sempre persegui-las.

Por fidelidade ao pensamento do autor, eis as palavras de *Pico Della Mirandola*:

> De tal modo que, abusando da indulgentíssima liberalidade do Pai, não tornemos nociva, em vez de salutar, a livre escolha que ele nos concedeu. Que a nossa alma seja invadida por uma sagrada ambição de não nos contentarmos com as coisas medíocres, mas de anelarmos às mais altas, de nos esforçarmos por atingi-las, com todas as nossas energias, desde o momento em que, querendo-o, isso é possível. Desdenhemos das coisas da terra, desprezemos as astrais e, abandonando tudo o que é terreno, voemos para a sede supramundana, próximo da sumidade da divindade. Ali, como narram os sagrados mistérios, Serafins, Querubins e Tronos ocupam os primeiros lugares; deles também nós emulemos a dignidade e a glória, incapazes agora de recuar e não suportando o segundo lugar. E se quisermos, não seremos em nada inferiores a eles.[37]

Vale dizer que, para ser digno, não basta o homem ser racional e livre, já que pode não fazer uso da sua racionalidade e da sua liberdade (permanecer inerte, apático, sem nada contribuir para com a civilização) ou dela fazer mau uso, adotando práticas desairosas ou maléficas para a humanidade.

Sem dúvida, essa sutileza no pensamento de *Pico* é de grande valia para estabelecer os contornos da noção da dignidade da pessoa humana, já que dito autor introduz uma nota ética na conduta do ser humano, permitindo falar de "dignidade" do homem quando o mesmo adota condutas positivas, voltadas para a prática de suas próprias virtudes ou para o bem comum.

Nessa linha, *Maria de Lourdes Sirgado Ganho*, que fez a tradução do "Discurso", ora em estudo, do latim para o português, ao traçar algumas considerações sobre o pensamento de *Pico Della Mirandola*, assim se manifesta: "A tematização do antopocentrismo piquiano vem dada essencialmente a partir da consideração da liberdade humana, virada, sem dúvida, para ação ética, portanto, com alcance prático [...]".[38]

O "Discurso" de *Pico*, nesse contexto da ação ética, ou seja, da racionalidade e da liberdade humana voltadas para ações práticas e edificantes, constitui-se uma importante contribuição para o entendimento do sentido e do alcance da noção de dignidade da pessoa humana.

Pico Della Mirandola, em síntese, pôs em destaque o homem no plano da criação (antropocentrismo), exaltando a sua capacidade singular (de onde vem a sua dignidade)

---

(37) MIRANDOLA, *op. cit.*, p. 61-62.

(38) *Idem*, p. XXII.

de pensar e de tomar decisões livres, registrando que tal capacidade não pode ser utilizada de forma nociva, mas sim de forma positiva, voltada para o bem, pois só assim a vida humana assume um sentido (uma dignidade qualificada), aproximando o homem do seu Criador.[39]

Colocadas as contribuições de *Mirandola*, cumpre agora abordar a doutrina de *Immanuel Kant*, que, segundo *Rabenhorst,*[40] foi o filósofo que melhor estabeleceu a noção de autonomia e a ideia de dignidade humana.

Os escritos de *Kant* não são de fácil leitura. Suas ideias são analíticas e complexas. Todavia, é justamente por essa qualidade que seu pensamento vem sendo reiteradamente reproduzido em pesquisas e trabalhos doutrinários que investigam a natureza do homem e a sua dignidade.

Kant estabelece uma distinção entre os seres irracionais, considerando-os como meio, e os seres racionais, considerando-os como um fim em si mesmo. Estes últimos, porque dotados de razão, possuem autonomia que os torna dignos de respeito e de consideração.[41] Nesta linha são as palavras do aludido filósofo:

> Os seres, cuja existência não depende precisamente de nossa vontade, mas da natureza, quando são seres desprovidos de razão, só possuem valor relativo, valor de *meios*, e por isso se chamam *coisas*. Ao invés, os seres racionais são chamados *pessoas*, porque a natureza deles os designa já como fins em si mesmos, isto é, como alguma coisa que não pode ser usada unicamente como meio, alguma coisa que, conseqüentemente, põe um limite, em certo sentido, a todo livre arbítrio (e que é objeto de respeito).[42]

Dessas deduções filosóficas, *Kant* vai depurando seu pensamento até chegar à formulação daquilo que denomina imperativo categórico, ou seja, uma máxima de conduta, dedutível da racionalidade pura do homem, que idealisticamente deve conduzir sua ação no plano individual e no plano social de suas relações intersubjetivas.

Tal imperativo categórico é lançado por *Kant* nos seguintes termos: *"Procede de maneira que trates a humanidade, tanto na tua pessoa como na pessoa de todos os outros, sempre ao mesmo tempo como fim, e nunca como puro meio"*.[43]

---

(39) Luis Loia, ao fazer uma um estudo pedagógico introdutório do *Discurso*, esclarece que: "Para o Conte di Concórdia e della Mirandola, o homem é um ser entre dois mundos — o mundo celeste que é superior o mundo terrestre, inferior — e entre dois tempos — a finitude e a eternidade — mas é também um ser dotado de corpo, de sensibilidade e de razão e, como suprema e mais perfeita criatura de Deus, é portador de uma 'natureza indefinida' que necessita de ser concretizada, isto é, realizada de acordo com a esta sua essência. Neste sentido, o homem é livre e responsável perante a vida que tem e a vida que quer ter, visto que esta é obra sua. Pode-se, assim, falar de uma natureza animal, uma natureza propriamente humana e uma natureza divina que coexistem no homem, visto, neste sentido, como um microcosmo de toda a realidade". MIRANDOLA, *op. cit.*, XLVI.

(40) RABENHORST, *op. cit.*, p. 16.

(41) KANT, Immanuel. *Fundamentação da metafísica dos costumes*. Tradução de António Pinto de Carvalho. São Paulo: Companhia Editora Nacional, 1964. p. 91.

(42) *Idem*, p. 91, grifos do original.

(43) KANT, *op. cit.*, p. 92, grifo do original.

Para *Kant*[44] o homem não é uma coisa, um objeto que possa ser utilizado simplesmente como um meio para obter uma satisfação, realizar uma necessidade ou atingir um determinado objetivo. Ao contrário, o homem é um fim em si mesmo e, como tal, dotado de uma individualidade que o torna singular e digno de respeito.

Explicando os termos do imperativo categórico que formulou, indo além de uma visão meramente negativa de conduta, tendente a proteger a autonomia do homem, *Kant* lança, com maestria, uma ideia de conduta humana positiva, vale dizer, impulsionada no sentido de produzir uma maior quantidade de felicidade para os demais integrantes da sociedade. Eis o que diz *Kant*:

> Ora, certamente que a humanidade poderia subsistir, mesmo quando ninguém contribuísse em coisa alguma para a felicidade alheia, abstendo-se entanto de prejudicar os outros deliberadamente; isso seria tão-somente um acordo negativo, não positivo, com a *humanidade como fim em si*, se cada qual não procurasse outrossim favorecer, na medida de suas posses, os fins dos outros. Pois, sendo o sujeito fim em si mesmo, é mister que os seus fins sejam também, tanto quanto possível, *meus* fins, se quero que a ideia de tal finalidade produza em mim *toda* eficácia.[45]

É justamente em razão de sua racionalidade que o homem, não desejando ser esquecido e maltratado por seu semelhante, procura agir para com este de forma positiva, ou seja, proporcionando-lhe atenção e contribuindo, ainda que minimamente, para que alcance a felicidade.

Daí porque, para *Kant*: "Os seres racionais estão todos sujeitos à *lei*, em virtude da qual cada um deles *nunca* deve tratar-se a si e aos outros *como puros meios*, mas sempre e *simultâneamente como fins em si*".[46]

Assim agindo, o homem cria uma relação de alteridade[47] para com o seu semelhante, vale dizer, ao mesmo tempo em que toma uma conduta positiva em face de uma determinada pessoa, espera receber, em igual medida, uma mesma conduta, também positiva, dessa pessoa.

Com essas ideias, *Kant* chega a uma noção aproximada de dignidade como algo inerente à racionalidade do homem, que o torna diferente dos demais seres animados e inanimados do planeta, por não poder ser instrumentalizado por qualquer razão, justamente por ser um fim em si mesmo.[48]

---

(44) *Idem*, p. 92.

(45) *Idem*, p. 93, grifos do original.

(46) *Idem*, p. 96, grifos do original.

(47) Segundo Abbagnano, alteridade deriva do latim *alteritas* e significa "ser o outro, pôr-se ou constituir-se como outro". ABBAGNANO, *op. cit.*, p. 35.

(48) A propósito, colhe-se a lição de Raz: "Os dois fundamentos do respeito (isto é, as pessoas que exemplificam a lei moral por segui-la e as pessoas que são fins em si mesmas) são bem diferentes e poderiam levar a agir por diferentes razões. Para Kant, porém, as duas convergem, de modo que é fácil deixar passar o lapso de significado. Se a lei moral consiste na exigência de tratar os outros não só como meios, mas também como fins em si mesmos, então, ao respeitar a lei moral, estamos respeitando os outros. Nesse caso, respeitamos as

Nessa linha, *Kant* formula a ideia de dignidade nos seguintes termos: "No reino dos fins tudo tem um PREÇO ou uma DIGNIDADE. Uma coisa que tem um preço pode ser substituída por qualquer outra coisa *equivalente*; pelo contrário, o que está acima de todo preço e, por conseguinte, o que não admite equivalente, é o que tem uma dignidade".(49)

Do sistema filosófico de *Kant* vem a ideia, fundamental para este estudo, de que o homem, por ser dotado de dignidade, é um fim em si mesmo e, por isso mesmo, não pode ser coisificado (tratado como mero objeto) e, muito menos, ser instrumentalizado (tratado como meio para atingir um determinado fim) por seus semelhantes.

Essa ideia apoia-se na constatação de que o homem difere dos demais seres vivos por ser dotado de razão. Mais além, cada homem possui ideias e concepções próprias, oriundas de sua racionalidade peculiar, que o distingue do conjunto da sociedade em que se insere.

Nessa linha, *Klein* assevera:

> En ce qui concerne la dignité humaine dans ce cadre, il est hors de doute qu'elle n'est pas conçue par rapport à l'homme ou à l'humanité réels. Son sujet, la personnalité, et sa condition, la liberté, as matière, la moralité sont tous des idées, partant la dignité elle aussi n'est qu'une idée don't le siège est dans um monde ideal. Et il semble que Kant aurait sans peine souscrit à cette conclusion. Ce qu'il n'admettrait probablement pas, c'est que ce monde, même dans son idéalité, est tout à fait mal fondé.(50)

A respeito, destaca *Gomes*: "Exurge da concepção Kantiana que o *outro* deve ser compreendido não como mero objeto, porém reconhecido como sujeito, tratado com *fim em si mesmo*, de onde se vislumbra não somente a dimensão individual da pessoa humana mas, também, sua dimensão comunitária e social".(51)

Disso extraem-se duas esferas de dignidade: uma coletiva, que destaca o homem dos demais seres vivos do planeta, outra individual, que difere o homem em si considerado dos demais seres humanos.

Tal noção é particularmente importante para se entender como, historicamente, evoluiu na ciência política a relação entre o homem e o Estado e, no Direito, os chamados direitos fundamentais (individuais e sociais).

---

pessoas não porque exemplificam a lei moral com sua conduta, e sim porque devem tratá-las como fins em si mesmas. O respeito às pessoas (nesse segundo sentido) é o mesmo que tratar as pessoas (ou melhor, a sua humanidade) como fins em si mesmas". RAZ, Joseph. *Valor, respeito e apego*. Tradução de Vadim Nikitin. São Paulo: Martins Fontes, 2004. p. 128-129.

(49) KANT, *op. cit.*, p. 98, grifo do original.

(50) Tradução livre: "No que diz respeito à dignidade humana neste contexto, sem dúvida que não é concebida em relação ao homem ou à humanidade reais. Seu sujeito, a personalidade e a sua condição, a liberdade, matéria em destaque, a moralidade, são ideias; portanto a dignidade é também somente uma ideia baseada em um mundo ideal. E parece que Kant, sem dúvida, estaria de acordo com esta conclusão. O que ele provavelmente não admitiria é que este mundo, mesmo em sua idealização, seria mal fundamentado". KLEIN, Zilvia. *La notion de dignité humaine dans la pensée de Kant et de Pascal*. Paris: Librairie Philosphique J. Vrin, 1968. p. 53.

(51) GOMES, *op. cit.*, 2005, p. 24, grifos da autora.

O estudo dos clássicos, nesse sentido, é de grande valia.

Dessa forma, vale a pena perpassar algumas concepções de *Thomas Hobbes* e de *John Locke* acerca da relação entre o homem e o Estado, nomeadamente, o surgimento, a função e o poder deste último.

Na sequência, trabalhar algumas ideias de *Thomas Jefferson* que culminaram com a afirmação da dignidade e da liberdade humana e a Declaração de Independência dos Estados Unidos da América.

Em continuidade, tratar de algumas ideias que permearam a Revolução Francesa, com ênfase na doutrina de *Jean-Jacques Rousseau*, em especial a condição do homem diante do Estado.

Por fim, aborda-se o contexto da Revolução Industrial, passando pelo "Manifesto Comunista" de *Marx* e *Engels*, e as diretrizes da doutrina social da Igreja Católica em *Leão XIII*, tendo novamente, como norte, a condição humana e o papel do Estado.

Antes de se iniciar o intento, cumpre advertir que em *Hobbes*, *Locke* e *Rousseau* ainda não se está diante de um Estado constituído, mas sim de como um Estado deve se instaurar e de como, uma vez constituído, deve se portar em relação a si próprio e às pessoas que o criaram. Nada obstante, nesse "dever ser" encontram-se elementos valiosos para estabelecer alguns contornos da noção de dignidade da pessoa humana, em suas dimensões individual e coletiva.

De outra sorte, é importante destacar que muito embora os contratualistas(52) não tenham abordado expressamente a questão da dignidade da pessoa humana, em verdade conceberam a formação e a atuação do Estado calcado no reconhecimento e na proteção do direito à liberdade inerente ao homem.

Nesse sentido, não há como se desconectar a noção de liberdade da de dignidade da pessoa humana, uma vez que o homem é livre para tomar as decisões essenciais de sua vida e, por isso mesmo, ostenta dignidade, em virtude da racionalidade que lhe é inerente.

Essa noção é bem assentada no pensamento de *Kant*, visto nas linhas pretéritas, em que fica claro que o homem possui dignidade por ser livre para agir, impulsionado por sua razão, não podendo ser instrumentalizado ou coisificado por seu semelhante.

A propósito, *Comparato* assevera: "Tudo se reduz, a final, a um princípio original que só pode ser encontrado nos seres racionais: a liberdade. Ela representa, como diz *Kant*, a chave explicativa da autonomia da vontade. Liberdade e capacidade de submissão às leis por eles próprios editadas são uma só e mesma coisa".(53)

No aspecto, *Sarlet* não discrepa:

> Construindo sua concepção a partir da natureza racional do ser humano, *Kant* sinala que a autonomia da vontade, entendida como a faculdade de determinar a si

(52) Assim denominados os que conceberam o Estado originado de um pacto ou contrato social, a exemplo de Hobbes, Locke e Rousseau.

(53) COMPARATO, *op. cit.*, p. 297.

mesmo e agir em conformidade com a representação de certas leis, é um atributo apenas encontrado nos seres racionais, constituindo-se no fundamento da dignidade da natureza humana.[54]

Aliás, foi no direito de liberdade (primeira dimensão) que se fundamentaram as primeiras declarações de direitos dos homens (os chamados direitos humanos), que hoje são calcados, basicamente, na ideia de dignidade da pessoa humana, noção esta mais ampla, por aglutirar direitos fundamentais de outras dimensões, *v.g.*, direitos políticos, sociais e direito ao meio ambiente saudável.

Feitas essas advertências iniciais, cumpre adentrar o pensamento de *Hobbes*.

Segundo referido autor, num estado natural ou primitivo das coisas, o homem vive numa condição de guerra de todos contra todos, sendo governado por sua própria razão, podendo lançar mão da generalidade dos meios de que dispuser para manter sua própria sobrevivência, por ser seu direito natural agir dessa maneira.

Direito natural, na concepção de *Hobbes*, "[...] é a liberdade que cada um possui de usar seu próprio poder, da maneira que quiser, para a preservação de sua própria natureza, ou seja, de sua vida. Conseqüentemente, de fazer tudo aquilo que seu próprio julgamento e razão lhe indiquem como meios adequados a esse fim".[55]

Todavia, a perenidade desse direito sob todas as coisas, sem limites, não permite que o homem siga uma vida segura e planejada, já que sua incolumidade se encontra permanentemente ameaçada pela possível ação danosa de seu semelhante, que detém igual liberdade e poder.

Disso decorre que o estado da natureza é um estado incerto e anárquico, que retira do homem a possibilidade de extrair da vida sua máxima potencialidade, na medida em que sobrevive numa condição precária, marcada pela potencial ameaça de sua própria integridade e de seu patrimônio.

Dessa forma, somente o consenso entabulado entre os homens, abrindo cada qual parte do seu direito de liberdade em prol do outro (no sentido de que cada qual respeita a liberdade do outro), é que permitirá engendrar um estado de paz.

Nessa linha são as considerações de *Hobbes*:

> Ora, enquanto perdurar esse direito de cada homem a todas as coisas, não poderá haver para nenhum homem — por mais forte e sábio que seja — a segurança de viver todo o tempo que geralmente a natureza permite aos homens viver. É um preceito ou regra geral da razão, que todo homem deve se esforçar pela paz, na medida em que tenha esperança de consegui-la. Se não conseguir, pode procurar e usar toda a ajuda e vantagens da guerra. A primeira parte desta regra encerra a lei

---

(54) SARLET, Ingo Wolfgang. *Dignidade da pessoa humana e direitos fundamentais*. 3. ed. rev., atual., e ampl. Porto Alegre: Livraria do Advogado, 2004. p. 33.

(55) HOBBES, Thomas. *Leviatã ou matéria, forma e poder de um estado eclesiástico e civil*. Tradução de Alex Martins. São Paulo: Martin Claret, 2005. p. 101.

primeira e fundamental da natureza, que é procurar a paz, e segui-la. A segunda resume o direito natural, isto é, por todos os meios possíveis, cuidar da própria defesa.[56]

Extrai-se dessa lição que para poder seguir uma vida minimamente ordenada e segura, o homem deve objetivar primeiramente a paz, buscando-a através do consenso com o seu semelhante, entabulando limites recíprocos ao direito de liberdade de agir.

Em não sendo possível tal consenso, ou sendo o consenso quebrado, segue sendo direito natural do homem o de defender sua própria existência, lançando mão dos meios disponíveis para tal.

Nesse sentido, *Hobbes* arremata dizendo:

> Desta lei fundamental da natureza, que ordena a todos os homens que procure a paz, deriva esta segunda lei: Que um homem concorde, conjuntamente com outros, e na medida em que tal considere necessário para a paz e para a defesa de si mesmo, em renunciar a seu direito a todas as coisas, contentando-se em relação aos outros homens, com a mesma liberdade que aos outros homens permite em relação a si mesmo.[57]

Mas o mero consenso entabulado entre os homens em torno da paz não é capaz, por si só, de gerar um estado de justiça, uma vez que, em sendo descumprido o pacto, não há uma força externa capaz de restabelecê-lo em seus efeitos.

Dessa forma, com o descumprimento da avença, as partes retornariam ao estado da natureza, vale dizer, ao estado da insegurança, em que o homem está autorizado ao uso da força para sobreviver, porém, e na mesma medida, sujeito aos efeitos dessa mesma força imprimida por outrem.

Dessa constatação *Hobbes* vislumbra a necessidade de se criar um ente superior, capaz de impor coercitivamente penalidades ao sujeito que descumpre o pacto, zelando pela justiça e pela perpetuação da paz.

Hobbes afirma que a "[...] definição de injustiça é o não cumprimento de um pacto", e, mais adiante, sustenta que:

> Para que as palavras "justo" e "injusto" possam ter sentido, é necessário alguma espécie de poder coercitivo capaz de obrigar igualmente os homens ao cumprimento dos pactos, mediante o medo de algum castigo que seja superior ao benefício que esperam tirar do rompimento do pacto, e capaz de fortalecer aquela propriedade que os homens adquirem por contrato mútuo, como recompensa ao direito universal a que renunciaram. Não pode haver tal poder antes de erigir-se um Estado.[58]

(56) *Idem*, p. 101-102.

(57) HOBBES, *op. cit.*, p. 102.

(58) *Idem*, p. 111.

Desse modo, somente pela instituição do Estado é que os pactos firmados pelos homens teriam a possibilidade de ser coercitivamente cumpridos, mediante o temor da penalidade a ser imposta pelo "[...] grande Leviatã, a que se chama de Estado, ou Cidade (em latim *civitas*), que nada mais é senão um homem artificial, de maior estatura e força do que o homem natural, para cuja proteção e defesa foi projetado".(59)

Na concepção hobbesiana, ao instituir o Leviatã, o homem transfere *incondicionalmente* poderes ao Estado para que este, segundo a sua conveniência, possa usar a força e os meios que entender convenientes para assegurar a paz e a defesa de todos.

Eis o conceito de Estado elaborado por *Hobbes*: "Uma grande multidão institui uma pessoa, mediante pactos recíprocos uns com os outros, para em nome de cada um como autora, poder usar a força e os recursos de todos, da maneira que considerar conveniente, para assegurar a paz e a defesa comum".(60)

Na concepção de *Hobbes*, uma vez instituído, o Estado torna-se um ser incólume, em face do qual o súdito não pode pretender romper o pacto, devendo se submeter incondicionalmente aos desígnios do Leviatã, ainda que injustamente impostos, posto que, pior do que um Estado injusto é a ausência do Estado.(61)

Em outras palavras, a ausência do Estado implicaria, conforme visto linhas atrás, o retorno ao estado da natureza, vale dizer, ao estado de permanente guerra de todos contra todos, em que a incerteza e a insegurança da manutenção da vida e da propriedade humanas são uma constante.

Todavia, tal concepção merece uma análise crítica: se é verdade que a paz entre os homens pressupõe limites na conduta destes, é verdade também que o Leviatã, ainda que instituído pelo pacto de uma coletividade, não pode agir de forma incondicional e ilimitada.

Vale dizer, falta na concepção de *Hobbes* uma noção mais apurada de limites ao poder Estatal. Limites esses cuja necessidade a Ciência Política e o Direito, ao longo da história, irão identificar e proclamar.

Na sua clássica obra denominada "Segundo tratado sobre o governo", *John Locke* estabelece uma concepção mais completa e mais bem acabada da relação que se deve estabelecer entre o homem e o Estado, identificando limites formais e materiais que devem pautar a atuação deste em face daquele.

Na construção do seu sistema de filosofia política, assim como *Hobbes*, *Locke* parte da dicotomia entre estado de natureza e de sociedade civil (Estado). Todavia, na identificação e na caracterização do estado de natureza, *Locke* fornece valiosas noções sobre a condição (dignidade) humana.(62) De fato, *Locke* diz que, por ser dotado de razão, o homem, não podendo fazer mal a si mesmo, não pode infligir mal a outrem, devendo respeitar a vida e a propriedade de seus semelhantes.

---

(59) HOBBES, *op. cit.*, p. 15.

(60) *Idem*, p. 131.

(61) *Idem*, p. 132.

(62) Segundo Bobbio, Locke foi o principal inspirador dos primeiros legisladores dos direitos do homem. BOBBIO, Norberto. *A era dos direitos*. Tradução de Carlos Nelson Coutinho. Rio de Janeiro: Elsevier, 2004. p. 75.

Nessa linha, *Locke* afirma:

> O estado natural tem uma lei de natureza para governá-lo, que a todos obriga; e a razão, que é essa lei, ensina a todos os homens que a consultem, por serem iguais e independentes, que nenhum deles deve prejudicar a outrem na vida, na saúde, na liberdade ou nas posses.(63)

Mais adiante, *Locke*, sem usar a expressão "dignidade humana", mas falando materialmente dela, diz o que tempos depois *Kant* irá dizer, ou seja, que o homem não detém o poder de destruir seu semelhante, como se este fosse um mero objeto, à semelhança do que são os animais irracionais.

Eis as valiosas palavras de *Locke*:

> E sendo todos providos de faculdades iguais, compartilhando de uma natureza comum, não há como supor qualquer forma de subordinação entre os homens que nos autorize a destruir a outrem, como se fôssemos objeto uns dos outros, tal como as criaturas das ordens inferiores são para nós. Assim como todo homem está na obrigação de preservar-se, não lhe sendo dado abdicar intencionalmente de seu lugar, assim também, pela mesma razão, quando não estiver em jogo a própria preservação, tem de preservar, na medida do possível, o resto da Humanidade, não podendo, salvo o caso de castigar um ofensor, tirar ou prejudicar a vida, ou o que tende à preservação da vida, a liberdade, a saúde, os membros ou os bens de outrem.(64)

Mais do que isso, pelo que se depreende das palavras de *Locke*, em virtude de sua racionalidade, o homem não está autorizado a fazer mal a si mesmo, devendo zelar por sua autopreservação.

Essa noção, como se verá mais adiante, é fundamental na construção da ideia de dignidade humana, identificando não só sua dimensão protetiva (no sentido de que a dignidade deve ser respeitada pelo seu próprio titular, pela sociedade e pelo Estado), mas também sua dimensão prestacional (no sentido de que a sociedade e o Estado devem promover e preservar a dignidade humana).

Feito esse parêntesis, *Locke* constata que a lei natural da racionalidade, que impulsiona o homem a preservar sua dignidade e respeitar a do próximo, não é suficiente para garantir o convívio social de forma segura e isenta de problemas.

Assim como *Hobbes*, *Locke* vai defender a necessidade de um pacto entre os homens, por meio do qual estes cedem parte de suas liberdades individuais para um ente denominado Estado, que, por seu corpo legislativo, constitui o poder supremo, editando leis gerais e impessoais, que irão regular a vida social, dando aos homens um mínimo de certeza e de segurança.

---

(63) LOCKE, John. *Segundo tratado sobre o governo*. Tradução de Alex Martins. São Paulo: Martin Claret, 2005. p. 24.

(64) *Idem*, p. 24-25.

Nessa linha, é válido citar, por fidelidade ao pensamento do autor, as próprias palavras de *Locke*:

> Sempre que, pois, certo número de indivíduos se reúne em sociedade, de tal modo que cada um abra mão do próprio poder de executar a lei da natureza, transferindo-o à comunidade, nesse caso, e somente nele, haverá uma sociedade civil ou política. E tal ocorre sempre que certo número de homens, no estado de natureza, se associa para constituir um povo, um corpo político sob o governo supremo, ou então quando qualquer indivíduo se junta ou se incorpora a uma comunidade já constituída; com isso autoriza a sociedade ou, o que vem a dar no mesmo, o poder legislativo dela a elaborar leis para ele, dentro da exigência do bem comum da sociedade.[(65)]

Locke reconhece a necessidade de o Estado concentrar poder suficiente para impor, coercitivamente, as leis desejadas pela maioria como forma de manter a incolumidade do homem e de seu patrimônio e, pela via reflexa, a paz social. Nesse aspecto, o pensamento de *Locke* converge com o de *Hobbes*.

Todavia, diferentemente de *Hobbes*, *Locke* não vê o Estado como um Leviatã, ou seja, como um ser supremo e dotado de poder incondicional para ditar leis que devem ser rigorosamente cumpridas pelos homens, ainda que injustas.

De fato, *Locke* diz que o Estado só age corretamente quando pauta sua conduta na lei e na conformidade do desejo da maioria do corpo social. Vale dizer, ainda que não use tal terminologia, *Locke* identifica limites formais (lei) e materiais (legitimidade) para a correta atuação do Estado, reconhecendo que o homem tem o direito de se rebelar em face de atos praticados pelo Estado que não respeitem tais limites.[(66)]

Com efeito, quanto aos limites formais da atuação do Estado, *Locke* sustenta que:

> Todo o poder que o governo tem destina-se apenas ao bem da sociedade, e da mesma forma que não deve ser arbitrário ou caprichoso, também deve ser exercido mediante leis estabelecidas e promulgadas; e isso para que não só os cidadãos saibam qual o seu dever, achando garantia e segurança dentro dos limites das leis, como também para que os governantes, limitados pela lei, não sofram a tentação, pelo poder que têm nas mãos, de exercê-lo para fins e por meios que os homens não conheçam e nem aprovariam de boa vontade.[(67)]

---

(65) LOCKE, *op. cit.*, p. 70.

(66) Bobbio, analisando as ideias do autor em foco, assevera: "Ora, Locke diz que, no caso de uma obrigação material, aderimos à lei não só com a nossa vontade, mas também com o nosso julgamento. No tocante a uma obrigação formal, contudo, só aderimos com a nossa vontade, e não com o nosso julgamento. O que significa que, distinguindo a liberdade de julgamento da liberdade da vontade, no caso da intervenção política nas coisas indiferentes, nossa vontade não está livre, pois estamos obrigados à obediência — obrigação ativa, como se disse –, mas nosso julgamento permanece livre, por não estarmos obrigados a guardar na consciência a necessidade daquela lei". BOBBIO, Norberto. *Locke e o direito natural*. Tradução de Sérgio Bath. Brasília: Universidade de Brasília, 1997(a).

(67) LOCKE, *op. cit.*, p. 102.

Entende-se, pois, que o Estado não pode exercer arbitrariamente seu poder, ao contrário, deve pautar sua conduta na Lei que ele próprio editou (Princípio da Legalidade), como forma de não causar surpresa e insegurança ao homem e à sociedade.

Para além dos limites formais da Lei, os atos praticados pelo Estado somente serão considerados justos se estiverem de acordo com o bem comum, ou seja, em conformidade com o desejo da maioria dos cidadãos que integram uma determinada comunidade, vale dizer, se revestidos de legitimidade (limite material).

Nessa linha, *Locke* sustenta com propriedade:

> Todo poder concedido como encargo para se obter certo objetivo é limitado por esse mesmo objetivo, e sempre que este for desprezado ou claramente contrariado, perde-se necessariamente o direito a esse poder, que retorna às mãos que o concederam, que poderão depositá-lo em quem julguem melhor para garantia e segurança próprias. Por isso, a comunidade sempre conserva o poder supremo de se salvaguardar contra os maus propósitos e atentados de quem quer que seja, até dos legisladores, quando se mostrarem levianos ou maldosos para tramar contra a liberdade e propriedades dos cidadãos.[68]

Ainda sobre a questão em foco, *Locke* irá além, condicionando a legitimidade da atuação do Estado ao respeito da dignidade humana. De fato, sem utilizar tal expressão, em verdade, *Locke* refere-se à "dignidade humana" ao afirmar:

> Nenhum homem ou sociedade tem o poder de renunciar à própria preservação, e, portanto, os meios de fazê-lo em favor da vontade absoluta e domínio arbitrário de alguém, e sempre que houver a tentativa de reduzi-los a tal situação de escravidão, terão o direito de preservar aquilo que não tinham o poder de alienar, e de livrar-se dos que violam a lei fundamental, sagrada e inalterável da própria preservação, que os motivou a entrar em sociedade.[69]

Vale dizer que, segundo *Locke*, o Estado não pode se voltar contra os interesses legítimos de quem o instituiu, devendo se abster de praticar condutas lesivas à vida, à dignidade, à liberdade e ao patrimônio do homem.

Essa ideia está tão enraizada no pensamento de *Locke* que ele defende, em que pese não utilizar tal expressão, o direito de resistência do homem em face de atos injustos do Estado, conforme se depreende da passagem acima citada.

Do pensamento de *Locke* extraem-se noções valiosas para a construção não só da noção de dignidade humana, mas também de sua funcionalidade como limite de atuação positiva e negativa do Estado e da sociedade civil. Também se encontra em *Locke* a ideia do direito de resistência, ou seja, o direito do homem de resistir a atos ilegítimos do Estado, da sociedade civil e do particular que atentem à sua dignidade.

---

(68) *Idem*, p. 109.

(69) *Idem, ibidem.*

Todas essas noções serão explicitadas de forma mais completa ao longo deste trabalho, nos tópicos específicos que lhes são destinados.

Colocadas as ideias de *John Locke* sobre as noções operacionais que embasam a presente pesquisa, cumpre fazer o mesmo, desta feita, com base na doutrina de *Thomas Jefferson*.

Em seus escritos políticos, *Jefferson* defendeu ardentemente a liberdade como direito supremo e inalienável do homem, devendo tal direito, por isso mesmo, ser respeitado e promovido pelo Estado.

Em verdade, o pensamento de *Locke* e o de *Jefferson* coincidem em vários pontos, uma vez que ambos reconhecem o direito natural do homem de preservar sua própria vida e seu patrimônio em face da atuação de terceiros e do próprio Estado. Em outras palavras, assim como *Locke*, *Jefferson* defende que o Estado somente age com legitimidade quando respeita os direitos naturais do homem. Caso contrário, age de forma despótica, com desvio de finalidade.

Nesse sentido, *Jefferson* assevera:

> Nossos legisladores não se acham suficientemente informados dos justos limites de seu poder; que sua verdadeira função é declarar e fazer cumprir apenas nossos direitos naturais e deveres e não arrebatar nenhum deles de nós. Nenhum homem tem o direito natural de atentar contra os direitos iguais de outrem, e isso é tudo que as leis devem proibi-los de fazer; e isto é tudo que as leis naturais devem fazer cumprir; e nenhum homem tendo o direito natural de ser juiz entre si próprio e outrem, é seu direito natural submeter-se à arbitragem de um terceiro imparcial. Quando as leis tiverem declarado e obrigado tudo isto, elas terão preenchido suas funções; e é completamente infundada a ideia de que, ao entrarmos na sociedade, renunciamos a qualquer direito natural.(70)

Assim como *Locke*, *Jefferson* discorda do pensamento de *Hobbes* no sentido de que o homem, ao constituir o Estado (Leviatã), outorga ao mesmo um poder incondicional e absoluto, que lhe permite atuar como bem aprouver, devendo seus decretos ser observados por todos os homens, ainda que injustos.

Ao contrário, *Jefferson* reconhece limites materiais à atuação do Estado, sendo um deles o respeito aos direitos naturais do homem, e entre estes a vida, a liberdade e a dignidade.

Locke sustenta que o Estado, para agir legitimamente, deve observar o desejo da maioria, que deve ser convertido em lei e, como tal, obrigar também o próprio Estado a cumpri-la.

Jefferson vai além, ao afirmar que o Estado, para agir de forma equânime e legítima, deve também proteger os justos interesses da minoria. Por fidelidade ao pensamento do autor, cumpre citar as suas próprias palavras:

> Todos, também, terão em mente este sagrado princípio que, conquanto a vontade da maioria deva prevalecer em todos os casos, essa vontade, para ser legítima,

(70) JEFFERSON, Thomas. *Escritos políticos*. Tradução de Leônidas Contijo de Carvalho. São Paulo: IBRASA, 1964. p. 52-53.

tem que ser razoável: que a minoria possui iguais direitos, que leis iguais devem proteger e que violá-los, seria opressão. [...] Que a justiça é a lei fundamental da sociedade; que a maioria, oprimindo o indivíduo, é culpada de um crime, abusa de sua força, e, agindo de acordo com a lei do mais forte, destrói os fundamentos da sociedade.(71)

Quando *Jefferson* se referiu aos justos interesses da minoria, falou em termos estritamente numéricos. Hodiernamente, as minorias podem ser entendidas em termos numéricos (como, por exemplo, os portadores de necessidades especiais, os homossexuais e os negros), como também os que carecem de efetiva representatividade (os pobres e as mulheres).

Daí surge o germe do que hoje se denomina ações afirmativas,(72) ou seja, ações concretas do Estado, da sociedade civil e dos particulares para fazer valer os justos interesses das "minorias", excluídas que são das esferas de efetivo poder.

Feito esse parêntesis, *Jefferson* posicionou-se contra a escravidão, muito embora tenha reconhecido que os discursos que proferiu, bem como suas ações, não foram suficientes para, ainda em vida, ter presenciado a extinção, no seu país, dessa forma de exploração humana.

Nesse sentido, eis o pensamento de *Jefferson*:

Todas as relações entre senhor e escravo são o perpétuo exercício das mais turbulentas paixões, do mais constante despotismo por parte de um e de submissão degradante por parte de outro... Deve ser prodigioso o homem que possa manter sua conduta moral sem que elas fiquem depravadas por tais circunstâncias. E com que execração se deve cumular o estadista que, permitindo que metade dos cidadãos trepudie sobre os direitos de outrem, transforma aqueles em déspotas e este em inimigo, destrói a moral de um e o *amor patriae* do outro!(73)

Jefferson defende que o regime de escravidão é incompatível com a dignidade humana, transgredindo o direito de liberdade do homem. Por isso mesmo, critica a omissão do Estado, que nada faz para extinguir tal regime de exploração, ao contrário, edita leis que permitem que um cidadão se porte como déspota e outro como submisso, num total paradoxo com a finalidade do próprio Estado, que é justamente resguardar e promover a liberdade de todos os homens, em igualdade (formal e material) de condições.

Mas esse paradoxo não é exclusivo da época de *Jefferson*, posto que ainda nos tempos atuais se manifestam, em números expressivos, os casos de escravidão típica ou de tratamento de pessoas em condições análogas à de escravo. Sobre tal tema, voltar-se-á a falar oportunamente, no fecho desta pesquisa.

---

(71) *Idem*, p. 38-45.0

(72) Segundo Cruz "As ações afirmativas podem ser entendidas como medidas públicas e privadas, coercitivas ou voluntárias, implementadas na promoção/integração de indivíduos e grupos sociais tradicionalmente discriminados em função de sua origem, raça, sexo, opção sexual, idade, religião, patogenia física/patológica, etc.". CRUZ, Álvaro Ricardo de Souza. *O direito à diferença: as ações afirmativas como mecanismo de inclusão social de mulheres, negros, homossexuais e pessoa portadoras de deficiência*. Belo Horizonte: Del Rey, 2003. p. 185.

(73) JEFFERSON, *op. cit.*, p. 58.

Colocadas as ideias de *Jefferson* atinentes ao objeto deste estudo, cumpre agora abordar, com a mesma finalidade, o pensamento de *Jean Jacques Rousseau*.

Dito autor inaugura seu livro "O contrato social" remontando às sociedades primitivas, traçando considerações sobre força, escravidão e Direito.

Rousseau, ao falar do "direito do mais forte", nega a existência deste, afirmando que não se pode falar de direito que se sustente unicamente pela imposição da força. Diz, ao contrário, que o direito somente pode se impor, como tal, quando legitimamente estabelecido, posto que, se não for assim, os homens não estão obrigados a observá-lo.

Nessa linha são as palavras do autor:

> O mais forte nunca o é bastante para ser sempre amo, se não transformar sua força em direito e a obediência em dever. [...] A força é um poder físico; não vejo que moralidade pode resultar dos seus efeitos. Ceder à força é um ato de necessidade, não de vontade, é, entretanto, um ato de prudência. [...] Convenhamos, pois, em que a força não constitui um direito e que não somos obrigados a obedecer senão aos poderes legítimos.(74)

Tais considerações são relevantes para se entender de que forma o Estado e o Direito se formam e se mantêm legitimamente, posto que a autoridade dos mesmos não advém da força, mas sim da adequação proporcional aos anseios do homem, individualmente considerado, e da sociedade.

No tocante à escravidão, tema correlato ao anterior, *Rousseau* considera que nenhum homem tem autoridade sobre os seus semelhantes, considerando tal estado um anacronismo, pelo fato de que a força não gera o direito.

Nesse sentido, assevera o autor: "Posto que nenhum homem tem autoridade sobre seus semelhantes, e desde que a força não produz direito, ficam as convenções como base de toda a autoridade legítima entre os homens".(75)

No Estado onde vigora o "direito" do mais forte, o homem não tem certeza do presente, quiçá perspectivas para o futuro. Não há regras, não há limites e não há segurança. Manda quem "pode mais", se sujeita quem "pode menos". Em síntese, o homem, a despeito de sua racionalidade (dignidade), está à própria sorte, dependendo unicamente de suas aptidões pessoais.

Mas essa racionalidade, que é a nota do homem, poderá libertá-lo desse Estado inseguro, em que a força prepondera sobre o direito? *Rousseau* responde afirmativamente à indagação, concebendo as ideias de contrato (pacto) social e de Estado.

Para sair do Estado onde vigora o "direito" do mais forte, vale dizer, para salvaguardar sua vida da agressão de terceiros e para atingir objetivos maiores que, individualmente, com suas limitadas forças, o indivíduo não conseguiria, o homem busca entabular um consenso com os seus semelhantes, uma espécie de pacto social.

---

(74) ROUSSEAU, Jean-Jacques. *O contrato social*. Tradução de Antônio P. Machado. 19. ed. Rio de Janeiro: Ediouro, 1999. p. 28-29.

(75) *Idem*, p. 29.

Por intermédio de tal pacto, segundo *Rousseau*, o homem abre mão de sua autonomia, delegando poderes a um ente fictício, denominado Estado, o qual se incumbirá de organizar a vida em sociedade, através de regras coercitivas de conduta, que passarão a ser respeitadas por todos.

Em outras palavras, o pacto social forma-se quando os homens entabulam cláusulas, cujo conteúdo, segundo *Rousseau*, consiste no seguinte:

> A alienação total de cada associado com todos os seus direitos a favor de toda a comunidade, porque primeiramente, entregando-se cada qual por inteiro, a condição é igual para todos, e, por conseguinte, sendo esta condição idêntica para todos, nenhum tem interesse em fazê-la onerosa aos outros. Ademais, verificando-se a alienação sem reserva, a união é tão perfeita quanto possível e nenhum associado tem direito a reclamar, porque se restassem aos particulares alguns direitos, como não haveria eles e o público, sendo cada qual, em certo ponto, seu próprio juiz, pretenderia sê-lo em tudo. O estado natural subsistiria e a associação degeneraria necessariamente em tirânica ou vã.[76]

Mais do que isso, o Estado, por força do aludido pacto, constitui um aparato suficiente para alcançar seus constituintes bens do mundo da vida, que o homem, individualmente considerado, com suas próprias forças, não conseguiria, *v. g.*, segurança e propriedade.

Para *Rousseau*, quando o homem aliena poderes ao Estado, em verdade não faz uma renúncia verdadeira, embora ganhe liberdade e segurança, bens que não tinha no mundo da natureza; todavia, admite que o juiz dessa liberdade e segurança é o próprio Estado, e não mais o homem individualmente considerado.[77]

Aqui, as ideias de *Rousseau* se assemelham às de *Hobbes*, pois, uma vez constituído, o Estado se reveste de poderes ilimitados, traçando os destinos dos cidadãos, com base no desejo da maioria. Arrematando, *Rousseau* afirma:

> O cidadão não é juiz do perigo a que a lei o obriga a se expor, e quando o príncipe lhe disse: “Convém ao Estado que tu morras”, deve morrer, posto que com esta condição viveu em segurança até então, e sua vida é somente um benefício da natureza, senão um dom condicional do Estado.[78]

Rousseau é, assim como *Hobbes*, claramente um positivista, entendendo que o Estado é um ente ilimitado, senhor da vida e da morte, um Leviatã, devendo a vontade particular sucumbir à vontade geral.

Essa concepção diverge da visão de *Locke*, de *Jefferson* e de *Kant*, os quais reconhecem no homem uma esfera de liberdade e de dignidade que não pode ser atingida pela ação do Estado.

---

(76) ROUSSEAU, *op. cit.*, p. 35-34.

(77) *Idem*, p. 50-51.

(78) *Idem*, p. 51.

Nesse sentido, os poderes transferidos pelo homem ao Estado não são absolutos e incondicionais, devendo o Estado, ainda que movido pela vontade geral, se abster de molestar o homem em alguns aspectos de sua liberdade, garantindo e respeitando, melhor dizendo, a dignidade deste.

O próprio *Rousseau* apresenta o dilema: "Pergunta-se como os particulares, não tendo o direito de dispor de sua própria vida, podem transmitir ao soberano este mesmo direito de que carecem?".[79]

Rousseau comenta, na sequência, que dita questão é difícil de responder, por estar mal fundamentada, uma vez que, em sua concepção: "O contrato social tem por fim a conservação dos contratantes. Quem deseja o fim quer os meios, e estes meios são inseparáveis de alguns riscos e ainda de algumas perdas. Quem quer conservar a sua vida, a expensas da dos outros, deve também 'dá-la' por eles, quando for preciso".[80]

O problema é que, como acima exposto, o juiz da oportunidade e da conveniência da vida e da morte de um determinado cidadão não é mais o homem, mas sim o Estado. Disso surge a questão: a quem compete o controle da legitimidade e da correção das ações do Estado? Dessa questão surge claramente a noção de que mesmo o Estado deve possuir limites e que estes limites estão, justamente, na promoção do bem comum, com o respeito de uma esfera mínima de dignidade do homem.

O próprio *Rousseau* relata que o Estado se move e se limita pelo disposto na Lei. Mas daí ressurge o mesmo problema: A lei é feita pelo Estado, logo, a quem compete o controle da legitimidade e da correção da lei? Ora, a lei é instrumento de atuação do Estado e, por ser a ele anexa ou acessória, deve passar pelo mesmo controle material acima mencionado. Ideia esta que será aprofundada no decorrer deste estudo.

Na sequência do esquema de pesquisa proposto, se cumpre, agora, adentrar no contexto da Revolução Industrial, pondo em evidência a condição do homem comum, trabalhador nesse momento histórico, bem como a luta desencadeada pela classe trabalhadora no resgate de sua dignidade, culminando com a edição das primeiras leis trabalhistas.

Nesse contexto, colocar-se-ão em evidência dois textos de fundamental importância para a afirmação da noção de dignidade da pessoa humana, quais sejam, o "Manifesto do Partido Comunista", de *Karl Marx* e *Friedrich Engels*, e a "Encíclica Papal *Rerum Novarum*", do Papa *Leão XIII*.

Em verdade, quando se fala de revolução,[81] a ideia que surge é a da substituição do regime em vigor por um novo regime, idealisticamente melhor, posto que seja da essência do homem buscar o aprimoramento da sua condição pessoal e social.

---

(79) *Idem*, p. 51.

(80) *Idem*, p. 51.

(81) De acordo com Bobbio, Matteucci e Pasquino: "Revolução é a tentativa, acompanhada do uso da violência, de derrubar as autoridades políticas existentes e de as substituir, a fim de efetuar profundas mudanças nas relações políticas, no ordenamento jurídico-constitucional e na esfera sócio-econômica". BOBBIO, Norberto; MATTEUCCI, Nicola; PASQUINO, Gianfranco. *Dicionário de política*. 13. ed. Tradução de João Ferreira. Brasília: UNB, 2007, v. 1 e 2. p. 1.121.

Todavia, a Revolução Industrial, muito embora tenha causado profundo impacto social e econômico (talvez por este aspecto tenha sido denominada "revolução"), na verdade não trouxe, *a priori*, melhoria nas condições de vida da grande massa trabalhadora; ao contrário, constituiu um triste cenário da degradação humana, deixando marcas indeléveis na história, repercutindo seus efeitos até os dias atuais.

Embalados pela promessa da modernidade e da melhoria de condição de vida, os camponeses humildes, pouco instruídos, desfizeram-se de suas pequenas propriedades rurais e vieram aglomerar-se nas cercanias dos burgos, em busca de emprego nas fábricas incipientes.

Rapidamente, a procura de emprego passou a ser maior do que a oferta, gerando situação propícia para o burguês industrial aumentar ainda mais a margem de lucro. Só que isso ocorreu, não em face da produção em escala industrial, mas sim do aviltamento do salário do trabalhador que, faminto, sem propriedade e morando em situação de precária higiene nas periferias das cidades, passou a se submeter a qualquer condição de trabalho, por mísero salário, como única forma de manter sua sobrevivência.

Diante dessa situação, o trabalhador desenvolvia jornada de noite a noite (e não de sol a sol, posto que ingressasse na indústria antes de o sol nascer e saía quando já era noite), praticamente sem repouso após cada etapa de trabalho e sem repouso semanal; adoecendo aos poucos ante as indignas condições de trabalho, para amealhar recursos suficientes para pagar o pão de cada dia.

Mulheres e crianças também bateram nas portas das fábricas com o intuito de aumentar o ganho familiar — quando o trabalho delas não constituía o único ganho com o qual a família inteira sobrevivia.

As precárias condições de trabalho, com máquinas rudimentares e sem qualquer proteção, desencadeavam, frequentemente, acidentes fatais e, quando não isso, mutilações de dedos, mãos, braços e pernas. A doença desencadeada pelo trabalho em condições insalubres era agravada pela total falta de higiene e de saneamento nos vilarejos operários.

Todo esse contexto de opressão e indignidade conduziu os trabalhadores a se organizarem na clandestinidade e a promoverem os primeiros movimentos ascendentes visando à melhoria das condições de trabalho. Isso provocou o Estado liberal, oriundo da Revolução Francesa de 1789, por conceito não-intervencionista, a editar leis de proteção do trabalhador.

Nessa linha, *Camino* sintetiza:

> No falso pressuposto da igualdade entre os homens e conseqüente liberdade para contratar, os trabalhadores foram explorados à exaustão e submetidos à condição aviltante. A desigualdade econômica, ignorada pelo Estado absenteísta, inspirada nos princípios do *laisser faire, laisser passer,* do "o que é contratual é justo", gerou situação de miséria sem precedentes para a classe operária que, explorada e faminta, iniciou movimento ascendente de grandes proporções, impulsionada pelo sentimento de solidariedade que é próprio dos oprimidos.[82]

(82) CAMINO, Carmen. *Direito individual do trabalho*. 3. ed. rev. e atual. Porto Alegre: Síntese, 2003. p. 33.

Foi em virtude dos movimentos paredistas (greves) dos operários que o Estado liberal, até então inerte e meramente expectador do conflito entre o capital e o trabalho, passou a se preocupar com a situação de revolta dos trabalhadores em relação ao tratamento indigno que recebiam dos seus empregadores. Diante disso, passa a editar, de forma tímida, as primeiras leis de proteção ao trabalho, com redução de jornada e fixação de salário mínimo profissional.

Em face desse momento histórico da Revolução Industrial e do conflito entre o capital e o trabalho é que veio a lume um dos textos mais importantes sobre a condição humana (dignidade humana) e as relações de poder. Trata-se do "Manifesto do Partido Comunista", de *Marx* e *Engels*, cujo texto será estudado nas linhas que seguem.

Marx e *Engels* inauguram o "Manifesto" aduzindo que a história de todas as sociedades que existiram até hoje é a história de lutas de classes. Sustentam que:

> Homem livre e escravo, patrício e plebeu, barão e servo, mestres e companheiros, numa palavra, opressores e oprimidos, sempre estiveram em constante oposição uns aos outros, envolvidos numa luta ininterrupta, ora disfarçada, ora aberta, que terminou sempre ou com uma transformação revolucionária de toda a sociedade, ou com o declínio comum das classes em luta.(83)

No tocante à sociedade burguesa, afirmam que esta nasceu das ruínas da sociedade medieval e que não foi capaz de eliminar o antagonismo entre as classes; ao contrário, engendrou nova forma de dominação, fulcrada no poder econômico de quem possui a propriedade e os meios de produção em face daquelas pessoas despossuídas, que apenas contam com a força do trabalho para se sustentar.

Os autores do "Manifesto" referem que o poder político do Estado moderno nada mais representa do que "um comitê para administrar os negócios comuns de toda a classe burguesa",(84) vale dizer, o Estado, naquele contexto, representava os interesses da classe dominante, os burgueses, nada fazendo em prol da classe dominada, no caso, os operários e os trabalhadores campesinos.(85)

---

(83) MARX, Karl; ENGELS, Friedrich. *Manifesto do partido comunista*. Tradução de Pietro Nassetti. São Paulo: Martin Claret, 2003. p. 15-16.

(84) *Idem*, p. 47.

(85) A respeito, Boron assevera, "Aquela afirmação, por exemplo, que dizia que o estado não é senão o comitê que administra os negócios conjuntos da burguesia, parecia uma simplificação inaceitável à luz dos compromissos de classe gestados durante os anos do pós-guerra e da dinâmica do estado Keynesiano. No entanto, com a restauração conservadora dos anos oitenta, que outra coisa é o estado capitalista de nossos dias, senão isso? Não foram Ronald Regan e Margareth Thatcher, por acaso, governos que atuaram apenas orientados pela necessidade de satisfazer exclusivamente os interesse do *big business*? E o que dizer das 'novas democracias' latino-americanas, que abraçaram com ardor ao neoliberalismo condenando seus povos à exclusão social, a renovadas penúrias econômicas e injustiças de todo tipo?" BORON, Atílio. *A coruja de Minerva: mercado contra democracia no capitalismo contemporâneo*. Tradução de Ana Carla Ferreira. Rio de Janeiro: Vozes, 2001. p. 22, grifos do original.

Sustentam que a burguesia[(86)] "[...] fez da dignidade pessoal um simples valor de troca e no lugar das inúmeras liberdades já reconhecidas e duramente conquistadas colocou a liberdade de comércio sem escrúpulos".[(87)]

Marx e *Engels* afirmam que a burguesia não poderia existir e se perpetuar sem revolucionar constantemente os instrumentos de produção. Diante disso, referem que todas as relações estáveis e todas as instituições sólidas se volatilizam, reorganizando-se de modo a abrir espaço para a marcha do capital.

De forma profética,[(88)] *Marx* e *Engels* asseveram que "[...] a necessidade de mercados cada vez mais extensos para seus produtos impele a burguesia para todo o globo terrestre. Ela deve estabelecer-se em toda parte, instalar-se em toda parte, criar vínculos em toda parte".[(89)]

Diz-se profética porque é justamente isso o que se observa hodiernamente com o fenômeno da globalização econômica,[(90)] por meio do qual o capital estende seus tentáculos para todas as partes do mundo, em especial para os lugares que ofereçam mão-de-obra barata, baixos impostos e poucas (ou nenhuma) exigências em termos de preservação ambiental.

Nesta linha, os citados autores, com vanguarda, visualizaram o fenômeno da globalização econômica incipiente, proporcionado justamente pela Revolução Industrial que abalou e redefiniu as estruturas sociais e econômicas então existentes:

> Em lugar da antiga auto-suficiência e do antigo isolamento local e nacional, desenvolve-se em todas as direções um intercâmbio universal, uma universal interdependência das nações. E isso tanto na produção material quanto na intelectual. Os

---

(86) De acordo com Bobbio, Matteucci e Pasquino "o termo burguesia não tem sentido unívoco, podendo-se dar do conceito pelo menos duas definições (se não mais) alternativas. Num primeiro sentido, que perdeu muito de sua validade quando referido à atual sociedade, entende-se por Burguesia a camada social intermediária, entre a aristrocracia e a nobreza, detentoras hereditárias do poder e da riqueza econômica, e o proletariado, composto de assalariados ou mais genericamente de trabalhadores manuais (as gramscianas 'classes subalternas'). Num sentido mais fecundo e mais atual, à luz dos acontecimentos históricos contemporâneos, da Revolução Industrial, da revolução política de 1789 e da revolução social ainda em curso, pode-se dar uma segunda definição que mais corresponde à atual realidade. A Burguesia, pois, seria a classe que detém, no conjunto, os meios de produção e que, portanto, é portadora do poder econômico e político. Seu oponente seria o proletariado que, desprovido destes meios, possui unicamente sua força de trabalho". BOBBIO; MATTEUCCI; PASQUINO, *op. cit.*, 2007. p. 119.

(87) MARX; ENGELS, *op. cit.*, p. 48.

(88) Nas palavras de Boron: "A consolidação dos monopólios, o aumento da polarização social (não apenas nos capitalismos da periferia, mas também nos centros metropolitanos), a universalização do fenômeno da pobreza, da degradação do trabalho humano e do meio ambiente, o ressurgimento do racismo e a crescente desigualdade internacional que abre um abismo entre os países industrializados e as nações que compõem 80% da população mundial são outras tantas provas, inquestionáveis e contundentes, que atestam a vigência dos diagnósticos e prognósticos fundamentais formulados por Marx e Engels nos longínquos dias de fevereiro de 1848". BORON, *op. cit.*, p. 21-22.

(89) MARX; ENGELS, *op. cit.*, p. 49.

(90) A respeito da globalização econômica, *vide* o tópico 3.1.1 desta pesquisa.

produtos intelectuais de cada nação tornam-se patrimônio comum. A unilateralidade e a estreiteza nacionais tornam-se cada vez mais impossíveis, e das numerosas literaturas nacionais e locais formam-se a literatura mundial.(91)

Contudo, essa revolução, que enriqueceu ainda mais a classe burguesa, teve um preço. E este preço não foi suportado pela burguesia, mas sim pelo proletariado.

De fato, foi o proletariado que suportou o ônus decorrente da rápida ascensão e expansão do capital, ou seja, redução do trabalhador a condições indignas, marcadas pela miserabilidade e pela ausência de direitos mínimos como educação, saúde, trabalho dignamente remunerado, lazer, moradia e previdência (os atuais direitos sociais previstos no art. 6º da Constituição brasileira).(92)

Nessa linha, *Marx* e *Engels* afirmam que os operários são "[...] obrigados a se vender peça por peça, são uma mercadoria como qualquer outro artigo de comércio e estão, portanto, expostos a todas as vicissitudes da concorrência, a todas as flutuações do mercado".(93)

Ditos autores, nessa mesma esteira, escancaram a realidade da classe trabalhadora, aduzindo que os operários:

> [...] como simples soldados da indústria, são postos sob a vigilância de uma completa hierarquia de suboficiais e oficiais. Não são apenas servos da classe burguesa, do Estado burguês, mas são também, a cada dia e a cada hora, escravizados pela máquina, pelo capataz e, sobretudo, pelo singular burguês fabricante em pessoa.(94)

Mas não só os operários homens são oprimidos, também mulheres e crianças, as quais ingressam nas fábricas sob as mesmas condições de trabalho, sem qualquer distinção de tratamento, sendo encaradas, também, como mero meio de produção, de custo mais baixo:

> Quanto menos habilidade e força exige o trabalho manual, quer dizer, quanto mais a indústria moderna se desenvolve, mais o trabalho dos homens é suplantado pelo das mulheres e crianças. As diferenças de sexo e de idade não têm mais valor social para a classe operária. Ficam apenas instrumentos de trabalho, cujo custo varia conforme a idade e o sexo.(95)

A concorrência travada entre os burgueses vai ampliando e diversificando a classe trabalhadora. Ampliando, por decorrência natural do crescente número de fábricas abertas, para fazer frente à necessidade do comércio em expansão e diversificando, porque

---

(91) MARX; ENGELS, *op. cit.*, p. 49.

(92) O art. 6º da CF dispõe: "São direitos sociais a educação, a saúde, o trabalho, a moradia, o lazer, a segurança, a previdência social, a proteção à maternidade e à infância, a assistência aos desamparados, na forma desta Constituição".

(93) MARX; ENGELS, *op. cit.*, p. 52.

(94) *Idem*, p. 52.

(95) *Idem*, p. 52.

a massa trabalhadora, enriquecida de mulheres e crianças, também vai sendo agregada pelos pequenos burgueses e agricultores, os quais não têm condições de competitividade com a produção de larga escala da indústria.

Diante dessa realidade, *Marx* e *Engels*, com perspicácia, constatam que o ímpeto de lucro da burguesia, potencializado pela concorrência desenfreada, vai ampliando as fábricas e reduzindo cada vez mais os salários praticados, fazendo com que a classe trabalhadora, cada vez mais numerosa e oprimida, comece a tomar consciência de tal condição indigna, desencadeando os primeiros movimentos ascendentes por melhores condições de trabalho.

Nessa perspectiva, *Marx* e *Engels* asseveram:

> A crescente concorrência dos burgueses entre si e as crises comerciais que disso resultam tornam os salários dos operários cada vez mais instáveis; o aperfeiçoamento constante e cada vez mais rápido das máquinas torna as condições de vida do operário cada vez mais precárias; os choques entre o operário e o burguês singular assumem cada vez mais o caráter de conflitos entre duas classes. Os operários começam a formar coalizões contra os burgueses; reúnem-se para defender seus salários. Chegam até mesmo a fundar associações permanentes para estarem precavidos no caso de eventuais sublevações. Aqui e ali a luta explode em revoltas. [...] Aproveita-se das divisões internas da burguesia para forçá-la a reconhecer, sob a forma de lei, certos interesses particulares dos operários. Foi assim, por exemplo, com a lei das dez horas de trabalho na Inglaterra.[96]

Ante esse contexto de insatisfação crescente da massa trabalhadora, revoltada com as condições indignas de trabalho e de vida, unilateralmente impostas pela burguesia dominante, *Marx* e *Engels* constatam que o modo liberal de organização da sociedade é ineficaz, ainda que incapaz de trazer paz e segurança sociais.

Na ótica dos citados autores, trata-se de um modelo inadequado, que gera uma série de problemas para a própria burguesia, na medida em que vai conduzindo uma grande massa de homens trabalhadores a uma condição de pobreza acentuada, cujos efeitos, em última análise, terão de ser suportados, mais tarde, pela própria burguesia.

Nessa esteira, *Marx* e *Engels* afirmam:

> O operário moderno, ao contrário, ao invés de se elevar com o progresso da indústria, desce cada vez mais, caindo inclusive abaixo das condições de existência de sua própria classe. O operário torna-se um pobre e o pauperismo cresce ainda mais rapidamente do que a população e a riqueza. Fica assim evidente que a burguesia é incapaz de continuar por muito mais tempo sendo a classe dominante da sociedade e de impor à sociedade, como lei reguladora, as condições de existência de sua própria classe. É incapaz de dominar porque é incapaz de assegurar a existência de seu escravo em sua escravidão, porque é obrigada a deixá-lo cair numa situação

(96) MARX; ENGELS, *op. cit.*, p. 54.

em que deve alimentá-lo ao invés de ser por ele alimentada. A sociedade não pode mais existir sob sua dominação, quer dizer, a existência da burguesia não é mais compatível com a sociedade.(97)

Tal realidade encerra um grande paradoxo, já que, no modo liberal-burguês de produção, deveria o trabalhador gerar riqueza para o burguês, todavia, este, pela condição miserável a que reduz o trabalhador, tem de enfrentar os problemas oriundos dessa imposição, que é a própria manutenção dessa mesma classe trabalhadora paupérrima, que não possui condições de buscar a própria existência.

Fazendo um parêntesis, a realidade brasileira constitui um "belo" retrato dessa mesma realidade, posto que a concorrência econômica desenfreada, para além de impor baixos salários, empurra para a informalidade e para a miséria absoluta grande parte da massa trabalhadora.

Esta situação obriga o governo a estabelecer, como principal meta de sua atividade, políticas públicas de erradicação da fome, com programas assistenciais de transferência de renda, como o bolsa-família.(98)

Contrapondo esse modelo burguês-liberal, *Marx* e *Engels* pregam o fim da burguesia e a abolição da propriedade privada, propondo um modelo comunista(99) de organização econômica, política e social.

Constatam, ditos autores, que "[...] o preço médio do trabalho assalariado é o mínimo de salário, ou seja, a soma dos meios de subsistência necessários para que o operário viva como operário. Portanto, o que o operário assalariado obtém com sua atividade apenas é suficiente para reproduzir sua pura e simples existência".(100)

Em face disso, *Marx* e *Engels* desejam "[...] abolir o caráter miserável dessa apropriação, que faz com que o operário viva unicamente para aumentar o capital e só viva na medida em que exige o interesse da classe dominante".(101)

Para os autores em foco, "[...] na sociedade burguesa o passado domina o presente, na sociedade comunista o presente domina o passado. Na sociedade burguesa, o capital é independente e pessoal, enquanto o indivíduo ativo é dependente e impessoal".(102)

Com isso, *Marx* e *Engels* querem, no modelo comunista, tornar o indivíduo ativo, senhor do seu próprio destino, angariando para si os frutos do seu próprio trabalho,

---

(97) MARX; ENGELS, *op. cit.*, p. 56-57.

(98) Segundo o conceito do Ministério do Desenvolvimento Social e Combate à Fome, extraído do sítio <http://www.mds.gov.br/programas/transferencia-de-renda/programa-bolsa-familia>, acesso em 1º.10.2007, "O Programa Bolsa-Família (PBF) é um programa de transferência direta de renda com condicionalidades que beneficiam famílias pobres (com renda mensal por pessoa de R$ 60,01 a R$ 120, 00) e extremamente pobres (com renda mensal por pessoa de até R$ 60, 00)".

(99) De acordo com Abbagnano o termo Comunismo "indica, em geral, as doutrinas que descrevem uma sociedade baseada na abolição da propriedade privada e na coletivização dos meios de produção". ABBAGNANO, *op. cit.*, p. 193.

(100) MARX; ENGELS, *op. cit.*, p. 61.

(101) *Idem*, p. 61.

(102) *Idem*, p. 61.

num ambiente coletivo dos meios de produção, sem que haja classes sociais e, por decorrência, a dominação de uma classe sobre a outra. Nesse modelo, ao contrário do modelo burguês, o homem passa a ser independente e com sua individualidade respeitada (reconhecimento de sua dignidade humana).

O modelo comunista, conhecido e até proclamado nas escrituras sagradas, não encontrou simpatia na Igreja Católica. Com efeito, proprietária de vasto patrimônio móvel e imóvel, a Igreja não se sentiu à vontade com o modelo revolucionário proposto por *Marx* e *Engels*, passando a defender, mais do que nunca, o direito à propriedade.

Todavia, o conflito entre o capital e o trabalho, cada vez mais crescente, impeliu a Igreja Católica a se manifestar sobre o assunto, ainda mais diante do "Manifesto do Partido Comunista", de *Marx* e *Engels*, que pretendia abolir a propriedade privada dos meios de produção, em flagrante descompasso com os interesses patrimoniais da Igreja.

Foi assim que o Papa *Leão XIII*, em 15 de maio de 1891, publicou uma Carta Encíclica denominada "*Rerum Novarum*" (Das coisas novas), que versa sobre a "condição dos operários".

Leão XIII inaugura a sua Encíclica aduzindo que:

> Efetivamente, os progressos incessantes da indústria, os novos caminhos em que entraram as artes, a alteração das relações entre os operários e os patrões, a influência da riqueza nas mãos dum pequeno número ao lado da indigência da multidão, a opinião enfim mais avantajada que os operários formam de si mesmos e sua união mais compacta, tudo isso, sem falar da corrupção dos costumes, deu em resultado final um temível conflito.[103]

Leão XIII identifica como causas do suposto conflito a usura e o monopólio da riqueza por uma reduzida parcela de ricos e opulentos, os quais, através da exploração desenfreada da força do trabalho humano, reduzem a classe trabalhadora a uma condição degradante, criando uma desigualdade social entre umas pouquíssimas pessoas muito ricas (os capitalistas) e uma imensa maioria de miseráveis (os trabalhadores).

Nada obstante, *Leão XIII* critica veementemente a "solução socialista" preconizada por *Marx* e *Engels*, justamente por contrariar, nesse particular, o próprio interesse da Igreja Católica, rica proprietária de móveis e imóveis, afirmando que:

> Os socialistas, para curar este mal, instigam nos pobres o ódio invejoso contra os que possuem, e pretendem que toda a propriedade de bens particulares deve ser suprimida, que os bens dum indivíduo qualquer devem ser comuns a todos, e que a sua administração deve voltar para os Municípios ou para o Estado. [...] Mas semelhante teoria, longe de ser capaz de por termo ao conflito, prejudicaria o operário se fosse posta em prática. Outrossim, é sumamente injusta, por violar os direitos legítimos dos proprietários, viciar as funções do Estado a tender para subversão completa do edifício social.[104]

---

(103) LEÃO XIII. *Rerum Novarum*. In: *Encíclicas e documentos sociais*. Frei Antonio de Sanctis (org.). São Paulo: LTr, 1972. p. 13.

(104) *Idem*, p. 14-15.

Na sequência, o Papa dedica várias linhas à defesa da propriedade privada, aduzindo que um dos fins do salário é a aquisição de bens móveis e imóveis e que a conversão da propriedade particular em propriedade coletiva, tal como defendida pelos socialistas, tornaria a condição do operário ainda mais precária, retirando-lhe a livre disposição do salário e, por consequência, a possibilidade de aumentar seu patrimônio e de melhorar sua condição de vida.

De outra sorte, o Papa sustenta que o Estado existe para apoiar, e não para criar obstáculos ao desenvolvimento do homem e da família, posto que, do contrário, a "[...] sociedade seria mais para evitar do que para procurar".(105)

Leão XIII prega a concórdia entre os operários e os capitalistas como forma de superação do conflito, alertando que "[...] o primeiro princípio a pôr em evidência, é que o homem deve aceitar com paciência a sua condição: é impossível que na sociedade civil todos sejam elevados ao mesmo nível. É sem dúvida, isso o que desejam os socialistas; mas contra a natureza todos os esforços são vãos".(106)

No plano das obrigações dos operários e patrões, *Leão XIII* afirma que aqueles devem cumprir fielmente seus misteres, não devendo lesar o patrão, reivindicando seus direitos sem violência, afastando-se, o quanto possível, de falsos discursos e promessas exageradas, que só os levariam à ruína; já estes:

> Não devem tratar o operário como escravo, mas respeitar nele a dignidade do homem, realçada ainda pela do cristão. O trabalho do corpo, pelo testemunho comum da razão e da filosofia cristã, longe de ser um objeto de vergonha, faz honra ao homem, porque lhe fornece um nobre meio de sustentar a sua vida. O que é vergonhoso e desumano é usar dos homens como de vis instrumentos de lucro, e não os estimar senão na proporção do vigor dos seus braços. [...] Duma maneira geral, recordem-se o rico e o patrão de que explorar a pobreza e a miséria, e especular com a indigência, são coisas igualmente reprovadas pelas leis divinas e humanas.(107)

No tocante à intervenção do Estado, como se viu linhas atrás, tal não pode, jamais, colocar em cheque a propriedade privada. Todavia, o Papa admite que o Estado deva coibir a exploração do patrão sobre o operário e, quanto aos direitos particulares, deva ser a "providência" dos pobres e dos menos favorecidos, cuidando, também, do bem comum.(108)

Pelo que até aqui foi visto, pode-se dizer que a posição da Igreja, manifestada por seu líder máximo, é de certo modo ambígua, pois, ao mesmo tempo em que condena a exploração desenfreada do capital sobre o trabalho humano, faz uma defesa veemente da propriedade privada, critica a atuação mais incisiva do Estado na relação entre o capital e o trabalho e, por fim, afasta a possibilidade de igualdade material e formal entre os homens.

---

(105) *Idem*, p. 19.

(106) *Idem*, p. 21.

(107) *Idem*, p. 23.

(108) *Idem*, p. 33.

De acordo com o teor da Encíclica em estudo, patrões e operários não são iguais em dignidade. Aqueles possuem uma dignidade "maior", e por isso, por um princípio de "caridade" ou de "grandeza", devem tratar o operário com dignidade, todavia, uma dignidade em menor escala, já que o operário "deve aceitar com paciência a sua condição".[109]

Como se abordará ao longo do presente estudo, a dignidade humana, numa visão moderna, não comporta escalas ou patamares, já que, muito embora os homens sejam, de fato, materialmente desiguais, no plano da sua dignidade não o são. Então, a dignidade não pode ser vista como uma concessão, uma tolerância de uma pessoa para com outra, mas sim como um elemento presente em todas as pessoas, que as tornam destinatárias de igual respeito.

Nesse sentido, entende-se por dignidade a capacidade racional que a pessoa humana possui de perceber o contexto em que se insere e, diante dele, tomar decisões essenciais sobre a sua própria existência, fator que o torna singular e, ao mesmo tempo, igual aos seus semelhantes, por ser credor e devedor do mesmo tratamento e respeito.[110]

Em virtude disso é que, diante de uma sociedade desigual, ao contrário do preconizado pelo Papa *Leão XIII*, é necessária uma forte e incisiva intervenção do Estado e da sociedade civil nas relações sociais, em especial na relação entre o capital e o trabalho — como será abordado e defendido no último capítulo desta pesquisa —, para que, com medidas sociais, políticas e jurídicas,[111] se crie uma rede de proteção e de inclusão dos menos favorecidos, no caso os operários, para que estes tenham sua plena dignidade reconhecida.

Todavia, não se pode negar a importância da "Encíclica *Rerum Novarum*" para o reconhecimento e a proteção da dignidade da pessoa humana. Trata-se de um documento corajoso e de vanguarda, editado em um momento histórico difícil, denunciando, de forma veemente, uma vergonhosa exploração do trabalho humano pelo capital, vindo na defesa dos operários, reduzidos que estavam a uma condição degradante.

Esse movimento social em defesa da dignidade da pessoa humana, em especial do homem trabalhador, foi crescendo e ganhando corpo, potencializado que foi pelos movimentos sociais da época, especificamente pelos movimentos sindicais. Isso abriu espaço para a positivação jurídica em tratados internacionais, como, por exemplo, o Tratado de Versalhes e a Declaração Universal dos Direitos dos Homens e, na sequência natural, nas Constituições dos Estados soberanos.

---

(109) *Idem*, p. 21.

(110) Sarlet tem por dignidade da pessoa humana *"a qualidade intrínseca e distintiva em cada ser humano que o faz merecedor do mesmo respeito e consideração por parte do Estado e da comunidade, implicando, neste sentido, um complexo de direitos e deveres fundamentais que assegurem a pessoa tanto contra todo e qualquer ato de cunho degradante e desumano, como venham a lhe garantir as condições existenciais mínimas para uma vida saudável, além de propiciar e promover sua participação ativa e co-responsável nos destinos da própria existência e da vida em comunhão com os demais seres humanos"*. SARLET, *op. cit*, 2004. p. 59-60, grifo do original.

(111) Denominam-se tais medidas "ações afirmativas da dignidade da pessoa humana", com as quais se almeja estabelecer limites à flexibilização precarizante do Direito do Trabalho. Essa ideia, que será mais bem abordada e aprofundada no quarto capítulo, constitui o ineditismo mais expressivo da presente tese.

Dada a importância desse fenômeno, qual seja, o da positivação jurídica do princípio da dignidade da pessoa humana, o mesmo será tratado com mais vagar e amplitude no tópico que segue, na qual será abordada a dimensão jurídica da dignidade humana. O objetivo de tal abordagem é obter referencial teórico necessário para culminar com o ineditismo que se pretende firmar com o presente estudo, qual seja, a tese aqui defendida das "ações afirmativas da dignidade humana" como forma de resistência aos efeitos nefastos da flexibilização dos direitos trabalhistas, objeto, como já se assinalou, do derradeiro capítulo.

1.2 *A dimensão jurídica da dignidade da pessoa humana*

As ideias expostas até este estágio da pesquisa evidenciam que a Filosofia e a Ciência Política evoluíram no sentido de proclamar a centralidade do homem dentro do sistema social e político, lapidando, para tanto, a noção de "dignidade da pessoa humana" como atributo que diferencia o ser humano dos demais seres vivos do planeta e, ao mesmo tempo, iguala o homem aos seus semelhantes (outros seres humanos).

Todavia, passadas as experiências históricas da Revolução Industrial e das duas Grandes Guerras Mundiais, que evidenciaram exemplos tristes de violação da dignidade humana, como a opressão dos burgueses contra os operários, no primeiro caso, e a perseguição dos nazistas contra os judeus, no segundo caso, constatou-se que não bastava meramente proclamar a dignidade da pessoa humana.

De fato, era necessário ir além, ou seja, proteger a dignidade humana com instrumentos que pudessem ser exigidos coercitivamente.

Nessa linha de pensamento, *Piovesan* acrescenta:

> Esta concepção é fruto do movimento de internacionalização dos direitos humanos, que constitui um movimento extremamente recente na história, surgindo do pós-guerra, como resposta às atrocidades e aos horrores cometidos durante o nazismo. Apresentando o Estado como o grande violador de direitos humanos, a era Hitler foi marcada pela lógica da destruição e descartabilidade da pessoa humana, que resultou no envio de 18 milhões de pessoas a campos de concentração, com a morte de 11 milhões, sendo 6 milhões de judeus, além de comunistas, homossexuais, ciganos.... O legado do nazismo foi condicionar a titularidade de direitos, ou seja, a condição de sujeito de direitos, à pertinência de determinada raça — a raça pura ariana.[(112)]

A dignidade humana, então, passou a ser gradativa e progressivamente apreendida e tratada pelo Direito. Em outras palavras, o Direito passou a absorver e a regulamentar a dignidade da pessoa humana, transformando-a em uma categoria jurídica.

---

(112) PIOVESAN, Flávia. Direitos humanos: desafios da ordem internacional contemporânea. *Revista da Escola da Magistratura do Tribunal Regional do Trabalho da 2ª Região*. n. 1. São Paulo: Revista Oficial do TRT da 2ª Região. 2006. p. 92.

Os primeiros instrumentos jurídicos que passaram a reconhecer e regular a dignidade humana foram os tratados internacionais e as declarações de direitos.[113]

A esse respeito, *Piovesan* assevera:

> Sob o prisma da reconstrução dos direitos humanos, no pós-guerra, há, de um lado, a emergência do "Direito Internacional dos Direitos Humanos", e, por outro, a nova feição do Direito Constitucional ocidental, aberto a princípios e valores. Vale dizer, no âmbito do Direito Internacional, começa a ser delineado o sistema normativo internacional de proteção de direitos humanos.[114]

Tendo em vista os limites e os propósitos da presente pesquisa, aqui serão abordados o Tratado de Versalhes (1919) e a Declaração Universal dos Direitos dos Homens (1948), tidos como exemplos proeminentes da inserção da ideia de dignidade humana no mundo jurídico. Em seguida, será abordada a constitucionalização da dignidade da pessoa humana.

O Tratado de Versalhes,[115] firmado em 1919, selou o fim a Primeira Guerra Mundial e criou a Liga das Nações que, mais tarde, se transformou na Organização das Nações Unidas (ONU), tendo como um de seus braços mais importantes a Organização Internacional do Trabalho (OIT).

Trata-se, como se pode perceber, de documento jurídico de singular importância, considerado pela doutrina trabalhista como o verdadeiro marco inaugural do moderno Direito do Trabalho,[116] isso porque o art. 427 do mencionado Tratado promulgou nove princípios jurídicos trabalhistas,[117] universalizando o Direito Laboral.

---

(113) Os tratados internacionais e as declarações de direito, que versam sobre direitos humanos e sobre direitos fundamentais, acabaram sendo açambarcados pelo fenômeno da constitucionalização de direitos, possuindo, a partir daí, uma força normativa, vale dizer, podendo ser exigido o cumprimento dos seus preceitos de forma coercitiva. A propósito, o § 2º do art. 5º da Constituição assim dispõe: "Os direitos e garantias expressos nesta Constituição não excluem outros decorrentes do regime e dos princípios por ela adotados, ou dos tratados internacionais em que a República Federativa do Brasil seja parte".

(114) PIOVESAN, *op. cit.*, 2006. p. 92.

(115) O texto integral do Tratado de Versalhes pode ser obtido, em língua inglesa, no sítio: <http://net.lib.byu.edu/~rdh7/wwi/versailles.html>. Acesso em: 14.11.07.

(116) A respeito, Camino assevera: "Sem embargo, o fim da I Grande Guerra deve ser mantido como marco do nascimento do direito do trabalho enquanto ramo autônomo da ciência jurídica, porque foi a partir de então que se verificou o fenômeno de sua universalização. O Tratado Versalhes, de 1919, com seus nove princípios fundamentais, adotados pelos Estados firmatários, passou a informar a regulamentação do trabalho". CAMINO, *op. cit.*, 2003. p. 36-37.

(117) Os nove princípios fundamentais do Direito do Trabalho, proclamados no art. 427 do Tratado de Versalhes, são os seguintes: First — The guiding principle above enunciated that labour should not be regarded merely as a commodity or article of commerce; Second — The right of association for all lawful purposes by the employed as well as by the employers; Third — The payment to the employed of a wage adequate to maintain a reasonable standard of life as this is understood in their time and country; Fourth — The adoption of an eight hours day or a forty-eight hours week as the standard to be aimed at where it has not already been attained; Fifth — The adoption of a weekly rest of at least twenty-four hours, which should include Sunday wherever practicable; Sixth — The abolition of child labour and the imposition of such limitations on the

Entre esses princípios desponta como de fundamental importância o primeiro, segundo o qual "o trabalho não será considerado mercadoria ou artigo de comércio".

Ora, está subjacente nesse princípio uma matriz filosófica nitidamente kantiana, já abordada nas linhas anteriores, segundo a qual o homem, por ser dotado de razão, não pode ser instrumentalizado por outro homem, já que é dotado de igual dignidade.

De fato, o trabalho é indissociável do homem que o presta. Vale dizer, o trabalho é o próprio homem trabalhando, daí porque o trabalho não pode ser considerado mercadoria, na medida em que, se o fosse, o próprio homem seria considerado mercadoria, o que é inconcebível e inaceitável, na linha da boa e libertadora filosofia de *Kant*.(118)

Como se discorreu anteriormente, *Kant* diz que as coisas possuem um preço ou uma dignidade. As primeiras podem ser substituídas ou vendidas; as segundas, não. Logo, o homem possui dignidade, já que, por ser único e dotado de racionalidade, não pode ser substituído ou vendido.

Disso tudo se extrai que o Tratado de Versalhes, muito embora não tenha feito alusão literal à "dignidade humana", em verdade dela se ocupou e protegeu ao proclamar que "o trabalho não será considerado mercadoria ou artigo de comércio", adotando a concepção kantiana que, ao tratar da dignidade humana, veda que o homem seja instrumentalizado para qualquer fim.

---

labour of young persons as shall permit the continuation of their education and assure their proper physical development; Seventh — The principle that men and women should receive equal remuneration for work of equal value; Eighth — The standard set by law in each country with respect to the conditions of labour should have due regard to the equitable economic treatment of all workers lawfully resident therein; Ninth — Each State should make provision for a system of inspection in which women should take part, in order to ensure the enforcement of the laws and regulations for the protection of the employed. Tradução livre: Primeiro — o trabalho não há de ser considerado mercadoria ou artigo de comércio; Segundo — tanto patrões como empregados têm o direito de associação visando a alcançar qualquer objetivo lícito; Terceiro — o salário a ser pago aos trabalhadores deverá assegurar um nível de vida conveniente, em relação à época e ao seu país; Quarto — o trabalho será limitado a oito horas por jornada e quarenta e oito horas semanais; Quinto — o descanso semanal será de, no mínimo, vinte e quatro horas, preferencialmente aos domingos; Sexto — supressão do trabalho das crianças e imposição de limites ao trabalho dos menores de ambos os sexos, necessárias para permitir-lhes continuar a instrução e assegurar seu desenvolvimento físico; Sétimo — salário igual sem distinção de sexos por um trabalho de igual valor; Oitavo — tratamento econômico equitativo nas leis relativas a condições de trabalho, promulgadas em cada país, para trabalhadores que nele residem legalmente; Nono — organização, em cada Estado, de um serviço de inspeção, que inclua mulheres, a fim de assegurar a aplicação das leis para a proteção dos trabalhadores.

(118) Essa realidade é apanhada por Hobsbawm, um dos mais expressivos historiadores do mundo do trabalho, o qual deixa assentado, em suas pesquisas, que, por trás do trabalho está o *homem* que trabalha, o qual merece a maior consideração. Nessa linha, são as palavras do referido autor: "Em que sentidos e direções desejamos transformar o mundo, ou: nossas pesquisas implicam transformação? Corremos o perigo de esquecer que o sujeito e o objeto de nossas pesquisas são seres humanos? Não deveríamos correr este risco, pois são pessoas — não o 'trabalho', mas homens e mulheres trabalhadores reais, mesmo que freqüentemente ignorantes, míopes e preconceituosos — o que nosso estudo focaliza. Para muitos de nós o objeto final de nosso trabalho é criar um mundo no qual os trabalhadores possam fazer sua própria vida e sua própria história, ao invés de recebe-las prontas de terceiros, mesmo dos acadêmicos". HOBSBAWM, Eric J. *Mundos do trabalho*: novos estudos sobre história operária. Tradução de Walden Barcellos e Sandra Bedran. 3. ed. Rio de Janeiro: Paz e Terra, 2000. p. 30.

Parece pouco e singelo, mas na verdade o princípio em questão tem uma grande força e importância para o mundo jurídico, em especial para o Direito do Trabalho, já que coloca o homem na centralidade do sistema, sinalizando sempre para o aplicador do Direito, como diretriz hermenêutica inarredável, que o capital está a serviço do homem, e não o contrário.(119)

Nessa esteira, vale colacionar a lição de *Barbagelata*:

> [...] *el trabajo no deve ser considerado simplesmente como una mercancía o como un artículo de comercio,* expressa un claro propósito que debe servir de guia al legislador y al intérprete y, al mismo tiempo, reivindica la autonomía del Derecho del Trabajo respecto de la Economia.(120)

Nada obstante, *Grandi* adverte:

> La tensión irresoluta entre trabajo-objeto y trabajo-sujeto continúa recorriendo los intinerarios, simpre más retorcidos, de un derecho del trabajo, cuyo futuro no está segurado. Precisamente, para nuestra fortuna, el trabajo no es más una mercancia; lo prohibe categóricamente la declaración de Filadélfia. Se da el caso, sin embargo, que el trabajo, bajo muchos cielos, continúa siendo tratado como si lo fuese.(121)

Outro princípio importante, que também tangencia a temática da dignidade humana, é o da limitação da jornada de trabalho em oito horas, com vistas a impedir a exploração desmedida do trabalho humano, oriunda da Revolução Industrial, em que o operário vivia para trabalhar, quando o correto, à luz da noção da dignidade humana, deveria ser trabalhar para viver.

---

(119) A propósito, Delmas-Marty registra: "Fazer do respeito às normas sociais mínimas condição prévia à participação no comércio internacional, tal é a ideia simples que se denomina 'cláusula social'. Simples, sem dúvida, mas cuja realização é sempre retardada pelas fortes reclamações e suspeitas lançadas pelos que dela compartilham, e pelos seus adversários. A ideia germinou já em 1919, com a criação da OIT pelo Tratado de Versalhes: 'O trabalho não deverá ser considerado como uma mercadoria ou um objeto de comércio". DELMAS-MARTY, Mireille. *Três desafios para um direito mundial.* Tradução de Fauzi Hassan Choukr. Rio de Janeiro: Lúmen Juris, 2003. p. 60.

(120) Tradução livre: "*o trabalho não deve ser considerado simplesmente como uma mercadoria ou um artigo de comércio,* expressa um claro propósito que deve servir de guia ao legislador e ao intérprete e, ao mesmo tempo, reivindica a autonomia do Direito do Trabalho a respeito da Economia". BARBAGELATA, Hector-Hugo. *El particularismo del derecho del trabajo.* Montevideo/Uruguai: Fundación de Cultura Universitaria, 1995. p. 13-14, grifos do autor.

(121) Tradução livre: "A tensão insolúvel entre trabalho-objeto e trabalho-sujeito continua recorrendo os itinerários, sempre mais retorcidos, de um Direito do Trabalho, cujo futuro não está assegurado. Precisamente, para nossa sorte, o trabalho não é mais uma mercadoria; tal é proibido categoricamente na Declaração da Filadélfia. Se dá o caso, todavia, que o trabalho, em baixo de muitos céus, continua sendo tratado como se fosse". GRANDI, Mario. "El trabajo no es una mercancia": reflexiones al margen de una formula para volver a meditar. In: *Estúdios en homenaje al Prof. Héctor-Hugo Barbagelata.* Montevideo-Uruguai: Fundación de Cultura Universitária, 1997. p. 206.

Com tal princípio, para além de estabelecer um limite máximo diário de trabalho, buscou-se garantir ao homem espaços de tempo na sua rotina diária para que este pudesse se dedicar à família, ao lazer, à cultura e ao esporte, bem como participar de entidades coletivas, como associações, sindicatos e partidos políticos.

Em última análise, a limitação da jornada de trabalho trouxe como efeito reflexo a possibilidade de o homem garantir e promover sua própria dignidade por meio do aprimoramento de suas potencialidades individuais e coletivas.

Outro princípio fundamental foi o de assegurar ao trabalhador um patamar salarial digno, capaz de satisfazer as necessidades vitais básicas com alimentação, saúde, educação, moradia e lazer. Tal princípio, além de assegurar um piso salarial ao trabalhador, impedindo a prática que reinava na Revolução Industrial de empregar apenas o operário que se submetia a laborar por menor salário, visou, também, a consagrar o princípio da isonomia salarial, ou seja, fixar igual salário para atividades semelhantes, tolhendo-se, assim, discriminações e favorecimentos.

Por tal razão, percebe-se que na ideia de fixar um patamar salarial mínimo para uma existência digna e a proibição de desigualdade salarial está subjacente a intenção de assegurar e de promover a dignidade humana, não permitindo que o trabalhador seja reduzido à condição indigna (abaixo das condições mínimas de subsistência) ou tenha a sua dignidade inferiorizada em relação a um colega de trabalho em igualdade de condições (isonomia salarial).

Por fim, cabe mencionar o princípio da livre associação dos trabalhadores em sindicatos, direito este de fundamental importância para a classe operária, já que, pela organização coletiva, os obreiros conseguiram se fortalecer e reivindicar melhores condições de trabalho, aumentando o leque de direitos trabalhistas e de outros direitos sociais (como, por exemplo, a saúde e a previdência), que foram assegurando e promovendo a dignidade do trabalhador, resgatando a centralidade do homem na relação entre o capital e o trabalho.

Em síntese, o Tratado de Versalhes constituiu-se um marco histórico importante para a consagração e a proteção jurídica da dignidade humana. Seus poucos princípios, em verdade, disseram muito para a humanidade, lembrando que o homem deve ser o sujeito, e não o objeto da pujança econômica e do processo tecnológico.

Mais tarde, agora após o término da Segunda Grande Guerra Mundial, a Organização das Nações Unidas proclamou a "Declaração Universal dos Direitos Humanos"(122), em resposta às atrocidades cometidas pelos nazistas contra os judeus e, também, pelos milhares de mortos em função do lançamento, pelos Estados Unidos, da bomba atômica sobre as cidades japonesas de Nagasaki e Hiroxima.

Tal declaração constituiu-se num verdadeiro apanágio da dignidade humana, sua consagração definitiva como categoria jurídica, merecedora de proteção e de promoção universais, como forma não só de permanentemente lembrar a importância e a proeminência da condição humana, mas também de proteger juridicamente a dignidade dos indivíduos.

---

(122) O texto integral da Declaração em tela pode ser obtido no sítio <http:www.onu-brasil.org.br/documentos-direitoshumanos.phb>. Acesso em: 15.10.07.

Nessa perspectiva, vale mencionar a lição de *Piovesan*:

> A Declaração Universal de 1948 objetiva delinear uma ordem pública mundial fundada no respeito à dignidade humana, ao consagrar valores básicos universais. Desde seu preâmbulo, é afirmada a dignidade inerente a toda pessoa humana, titular de direitos iguais e inalienáveis. Vale dizer, para a Declaração Universal a condição de pessoa é o requisito único e exclusivo para a titularidade de direitos. A universalidade dos direitos humanos traduz a absoluta ruptura com o legado nazista, que condicionava a titularidade de direitos à pertinência à determinada raça (a raça pura ariana). A dignidade humana como fundamento dos direitos humanos é concepção que, posteriormente, vem a ser incorporada por todos os tratados e declarações de direitos humanos, que passam a integrar o chamado Direito Internacional dos Direitos Humanos.[123]

Como se percebe, a proteção da dignidade da pessoa humana já é sinalizada no preâmbulo da Declaração, que inaugura seu texto com o "reconhecimento da dignidade inerente a todos os membros da família humana". Vale dizer, que os homens são iguais em dignidade e, por isso mesmo, merecedores do mesmo tratamento jurídico, sem distinções, devendo ser colocados a salvo de arbitrariedades, de abusos e de perseguições.

O art. 1º da Declaração estabelece que "todos os homens nascem livres e iguais em dignidade e direitos. São dotados de razão e consciência e devem agir em relação uns com os outros, com espírito de fraternidade". Esse dispositivo, para além de consagrar a dignidade humana como princípio jurídico, delimita seu conteúdo e seu contorno.

Com efeito, pela literalidade do dispositivo em questão verifica-se que a dignidade não traduz mais a ideia de classe (dignidade que distingue e desiguala), mas sim a noção de dignidade estabelecendo uma identidade comum entre os homens (dignidade que iguala), que é justamente o fato de possuírem razão e consciência, situação que põe o homem como credor e devedor do mesmo tratamento jurídico dispensado ao seu semelhante.

O colorido do preceito em questão é justamente uma visão dinâmica e construtiva da dignidade humana, que não se conforma só com o reconhecimento e a declaração de que os homens, por serem dotados de razão e de consciência, são iguais em dignidade. De fato, o preceito vai além, para conclamar que os homens ajam em relação uns aos outros com espírito de fraternidade.

Ora, é justamente esse espírito de fraternidade que faz o homem diferente dos demais seres vivos que habitam o planeta, permitindo manter e edificar uma sociedade justa e solidária, capaz de viver em paz, calcada não só no respeito recíproco entre os homens, mas no desejo destes de servir seu semelhante naquilo que for possível, para que ele possa desenvolver ao máximo suas potencialidades e fazer-se digno de fato.

---

(123) PIOVESAN, Flávia. *Direitos humanos e o direito constitucional internacional*. 6. ed. São Paulo: Max Limonad, 2004. p. 146.

Em resumo, mais do que declarar e reconhecer, o tal preceito conclama os homens a construírem, materialmente, a dignidade humana, portando-se como homens dignos e proporcionando dignidade aos seus semelhantes, por meio de ações calcadas no espírito de fraternidade, próprio da condição humana.[(124)]

Essa noção é de fundamental importância para se entender as dimensões defensiva (negativa) e prestacional (positiva) da dignidade humana, que serão abordadas oportunamente na sequência deste capítulo.

De outra sorte, o art. 4º da Declaração preconiza que ninguém será mantido em escravidão ou servidão, e que a escravidão e o tráfico de escravos estão proibidos em todas as suas formas. Aqui está reiterada a ideia de que o homem é dotado de dignidade, razão pela qual não pode ser tratado como *res*,[(125)] ou seja, como objeto de comércio.

A escravidão talvez seja a forma mais degradante de tratamento humano, pois lhe retira não só a liberdade, como também a própria dignidade humana. Daí a vedação de sua prática, em qualquer de suas formas.[(126)]

Na atualidade, infelizmente, nada obstante o preceito em discussão, a escravidão continua sendo praticada pelo homem, de diversas maneiras, em diversos setores produtivos, em vários pontos do planeta.[(127)]

Todavia, calcado no princípio da dignidade da pessoa humana, o Estado, a sociedade civil e os particulares vêm travando ações de combate à escravidão, seguindo o firme propósito de erradicá-la, já que a sua existência é uma marca vergonhosa daquilo que o homem é capaz de fazer quando emprega sua racionalidade de forma egoísta e destrutiva. Tal questão será retomada no capítulo quarto desta pesquisa.[(128)]

Também cabe apontar o art. 12 da Declaração, que estabelece que o homem, como membro da sociedade, deve ter acesso aos direitos econômicos, sociais e culturais indispensáveis à sua dignidade e ao seu livre desenvolvimento.

---

(124) Como adverte Delmas-Marty: "A universalidade dos direitos do homem remete preferencialmente a um universo mental que a um universo real. Afirmada pela declaração 'universal' de 1948, ela essencialmente ainda está por ser construída. Trata-se, pois, como a globalização econômica, de um processo em curso, que possui as interrogações suscitadas pela sua aparente fragilidade". DELMAS-MARTY, *op. cit.*, p. 19.

(125) *Res*, do latim, significa "coisa" ou "objeto".

(126) Sobre o combate do trabalho escravo no Brasil, vide a ação da OIT, escritório do Brasil, no sítio: <http://www.oitbrasil.org.br/trabalho_forcado/index.php>. Acesso em: 18.3.08.

(127) A respeito, vale a pena refletir sobre a ponderação de Bobbio, "A quem pretenda fazer um exame despreconceituoso do desenvolvimento dos direitos humanos depois da Segunda Guerra Mundial, aconselharia este salutar exercício: ler a Declaração Universal e depois olhar em torno de si. Será obrigado a reconhecer que, apesar das antecipações iluminadas dos filósofos, das corajosas formulações dos juristas, dos esforços dos políticos de boa vontade, o caminho a percorrer é ainda longo. E ele terá a impressão de que a história humana, embora velha de milênios, quando comparada às enormes tarefas que estão diante de nós, talvez tenha apenas começado". BOBBIO, *op. cit.*, 2004. p. 64.

(128) Sobre o tema, cabe consultar o Plano Nacional para a Erradicação do Trabalho Escravo, que pode ser encontrado no sítio <http://www.oitbrasill.org.br/trabalho-forçado/brasil/iniciativas/plano-nacional.pdf>. Acesso em: 2.10.07.

Isso representa o reconhecimento da dimensão prestacional da dignidade humana, que se concretiza com a ação do Estado e da sociedade civil. Ambos se estruturam e trabalham para proporcionar acesso a bens e a serviços sociais, como saúde, educação e trabalho, tudo para que o homem possa conquistar e manter a sua dignidade real.

De outra sorte, é válido mencionar o art. 20 da Declaração, que consagra o direito da livre associação, permitindo que o homem, associado a seus semelhantes, busque, por meios lícitos, a melhoria de sua condição social, dando vazão, para tanto, à formação de empresas, de associações e de sindicatos.

Por seu turno, os arts. 23, 24 e 25 da Declaração se ocupam dos direitos trabalhistas, praticamente reafirmando os princípios do Tratado de Versalhes, visto linhas atrás.

Com efeito, o art. 23 estabelece que o homem tem direito ao trabalho, podendo escolher livremente um emprego, com condições justas e favoráveis, bem como proteção contra o desemprego. Também reafirma o direito a um salário decente, capaz de garantir uma existência compatível com a dignidade humana; bem como o princípio da isonomia, segundo o qual é devida igual remuneração para igual trabalho. Ainda, ratifica que o homem tem direito de organizar-se em sindicatos e neles ingressar, para proteger e promover seus interesses.

O art. 24, especificamente, estabelece a limitação da jornada, consagrando o direito aos repousos e às férias remuneradas periódicas, tudo para garantir ao homem o direito ao lazer e ao convívio social, em especial, participar dos espaços públicos, como associações, sindicatos, escolas e partidos políticos.

Na verdade, a Declaração Universal dos Direitos do Homem é um texto jurídico complexo e amplo, no qual estão consagrados, praticamente, todos os direitos individuais e sociais tidos por fundamentais nas Constituições dos Estados contemporâneos, entre eles o Brasil.

Desse modo, considerando os limites desta pesquisa, acredita-se que esta breve digressão sobre a Declaração é suficiente para evidenciar como o Direito se ocupou de conceituar e regulamentar a dignidade humana, trazendo-a para o mundo jurídico, não só para proclamá-la, mas também para revesti-la de exigibilidade, mediante coerção.

A propósito, como bem salienta *Sarlet*, a dignidade humana não subsiste apenas onde é reconhecida pelo Direito, já que constitui um dado prévio, que existe independentemente do fenômeno jurídico; basta ver que dela se ocuparam, e se ocupam, a filosofia e a ciência política.(129)

Todavia, como adverte o citado autor, o Direito poderá exercer um papel fundamental na proteção e promoção da dignidade humana, fato já sinalizado pelos tratados internacionais antes abordados.

---

(129) SARLET, *op. cit.*, 2004. p. 42.

Adiante, tratar-se-á da proteção jurídica da dignidade da pessoa humana na Constituição brasileira, destacando e estudando os principais preceitos que dela se ocupam. Antes, porém, cumpre tratar da constitucionalização dos direitos fundamentais do homem.

1.3 A constitucionalização da dignidade da pessoa humana

Com o término da Segunda Guerra Mundial, os países ocidentais passaram a contemplar em suas Constituições matérias que antes estavam afetas a leis infraconstitucionais e tratados internacionais, *v.g.*, direitos humanos, direitos de personalidade e direitos sociais.

Tais países desejaram, com isso, documentar o arcabouço de proteção e de promoção desses direitos, guindando-os ao *status* de direitos constitucionais. Mais do que isso, muitos desses direitos foram enquadrados como "fundamentais"[130] e, por tal sorte, constituídos em "cláusulas pétreas",[131] justamente para não permitir o que ocorrera ao longo da Revolução Industrial e das Grandes Guerras: que, sob o manto da legalidade positivista, o homem pudesse ser explorado, maltratado, e até mesmo perseguido e dizimado, como se fosse um objeto descartável.

A respeito, *Barroso* assevera:

> Em busca de objetividade científica, o positivismo equiparou o direito à lei, afastou-se da filosofia e de discussões como legalidade e justiça e dominou o pensamento jurídico da primeira metade do século XX. Sua decadência é emblematicamente associada à derrota do fascismo na Itália e do nazismo na Alemanha, regimes que promoveram a barbárie sob a proteção da legalidade. Ao fim da 2ª Guerra, a ética e os valores começaram a retornar ao direito.[132]

A constitucionalização do Direito teve justamente este sentido: soprar para dentro do direito positivo a alma da ética e dos valores, protegendo o homem das arbitrariedades e da tirania realizadas sob o manto da legalidade distorcida e instrumentalizada para fins egoístas e escusos.

---

(130) De acordo com Sarlet "Diretos fundamentais são, portanto, todas aquelas posições jurídicas concernentes às pessoas, que, do ponto de vista do direito constitucional positivo, foram, por seu conteúdo e importância (fundamentalidade em sentido material), integrados ao texto da Constituição e, portanto, retiradas da esfera de disponibilidade dos poderes constituídos (fundamentabilidade formal), bem como as que, por seu conteúdo e significado, possam lhes ser equiparados, agregando-se à Constituição material, tendo, ou não, assento na Constituição formal (aqui considerada a abertura material do Catálogo)". SARLET, Ingo Wolfgang. *A eficácia dos direitos fundamentais*. 4. ed. rev., atual., e ampl. Porto Alegre: Livraria do Advogado, 2003. p. 85.

(131) "Cláusula Pétrea" significa, literalmente, "Cláusula de pedra", dando o sentido de "Cláusula dura", "imutável". De acordo com o art. 60, § 4º, da CF, são pétreos, ou seja, não passíveis de reforma pela via de emenda constitucional, as normas que versam sobre: I — a forma federativa de Estado; II — o voto direto, secreto, universal e periódico; III — a separação de Poderes, IV — os direitos e garantias individuais. Segundo Sarlet, as cláusulas pétreas têm "proteção expressa contra a ação erosiva do legislador ordinário e até mesmo contra eventuais reformas da Constituição". *Idem*, p. 77-78.

(132) BARROSO, Luís Roberto. Neoconstitucionalismo e constitucionalização do direito. *Revista da Escola Nacional da Magistratura*. Ano I, n. 2. Brasília: Escola Nacional da Magistratura, 2006. p. 30.

De acordo com *Guastini:*

"Un ordenamiento jurídico constitucionalizado se caracteriza por una Constitución extremadamente invasora, entrometida (pervasiva, invadente), capaz de condicionar tanto la legislación como la jurisprudência y el estilo doctrinal, la acción de los actores políticos, así como las relaciones sociales."[133]

Nessa mesma linha, *Sarlet* sustenta:

O constituinte deixou transparecer de forma clara e inequívoca a sua intenção de outorgar aos princípios fundamentais a qualidade de normas embasadoras e informativas de toda a ordem constitucional, inclusive (e especialmente) das normas definidoras de direitos e garantias fundamentais, que igualmente integram (juntamente com os princípios fundamentais) aquilo que se pode — e nesse ponto merece haver consenso — denominar de núcleo essencial da nossa Constituição formal e material.[134]

Assim, com a constitucionalização dos direitos, o homem e sua dignidade passaram a ocupar o centro do sistema jurídico. A propósito, *Piovesan* observa com propriedade:

No âmbito do Direito Constitucional ocidental, percebe-se a elaboração de textos constitucionais abertos a princípios, dotados de elevada carga axiológica, com destaque ao valor da dignidade humana. Daí a primazia ao valor da dignidade humana, como paradigma e referencial ético, verdadeiro super-princípio a orientar o constitucionalismo contemporâneo, nas esferas local, regional e global, dotando-lhes especial racionalidade, unidade e sentido.[135]

Nessa esteira, a ciência jurídica passou a reconhecer a força normativa da Constituição e, com base nela, a dignidade humana deixou de ser apenas uma categoria filosófica, ou um apelo meramente ético, para se tornar uma categoria jurídica merecedora não só de proteção, mas também de promoção por meios coercitivos.

Nesse sentido, cita-se novamente *Barroso*:

Atualmente, passou a ser premissa do estudo da Constituição o reconhecimento de sua força normativa, do caráter vinculativo e obrigatório de suas disposições. Vale dizer: as normas constitucionais são dotadas de imperatividade, que é atributo de todas as normas jurídicas e sua inobservância há de deflagrar os mecanismos próprios de coação, de cumprimento forçado.[136]

---

(133) Tradução livre: "Um ordenamento jurídico constitucionalizado caracteriza-se por uma constituição extremamente invasora, intrometida (persuasiva, invasora) capaz de condicionar tanto a legislação como a jurisprudência e o estilo doutrinário, a ação dos atores políticos, assim como as relações sociais". GUASTINI, Ricardo. La "constitucionalización" del ordenamiento jurídico: el caso italiano. In: CARBONELL, Miguel (org.). *Neoconstitucionalismo(s)*. Madrid: Editorial Trotta, 2003. p. 49.

(134) SARLET, *op. cit.*, 2004. p. 61.

(135) PIOVESAN, *op. cit.*, 2006. p. 92-93.

(136) BARROSO, *op. cit.*, 2006. p. 31.

Assim, pela constitucionalização dos direitos, em especial o da dignidade da pessoa humana, pretendeu-se colocar os direitos fundamentais do homem a salvo da ação destrutiva do próprio homem, da sociedade civil e do Estado.

Em outras palavras, a Constituição, que a todos obriga, manda que o Estado, a sociedade civil e o particular não só respeitem como também promovam, o mais possível, a dignidade da pessoa humana.

Após esse rápido apanhado, cumpre agora abordar a proteção jurídica da dignidade da pessoa humana na Constituição brasileira de 1988, deixando de lado a evolução histórica do instituto nas Constituições anteriores, tendo em vista os limites e os objetivos mais imediatos desta pesquisa.

1.3.1. A dignidade da pessoa humana na Constituição da República Federativa do Brasil

Em função da extrema importância, a dignidade da pessoa humana foi erigida pelos legisladores constituintes à condição de fundamento da República Federativa do Brasil.(137) Isso denota que o sistema jurídico brasileiro, capitaneado pela Constituição da República Federativa do Brasil,(138) revestiu a dignidade da pessoa humana de juridicidade, constituindo-a como principal alicerce de sua estrutura. Sobre esse sistema repousa toda a plêiade de direitos fundamentais, individuais e sociais do homem.

Com isso, a dignidade da pessoa humana, para além de ser um fundamento ético da República brasileira, constitui-se em uma categoria jurídica fundamental, revestida de normatividade a garantir plena eficácia na realidade concreta da vida das pessoas em sociedade.

Nessa linha, é o entendimento de *Sarlet*:

> Num primeiro momento, convém frisá-lo, a qualificação da dignidade da pessoa humana como princípio fundamental traduz a certeza de que o art. 1º, inciso III, de nossa Lei Fundamental não contém apenas (embora também e acima de tudo) uma declaração de conteúdo ético e moral, mas que constitui norma jurídico-positiva dotada, em sua plenitude, de *status* constitucional formal e material e, como tal, inequivocamente carregado de eficácia.(139)

Isso estabelecido, cumpre observar que o art. 1º da Constituição, para além de uma mera coincidência ou sutileza, subordinou os valores sociais do trabalho e da livre iniciativa (igualmente fundamentos da República) ao respeito da dignidade da pessoa humana, tanto que a previu no inciso III, ao passo que aqueles no inciso IV, dando à dignidade da pessoa humana um condição de proeminência.

(137) O art. 1º, inciso III, da CF assim dispõe: "A República Federativa do Brasil, formada pela união indissolúvel dos Estados e Municípios e do Distrito Federal, constitui-se em Estado Democrático de Direito e tem como fundamentos: [...] III — a dignidade da pessoa humana".

(138) Doravante, a pesquisa utilizará apenas a expressão "Constituição" para designar a Constituição da República Federativa do Brasil.

(139) SARLET, *op. cit.*, 2004. p. 70.

Em outras palavras, a ordem econômica e social deve proteger e promover a dignidade da pessoa humana; do contrário, estará em desacordo com o plano geral da Constituição, que põe o homem e sua dignidade não só no centro do sistema jurídico, mas também do sistema político, econômico e social.

A respeito disso, vale transcrever a lição de *Silva*,

> Poderíamos até dizer que a eminência da dignidade da pessoa humana é tal que é dotada ao mesmo tempo da natureza de valor supremo, princípio constitucional fundamental e geral que inspiram a ordem jurídica. Mas a verdade é que a Constituição lhe dá mais do que isso, quando a põe como fundamento da República Federativa do Brasil constituída em Estado Democrático de Direito. Se é *fundamento* é porque se constitui num valor supremo, num valor fundante da República, da Federação, do País, da Democracia e do Direito. Portanto, não é apenas um princípio da ordem jurídica, mas o é também da ordem política, social econômica e cultural. Daí sua natureza de valor supremo, porque está na base de toda a vida nacional.(140)

Nessa ordem de ideias, ao reconhecer a dignidade da pessoa humana como fundamento da República, o próprio Estado, por força de sua Constituição formal e material, autolimitou-se no sentido de se abster de lesar,(141) por suas ações, a dignidade do homem. Mais do que isso, comprometeu-se a tomar ações positivas, voltadas ao resguardo e à promoção da dignidade humana.(142)

De outro canto, assim como a dignidade da pessoa humana, por força da Constituição, assume uma posição de proeminência sobre o valor social do trabalho, este se coloca igualmente em posição de ascendência sobre o valor social da livre iniciativa.

Com efeito, o inciso IV do art. 1º da Constituição menciona primeiro o valor social do trabalho e, depois, o valor social da livre iniciativa, não se tratando de uma mera coincidência de redação legislativa, mas do real desejo do povo, manifestado pelo legislador constituinte.

Prova disso é que o art. 170 da Constituição(143) expressamente declarou que a ordem econômica é fundada na valorização do trabalho humano e na livre iniciativa, com a finalidade de assegurar a todos existência digna, conforme os ditames da justiça social.

Ora, como foi abordado linhas atrás, acolhendo a filosofia de *Kant*, o Tratado de Versalhes e a Declaração Universal dos Direitos do Homem proclamaram que o trabalho

---

(140) SILVA, José Afonso da. A dignidade da pessoa humana como valor supremo da democracia. *Revista de direito administrativo*, n. 212. Rio de Janeiro: Renovar, 1998. p. 92, grifo do autor.

(141) Conforme foi visto na parte inicial deste capítulo.

(142) Tal assunto será mais bem aprofundado no último capítulo desta pesquisa.

(143) O art. 170 da Constituição estabelece: "A ordem econômica, fundada na valorização do trabalho humano e na livre iniciativa, tem por fim assegurar a todos existência digna, conforme os ditames da justiça social, observados os seguintes princípios: [...]".

não é mercadoria nem artigo de comércio. E tal se deve ao fato de que o trabalho é indissociável do homem que o presta; razão pela qual o valor social do trabalho, que traz subjacente a ideia do homem que trabalha e a dignidade deste, assume posição de destaque sobre a ordem econômica e a livre iniciativa.

Em outras palavras, o art. 170 da Constituição prometeu (e comprometeu-se juridicamente) que a ordem econômica não pode coisificar o homem, ou seja, torná-lo um mero fator da produção. Mais do que isso, comprometeu-se a ver e a tratar o homem como sujeito, como o centro do sistema.

Vale dizer, a ordem econômica e a livre iniciativa somente se estabelecem e atuam legitimamente quando respeitam e promovem a dignidade humana, que consubstancia o valor social do trabalho, não só por este ser indissociável daquele, mas também pelo fato de que o trabalho é o principal instrumento de dignificação do homem.

Nessa última ótica, *Delgado* assevera:

> Considerando o prisma da dignidade do trabalho é que o homem trabalhador revela a riqueza de sua identidade social, exercendo sua liberdade e a consciência de si, além de realizar, em plenitude, seu dinamismo social, seja pelo desenvolvimento de suas potencialidades, de sua capacidade de mobilização ou de seu efetivo papel na lógica das relações sociais.(144)

Ressalta-se, por fim, que a Constituição contempla a dignidade da pessoa humana em outros preceitos. Todavia, dado o objeto e os limites deste estudo, os mesmos não serão ora comentados, ficando, todavia, citados em nota de rodapé.(145)

O que importa deixar assentado, neste diapasão da pesquisa, em resumo do que foi visto nas linhas pretéritas, é que: a) a dignidade da pessoa humana constitui uma norma jurídica constitucional, e por isso mesmo dotada de força normativa; b) por possuir uma grande carga valorativa, a ordem jurídica pretende garantir e promover a dignidade humana com a maior eficácia possível; c) a ordem jurídica está a serviço do homem, reconhecendo-o como sujeito dotado de dignidade, não podendo servir-se da pessoa humana como mero instrumento para atingir fins econômicos.

Na sequência, serão abordadas as dimensões defensiva (negativa) e prestacional (positiva) da dignidade da pessoa humana, tema de fundamental importância para esta

---

(144) DELGADO, Gabriela Neves. *Direito fundamental ao trabalho digno*. São Paulo: LTr, 2006. p. 241-242.

(145) O art. 226, § 7º, da Constituição assim dispõe: "A família, base da sociedade, tem especial proteção do Estado. [...] § 7º Fundado nos princípios da dignidade da pessoa humana e da paternidade responsável, o planejamento familiar é livre decisão do casal, competindo ao Estado propiciar recursos educacionais e científicos para o exercício desse direito, vedada qualquer forma coercitiva por parte de instituições oficiais ou privadas."

O art. 227 da Constituição estabelece: "É dever da família, da sociedade e do Estado assegurar à criança e ao adolescente, com absoluta prioridade, o direito à vida, à saúde, à alimentação, à educação, ao lazer, à profissionalização, à cultura, à dignidade, ao respeito, à liberdade e à convivência familiar e comunitária, além de colocá-los a salvo de toda forma de negligência, discriminação, exploração, violência, crueldade e opressão".

pesquisa, em especial para encaminhar e para fundamentar as ações afirmativas da dignidade da pessoa humana, voltadas à resistência contra os efeitos nocivos da flexibilização de direitos trabalhistas. Este será o objeto dos capítulos subsequentes, em especial do último, que constitui a contribuição inédita deste estudo para a ciência do Direito.

1.4 As dimensões defensiva e prestacional da dignidade da pessoa humana

Pelo exposto até aqui, percebe-se que o pensamento humano evoluiu para reconhecer três situações (dados) fundamentais: a) que o homem, por ser dotado de racionalidade, distingue-se dos demais seres que habitam o planeta, possuindo uma dignidade que o torna único e merecedor do mesmo respeito e tratamento por parte dos seus semelhantes; b) que o homem, individualmente considerado, não consegue, por suas próprias forças, obter uma série de bens do mundo da vida, razão pela qual necessita da ajuda de seus semelhantes para se realizar e, em se realizando, realiza os seus iguais (ideia de solidariedade e de alteridade); c) que o homem individualmente considerado e a sociedade civil não conseguem, em que pesem seus esforços, atender a determinadas necessidades vitais para o desenvolvimento humano, *v.g.*, a distribuição da justiça, a elaboração de normas gerais e uniformes, a aplicação coercitiva dessas normas e a realização de grandes obras destinadas ao uso comum. Daí por que o homem e a sociedade sentiram a necessidade de engendrar um ente fictício, dotado de poderes superiores, denominado Estado, cuja função precípua é realizar aquelas necessidades vitais antes mencionadas, protegendo e promovendo, o quanto possível, o bem comum.

Desse rápido apanhado introdutório, é possível deduzir que a dignidade da pessoa humana possui ao menos duas dimensões possíveis, que podem ser assim delineadas: uma, que se denomina defensiva ou negativa, que consiste numa espécie de dever (ético e jurídico) que o particular, a sociedade civil e o Estado assumem de não atentar ou violar a dignidade de uma dada pessoa; outra, que se denomina prestacional ou positiva, que consiste num dever (ético e jurídico) de o homem individualmente considerado, a Sociedade Civil e o Estado proporcionarem ao homem os meios adequados para que este possa viver dignamente.

Sarlet trata com acuidade dessa temática, vislumbrando a dignidade como limite e tarefa do Estado, da comunidade e dos particulares, aduzindo, na esteira do pensamento até aqui posto, que:

> O princípio da dignidade da pessoa humana impõe limites à atuação estatal, objetivando impedir que o poder público venha a violar a dignidade pessoal, mas também implica (numa perspectiva que se poderia designar de programática ou impositiva, mas nem por isso destituída de plena eficácia) que o Estado deverá ter como meta permanente, proteção, promoção e realização concreta de uma vida com dignidade para todos, podendo-se sustentar, na esteira da luminosa proposta de *Clèmerson Clève*, a necessidade de uma política de dignidade da pessoa humana e dos direitos fundamentais.[146]

---

(146) SARLET, *op. cit.*, 2004. p. 110.

Mas, como já assentado, não incumbe somente ao Estado o dever ético e jurídico de proteger e de promover a dignidade da pessoa humana. Com efeito, não se pode esquecer que o Estado é um ente fictício, fruto da cultura humana. Logo, por trás do Estado estão o homem e a sociedade que o conceberam, devendo estes, por uma questão de coerência e de pertinência lógica, assumirem por primeiro o compromisso ético-jurídico de respeitar a dignidade da pessoa humana, prestacionando os meios para que o homem viva com dignidade.

A esse respeito, *Sarlet* leciona:

> Para além dessa vinculação (na dimensão positiva e negativa) do Estado, também a ordem comunitária e, portanto, todas as entidades privadas e os particulares encontram-se diretamente vinculados pelo princípio da dignidade da pessoa humana. Com efeito, por sua natureza igualitária e por exprimir a ideia de solidariedade entre os membros da comunidade humana, o princípio da dignidade da pessoa vincula também no âmbito das relações entre os particulares.[147]

Colocadas essas noções introdutórias, cumpre aprofundar um pouco mais a dimensão defensiva da dignidade da pessoa humana.

1.4.1 A dimensão defensiva (negativa) da dignidade da pessoa humana

De acordo com o até agora visto, a proteção da dignidade da pessoa humana impõe limites à atuação do Estado, da sociedade civil e dos particulares.

Tal limitação consiste na proibição de ações arbitrárias por parte dos entes referidos, como forma de proteger a incolumidade da dignidade da pessoa humana. Consiste, em outras palavras, na proibição de afetar indevidamente ou arbitrariamente os direitos individuais fundamentais do homem, como a vida, a liberdade, a intimidade, a personalidade, enfim, aqueles valores revestidos e garantidos pela ordem jurídica (em especial pela Constituição) que conformam e dão sentido à ideia de dignidade da pessoa humana.

Tal ideia é assim sintetizada por *Farias*:

> Vale dizer: que o respeito da dignidade da pessoa humana constitui-se em um dos elementos imprescindíveis para legitimação da atuação do Estado brasileiro. Qualquer ação do Poder Público e seus órgãos não poderá, jamais, sob pena de ser acoimada de ilegítima e declarada inconstitucional, restringir de forma intolerável ou injustificável a dignidade da pessoa. Esta só poderá sofrer constrição para salvaguardar outros valores constitucionais.[148]

De fato, em que pese constituir-se no fundamento de todo o ordenamento constitucional, e por isso mesmo possuir imensa carga valorativa, a ponto de *Silva* enquadrá-la como "valor supremo", a dignidade da pessoa humana não possui feitio "absoluto".[149]

(147) SARLET, *op. cit.*, 2003. p. 111.

(148) FARIAS, *op. cit.*, p. 51.

(149) SILVA, *op. cit.*, 1998. p. 92.

A dignidade pode sofrer restrições, pelo critério da ponderação,(150) em face de outros direitos fundamentais, nomeadamente o direito à vida, bem como em relação à dignidade de outrem.

Contudo, *Nunes*, muito embora admita que a dignidade de uma pessoa possa sofrer restrições em face da dignidade de outra, conclui suas ideias aduzindo que a dignidade da pessoa humana é um princípio absoluto, por ser ele a "luz de todo o ordenamento".(151)

Todavia, parece não ser adequado considerar o princípio em tela como absoluto, conforme já referido, uma vez que pode sofrer restrições em uma aparente colisão de dignidades, como, de resto, é reconhecido pelo próprio *Nunes*.

Na esteira do entendimento de *Farias*, já citado, *Sarlet*(152) entende que a dignidade da pessoa humana não tem feições absolutas, já que pode sofrer restrições diante de eventuais tensões entre a dignidade de diversas pessoas, e até mesmo, diante de um aparente conflito entre o direito à vida e à dignidade.(153)

Todavia, deve ficar assentado que o princípio da dignidade da pessoa humana é o que goza de maior carga valorativa dentro do sistema jurídico-político, a ponto de ser considerado origem dos demais direitos fundamentais;(154) daí por que dito princípio, em que pese não se revestir de caráter absoluto, sem dúvida é o que, no conflito aparente com outros princípios (que não ele próprio),(155) deve receber maior densidade ou preponderância, sob pena de se esvaziar seu conteúdo e seu caráter fundante do sistema.(156)

---

(150) De acordo com a lição de Sarmento: "Ao realizar a ponderação, deve o aplicador do Direito, em primeiro momento, verificar se o caso concreto está efetivamente compreendido na esfera de proteção de mais de um princípio, o que pode ser feito através da interpretação dos cânones em jogo. Caso se constante que a hipótese realmente é tutelada por mais de um princípio, passa-se a fase ulterior, da ponderação propriamente dita: aí o interprete, à luz das circunstâncias concretas, impõe 'compressões' recíprocas sobre os bens jurídicos protegidos pelos princípios em disputa, objetivando lograr um ponto ótimo, onde a restrição a cada bem seja a mínima indispensável à sua convivência com o outro". SARMENTO, Daniel. Os princípios constitucionais e a ponderação de bens. In: TORRES, Ricardo Lobo (org.). *Teoria dos Direitos Fundamentais.* 2. ed. rev. e atual. Rio de Janeiro: Renovar, 2001. p. 56.

(151) NUNES, Rizzato. *O princípio constitucional da dignidade da pessoa humana.* São Paulo: Saraiva, 2002. p. 56-57.

(152) SARLET, *op. cit.*, 2003. p. 73.

(153) Sobre esse tema, *vide* ainda SARLET, *op. cit.*, 2003. p. 124-141.

(154) SARLET, *op. cit.*, 2004. p. 79.

(155) Nessa linha Jacintho assevera: "[...] reiteramos que a dignidade como valor supremo a orientar a interpretação constitucional é imponderável, insuscetível de ceder, diante do caso concreto, a outro direito, qualquer que seja ele. Como posição subjetiva, plasmada como princípio ou regra, não. Aí, em se tratando do confronto entre dignidade de pessoas diversas, uma pessoa pode ter o seu direito à dignidade relativizado, em benefício da dignidade alheia, mas a dignidade não pode ser relativizada diante de um outro direito." JACINTHO, Jussara Maria Moreno. *Dignidade humana*: princípio constitucional. Curitiba: Juruá, 2008. p. 175.

(156) A propósito, cumpre registrar que na 1ª Jornada de Direito Material e Processual na Justiça do Trabalho, evento promovido pelo Tribunal Superior do Trabalho (TST), pela Escola Nacional de Magistrados do Trabalho (ENAMAT) e Associação Nacional dos Magistrados da Justiça do Trabalho (ANAMATRA), de 21 a 23 de novembro de 2007, na sede do TST (Brasília, DF), restaram aprovados 79 Enunciados sobre Direito Material

Ainda que o princípio da dignidade da pessoa humana não tenha caráter absoluto, possa sofrer restrições diante da colisão aparente de outra ou outras dignidades, o fato é que tal peculiaridade não o desqualifica como valor supremo do sistema jurídico-político, nem lhe retira a funcionalidade de impor limites à ação corrosiva da flexibilidade dos direitos trabalhistas.

Efetivamente, como bem salienta *Bobbio*:

> É inegável que existe uma crise de fundamentos. Deve-se reconhecê-la, mas não tentar superá-la buscando outro fundamento absoluto para servir como substituto para o que se perdeu. Nossa tarefa, hoje, é muito mais modesta, embora também mais difícil. Não se trata de encontrar o fundamento absoluto — empreendimento sublime, porém desesperado — mas de buscar, em cada caso concreto, os *vários fundamentos possíveis*.(157)

Após esse parêntesis, retomando a trilha que vinha conduzindo esta pesquisa, é importante ter presente que não só o Estado, mas também a sociedade civil e o particular devem se abster de violar a dignidade de uma dada pessoa, não só por temor de coerção jurídica, mas também por imperativo ético de alteridade, cuja máxima reza: "não faças ao próximo aquilo que não queres que faça a ti mesmo".

Dando seguimento a essa abordagem, agora sob outro prisma, salienta-se que a dimensão defensiva da dignidade da pessoa humana pode e deve ser acionada quando o homem atenta contra a sua própria dignidade.

Com efeito, assim como a vida, a dignidade é um direito inalienável e irrenunciável, razão pela qual o sistema ético jurídico não admite que o homem agrida a si mesmo e à sua dignidade.

Vale dizer, por força do princípio da dignidade humana, o Estado, a sociedade civil e o particular devem proteger o homem, principalmente quando fragilizado ou em situação de desvantagem, em face dos seus próprios atos, quando atentatórios da sua própria dignidade.(158)

---

e Processual do Trabalho, despontando como primeiro Enunciado o seguinte, que ratifica justamente a ideia aqui defendida: "DIREITOS FUNDAMENTAIS. INTERPRETAÇÃO E APLICAÇÃO. Os direitos fundamentais devem ser interpretados e aplicados de maneira a preservar a integridade sistêmica da Constituição, a estabilizar as relações sociais e, acima de tudo, a oferecer a devida tutela ao titular do direito fundamental. No Direito do Trabalho, deve prevalecer o princípio da dignidade da pessoa humana". Disponível em: <http://www.anamatra.org.br/jornada/index.cfm>. Acesso em: 17.1.08.

(157) BOBBIO, *op. cit.*, 2004, p. 43, grifos do autor.

(158) Nesse ponto, oportunas as palavras de Silva: "Assim como a responsabilidade pela própria vida, o dever de ajudar a viver quando o outro ainda não tem, ou não mais tem, capacidade de fazê-lo por si mesmo, não é uma imposição heterônoma, um dever imposto de fora, mas uma resposta a algo que diz respeito à natureza da cada homem e de todos os homens. Esclarece Erich Fromm que responsabilidade e resposta têm a mesma raiz, *respondere*. Ser responsável significa, portanto, estar disposto a responder. Em termos de pensamento forte, a vida é considerada o fundamento da dignidade da pessoa humana na exata medida em que cada homem está disposto a responder às demandas de sua natureza". SILVA, Reinaldo Pereira e. *Bioética e biodireito: as implicações de um reencontro*. 2002, p. 2. Disponível em: <http://www.advocaciapasold.com.br/artigos>. Acesso em: 15.10.07.

Nessa esteira, colhe-se a lição de *Sarlet*:

> O dever de proteção imposto — e aqui estamos a nos referir especialmente ao poder público — inclui até mesmo a proteção da pessoa contra si mesma, de tal sorte que o Estado se encontra autorizado e obrigado a intervir em face de atos de pessoas que, mesmo voluntariamente, atentem contra sua própria dignidade pessoal.(159)

Essa perspectiva da dimensão defensiva da dignidade da pessoa humana encontra eco no princípio da irrenunciabilidade dos direitos trabalhistas, princípio este que será definido e abordado em detalhes no capítulo seguinte.

Por força do princípio da irrenunciabilidade, o empregado é reconhecido como sujeito vulnerável na relação contratual com o seu empregador, razão pela qual o sistema jurídico não permite que o empregado renuncie a direitos trabalhistas mínimos (fundamentais), justamente para protegê-lo contra atos que, ainda que praticados em conformidade com sua vontade, atentem contra a sua própria dignidade.

O princípio da irrenunciabilidade, nessa linha, bem coadunado com a dimensão defensiva da dignidade da pessoa humana, tem também um efeito coletivo, no sentido de não permitir que um determinado trabalhador, ao renunciar a um determinado direito trabalhista, "abra as comportas" para que outros trabalhadores, a fim de não perderem seus postos de trabalho, sejam também obrigados a renunciar ao mesmo direito.

Tal noção é fundamental para esta pesquisa, em especial para compreender os efeitos nocivos da flexibilização dos direitos trabalhistas, objeto do terceiro capítulo, e o papel da ação afirmativa da dignidade da pessoa humana como forma de resistência à dita flexibilização (proposta inédita desta tese), que obriga o trabalhador a renunciar direitos, tema que será aprofundado no quarto e último capítulo deste estudo.

Feito esse apanhado sobre a dimensão defensiva, cumpre agora encerrar este capítulo, abordando a dimensão prestacional da dignidade da pessoa humana, noção que também é de grande importância para compreender a tese aqui defendida, já anunciada nas linhas pretéritas.

1.4.2 A dimensão prestacional (positiva) da dignidade da pessoa humana

Inicialmente, é importante detectar o verdadeiro sentido da dimensão prestacional da dignidade da pessoa humana. Com efeito, quando se fala em "prestar" não significa dizer que a dignidade se constitui em um objeto que se pode entregar pronto e acabado a uma pessoa. Não é disso que se trata.

A dignidade, como se discutiu anteriormente, é a qualidade que distingue o ser humano dos demais seres vivos do planeta. Em outras palavras, por ser o homem dotado de racionalidade, ele possui uma qualidade ou uma dignidade que o distingue (diferencia) dos demais seres vivos.

(159) SARLET, *op. cit.*, 2003. p. 113.

A esse respeito, *Sarlet* esclarece:

> A dignidade, como qualidade intrínseca da pessoa humana, é irrenunciável e inalienável, constituíndo elemento que qualifica o ser humano como tal e dele não pode ser destacado, de tal sorte que não se pode cogitar da possibilidade de determinada pessoa ser titular de uma pretensão a que lhe seja concedida a dignidade.(160)

Logo, a dignidade da pessoa humana não é um objeto que possa simplesmente ser dado a alguém. A dignidade não é um bem material, mas sim uma qualidade intrínseca do ser humano (um bem imaterial). E por ser uma qualidade intrínseca, é um dado prévio e não necessita do reconhecimento do Direito para existir, muito embora, como salienta *Sarlet* "[...] importa não olvidar que o Direito poderá exercer papel crucial na sua proteção e promoção".(161)

Tendo tudo isso em mente, quando se fala de dignidade da pessoa humana na sua dimensão prestacional, o que se "presta" não é a dignidade em si, como se fosse esta um objeto material que pode ser entregue *in natura* a alguém, mas sim os "meios" com os quais o homem mantém e promove a dignidade que lhe é inata.

Vale dizer, "prestacionar" dignidade é proporcionar, de fato e de direito, os meios que dignificam a existência humana, dando-lhe um "sentido", uma condição de respeitabilidade.

Nas palavras de *Martins*:

> Reconhecer a dignidade da pessoa humana como um valor supremo, um valor fundante da República, implica admiti-la não somente como um princípio da ordem jurídica, mas também da ordem política, social e econômica. Isto nos remete à noção de que conhecer a dignidade da pessoa humana como fundamento da República significa admitir que o Estado brasileiro se constrói a partir da pessoa humana, e para servi-la. Implica, também, reconhecer que um dos fins do Estado brasileiro deve ser propiciar as condições materiais mínimas para que as pessoas tenham dignidade. Em outra perspectiva, diríamos que a dignidade da pessoa humana passou expressamente a integrar a "fórmula política" da Constituição brasileira.(162)

Nessa esteira, quando o Estado proporciona educação gratuita e de qualidade à população, ele (o Estado) está "prestacionando" dignidade, já que está assegurando um "meio" com o qual o homem vai "dignificando" sua existência, ou seja, dando um sentido a sua vida. Ao mesmo tempo, torna o homem "diferente", no sentido de edificar-lhe uma personalidade que lhe é única e, ao mesmo tempo, "igual", em termos de consideração e respeito em relação ao seu semelhante.

O mesmo se aplica em relação à saúde e ao trabalho, na medida em que o Estado, para além de proclamar tais direitos, quando os presta de fato está garantindo os meios

(160) SARLET, *op. cit.*, 2003. p. 41.

(161) *Idem*, p. 42.

(162) MARTINS, Flademir Jerônimo Belinati. *Dignidade da pessoa humana:* princípio constitucional fundamental. Curitiba: Juruá, 2006. p. 125.

mínimos necessários com os quais o homem irá construir sua personalidade e dar sentido à sua existência. É desta maneira que alcança a dignidade humana, que o torna diferente, um sujeito único e insubstituível, mas ao mesmo tempo igual aos seus semelhantes, por ser credor do mesmo respeito.

Todavia, não é só o Estado que possui a tarefa de prestar os meios para a promoção da dignidade humana. De fato, como se viu anteriormente, o Estado é um ente cultural, fruto da racionalidade humana, que o concebeu para ser um facilitador da vida, capaz de canalizar poder e recursos para viabilizar o convívio ordeiro e pacífico dos homens em sociedade.

Nesse sentido, o Estado é apenas uma das múltiplas formas de organização humana coletiva, não suplantando nem o homem nem a coletividade, já que estes é que dão sentido e legitimidade àquele.

A respeito, são pertinentes as palavras de *Vieira*:

> O Estado e/ou mercado não podem mais se arrogar o monopólio de planejar e praticar ações sociopolíticas de interesse público deixando de fora a sociedade. Tanto o estatismo, como o neoliberalismo, deixam a sociedade em segundo plano. A saída que vem sendo tentada pelo movimento cidadão se dá por meio de um pós-liberalismo, no qual se tem um Estado socialmente controlado e um mercado socialmente orientadao. A sociedade torna-se uma "esfera social-pública", constituída a partir de ideias próprias e independentes do Estado e do mercado. Essa nova esfera é não-estatal e não-mercantil, pois escapa do domínio do Estado e à lógica de lucro do mercado.[163]

Tendo isso presente, o que se quer deixar assentado é que o particular (a pessoa individualmente considerada) e a coletividade (a sociedade civil, nas suas múltiplas facetas) também têm o dever (tarefa) de prestar os meios para que o homem viva com dignidade.

Dito isso, vislumbra-se que a sociedade civil vem se engajando nessa cruzada desencadeada pela Constituição, não só na luta para a defesa, mas também para a promoção da dignidade da pessoa humana.

É assim que as Organizações Não-governamentais (ONGs) vêm crescendo em número para, sozinhas ou em ação conjunta com o Estado, atuar nas mais variadas áreas de prestação de direitos sociais, voltadas à promoção da dignidade do homem, *v.g.*, na alfabetização de jovens e adultos, na proteção da mulher e na proteção do idoso.[164]

---

(163) VIEIRA, Liszt. *Os argonautas da cidadania*: a sociedade civil na globalização. Rio de Janeiro: Record, 2001. p. 79-80.

(164) A propósito, Keller registra: "As Organizações Não Governamentais (ONG's), têm melhor organização, mais dinamismo e maior capacidade de influência junto ao poder do que os movimentos sociais isolados, com fins específicos. Elas tiveram participação fundamental na criação de instrumentos legais para a tutela e defesa dos Interesses Difusos". KELLER, Arno Arnoldo. *O descumprimento dos direitos sociais:* razões políticas, econômicas e jurídicas. São Paulo: LTr, 2001. p. 62.

Na mesma linha das ONGs atuam as associações de bairro, todavia com atividades específicas no atendimento das necessidades locais, como iluminação e pavimentação públicas, criação de creches, de postos de saúde e de escolas; e os sindicatos, na defesa e na promoção dos direitos das categorias profissionais que congregam, implementando ações para resistir à precarização do contrato de trabalho imposta pela onda flexibilizante oriunda do neoliberalismo econômico.

Quanto aos particulares, vale registrar o crescente número de pessoas que se engajam nos mais diversos segmentos da sociedade civil e do próprio Estado para prestar trabalhos voluntários, saindo do seu individualismo para se solidarizar com o próximo, levando dignidade ao seu semelhante e, ao fazê-lo, dignificando-se também.(165)

Todas essas múltiplas formas de atuação do Estado, da sociedade civil e dos particulares, que aqui se denominam "ações afirmativas da dignidade da pessoa humana", serão mais aprofundadas no último capítulo desta pesquisa, em que serão aplicadas tais ações como forma de resistência contra a flexibilização dos direitos trabalhistas, numa concepção inédita do tema.

Não desejando antecipar nada deste assunto para este momento, mas com o intuito de assinalar a importância do tema que anima e impulsiona este estudo, não se pode deixar de destacar a advertência de *Silva*:

> Não basta, porém, a liberdade formalmente reconhecida, pois a dignidade da pessoa humana, como fundamento do Estado Democrático de Direito, reclama condições mínimas de existência, *existência digna conforme os ditames da justiça social como fim da ordem econômica.* É de lembrar que constitui um desrespeito à dignidade da pessoa humana um sistema de profundas desigualdades, uma ordem econômica em que inumeráveis homens e mulheres são torturados pela fome, inúmeras crianças vivem na inanição, a ponto de milhares morrerem na tenra idade. Não é concebível uma vida com dignidade entre a fome, a miséria e a incultura, pois a liberdade humana com freqüência se debilita quando o homem cai na extrema necessidade, pois, a igualdade e a dignidade da pessoa exigem que se chegue a uma situação social mais humana e mais justa.(166)

---

(165) Vale apontar o projeto "Amigos da escola", da Rede Globo, através do qual pessoas prestam serviços voluntários em estabelecimentos de ensino públicos ou privados. A respeito, *vide* o sítio <http://amigosdaescola.globo.com/TVGlobo/Amigosdaescola/0, , AA1277302-6960, 00.html>. De acordo com o contido neste sítio, consultado em 3.10.07, "Amigos da Escola é um projeto criado pela Rede Globo (TV Globo e emissoras afiliadas) que tem o objetivo de contribuir com o fortalecimento da escola pública de educação básica por meio do trabalho voluntário e da ação solidária, e implementado em parceria como Faça Parte, Conselho Nacional dos Secretários de Educação (Consed), União Nacional dos Dirigentes Municipais de Educação (Undime), além de instituições e empresas comprometidas com a educação de qualidade para todos. O projeto incentiva a participação de voluntários (inclusive alunos, professores, diretores e funcionários) no desenvolvimento de ações educacionais — complementares, e nunca em substituição, às atividades curriculares/educação formal — e de cidadania em benefício dos alunos, da própria escola e seus profissionais e da comunidade. O Amigos da Escola é um projeto de comunicação, de implementação descentralizada. Ele utiliza a força mobilizadora da Rede Globo para sensibilizar a população e a comunidade escolar a darem sua contribuição para a melhoria contínua da escola pública (em seu papel essencial de educação formal e centro da comunidade); e desenvolve ferramentas úteis para a escola que realiza, ou pretende realizar, atividades com voluntários".

(166) SILVA, José Afonso da. A dignidade da pessoa humana como valor supremo da democracia. *Revista de direito administrativo*, n. 212. Rio de Janeiro: Renovar, 1998. p. 93, grifo do autor.

Também, é digna de registro a observação de *Bobbio*:

> Deve-se recordar que o mais forte argumento adotado pelos reacionários de todos os países contra os direitos do homem, particularmente contra os direitos sociais, não é a sua falta de fundamento, mas a sua inexiquibilidade. Quando se trata de enunciá-los, o acordo é obtido com relativa facilidade, independentemente do maior ou menor poder de convicção de seu fundamento absoluto; quando se trata de passar à ação, ainda que o fundamento seja inquestionável, começam as reservas e as oposições. O problema fundamental em relação aos direitos do homem, hoje, não é tanto justificá-los, mas o de protegê-los.[167]

Nesse afã, no capítulo seguinte serão abordados os princípios do Direito do Trabalho, visando, justamente, a descortinar as bases filosóficas desse ramo do Direito, para esclarecer a razão pela qual é dotado de normas que protegem o homem trabalhador na sua relação jurídica com o empregador, sujeito esse que detém o capital e os meios de produção.

Tal estudo é necessário para entender a razão de ser do Direito do Trabalho, assim como para dimensionar os efeitos nocivos que o fenômeno da flexibilização vem imprimindo ao trabalhador, suprimindo ou precarizando seus direitos laborais arduamente conquistados ao longo da história.

Nesse sentido, conhecer os princípios do Direito do Trabalho é o primeiro passo para entender os efeitos perversos da flexibilização dos direitos trabalhistas. Aplicar os citados princípios, como se verá no último capítulo desta pesquisa, é uma forma de resistir aos efeitos precarizantes da flexibilização; são ações afirmativas, voltadas à defesa da dignidade da pessoa humana. Daí a importância e a relevância do que adiante será abordado.

(167) BOBBIO, *op. cit.*, 2004. p. 43.

Capítulo II

A Base Principiológica e a Crise do Direito do Trabalho

O aporte teórico sobre a dignidade da pessoa humana, oriundo do capítulo anterior, cabe adequadamente no Direito do Trabalho, atualizando e fortalecendo as suas bases.

Com efeito, o Direito do Trabalho é marcado pelo seu conteúdo tutelar em relação ao trabalhador, ou seja, as normas jurídicas que o compõem são voltadas à proteção da parte mais fraca da relação de trabalho, que é justamente a pessoa do trabalhador.

Daí por que, como salienta *Camino*, "a desigualdade econômica, que deixa o empregado à mercê do empregador, é fator de profunda indignidade. A busca de compensação dessa desigualdade, de alcançar uma igualdade verdadeira, substancial, é a busca da realização da dignidade da pessoa humana".(1)

Como visto no capítulo pretérito, com o Tratado de Versalhes proclamou-se o princípio segundo o qual o trabalho não há de ser considerado mercadoria ou artigo de comércio. E tal princípio prende-se ao fato de que o trabalho é indissociável do homem que o executa.

Logo, o Direito do Trabalho, que tem por objeto a regulação do trabalho humano, repousa suas bases na proteção e na promoção da dignidade da pessoa humana, nomeadamente o trabalhador, ligando-se umbilicalmente ao Direito Constitucional, que tem, em última análise, o mesmo objetivo precípuo.

A propósito, *Camino* leciona:

> O trabalho humano está, assim, em ordem privilegiada em relação ao capital. Este assenta-se no princípio da livre iniciativa, relativizado em função do valor prepon-

---

(1) CAMINO, *op. cit.*, 2003. p. 107-108.

derante da dignidade da pessoa humana. Se assim dimensionada a escala de valores fundantes na Constituição Brasileira, realça-se a profunda identidade do direito do trabalho com a concepção do Estado democrático de Direito.[(2)]

Para entender o feitio protetor do Direito Laboral, que deriva do princípio da dignidade da pessoa humana, é importante resgatar sua origem histórica, a fim de verificar sobre que base principiológica tal Direito se erigiu e se desenvolveu ao longo do tempo.

Nas linhas que seguem, tal temática será tratada de forma sintética, necessária para os fins imediatos desta pesquisa. Na sequência, serão abordados os princípios do Direito do Trabalho, os mais importantes, sem olvidar de antes estabelecer, ainda que rapidamente, a noção de princípio e sua funcionalidade para o sistema jurídico.

Por fim, o capítulo abordará a crise dos princípios do Direito do Trabalho nos tempos atuais, diante do fenômeno da globalização econômica neoliberal, que vem pregando a necessidade da flexibilização dos direitos trabalhistas como imperativo de redução de custos e de competitividade das empresas no mercado globalizado.

2.1 *A Revolução Industrial e a contrarrevolução social: um direito impresso pelo oprimido*

A criação da máquina a vapor e seu emprego para fins industriais causou um impacto profundo no processo de produção de bens e serviços.

O que até então era produzido lentamente, em pequenas quantidades, com o emprego de ferramentas rudimentares, passou a ser produzido rapidamente, em larga escala, pelo emprego da máquina. Como destaca *Camino*: "O advento da máquina, em 1812, aperfeiçoada por *James Watt*, em 1848, ensejou rápido crescimento industrial e este acarretou profundas alterações na Economia e nas relações sociais, em especial entre o capital e o trabalho".[(3)]

Daí por que o fenômeno apontado foi denominado "Revolução" Industrial. A introdução de um novo instrumento, no caso a máquina a vapor, teve o condão não só de acelerar o processo produtivo, mas também de aumentar os bens produzidos, gerando o chamado "excedente" de produção.

De fato, a comercialização do excedente da produção aumentou significativamente a margem de lucro das indústrias, gerando capital de investimento e, consequentemente, novas indústrias.

Rapidamente formaram-se centros industriais e, com eles, aumentou a concentração de operários, muitos dos quais agricultores, que se desfizeram de suas pequenas propriedades rurais na expectativa de obter emprego nas fábricas e, com isso, melhorarem sua qualidade de vida, embalados pelo encanto do progresso e das "facilidades" da vida na cidade.

---

(2) CAMINO, *op. cit.*, 2003. p. 108.

(3) *Idem*, p. 32.

Todavia, as fábricas não conseguiram absorver o enorme contingente de pessoas que foram em busca de emprego. A oferta de postos de trabalho era menor do que a procura, e as pessoas, desempregadas e despossuídas, passaram a se concentrar na periferia das cidades, de forma precária e desorganizada.

Os donos das fábricas passaram a lucrar mais do que nunca, uma vez que dispunham de mão-de-obra barata, contratando quem se dispusesse a trabalhar mais por menor salário.

Huberman, de forma irônica e impactante, descreveu a realidade da época:

> Se um marciano tivesse caído naquela ocupada ilha da Inglaterra teria considerado loucos todos os habitantes da terra. Pois teria visto de um lado a grande massa do povo trabalhando duramente, voltando à noite para os miseráveis e doentios buracos onde moravam, que não serviam nem para os porcos; de outro lado, algumas pessoas que nunca sujaram as mãos com o trabalho, mas não obstante faziam as leis que governavam as massas, e viviam como reis, cada qual num palácio individual.[4]

Visando a incrementar a renda familiar, mulheres e crianças também bateram às portas das fábricas, sujeitando-se às mesmas condições de trabalho do homem, porém com salários ainda mais aviltados.

A propósito, *Huberman* assevera:

> Como mulheres e crianças podiam cuidar das máquinas e receber menos que os homens, deram-lhes trabalho, enquanto o homem ficava em casa, frequentemente sem ocupação. A princípio, os donos de fábricas compravam o trabalho das crianças pobres, nos orfanatos; mais tarde, como os salários do pai operário e da mãe operária não eram suficientes para manter a família, também as crianças que tinham casa foram obrigadas a trabalhar nas fábricas e minas.[5]

Vale registrar que toda essa realidade teve impulso também na filosofia liberal então em curso, oriunda da Revolução Francesa de 1789. De fato, no campo jurídico-político grassava a noção de que os homens nasciam livres e iguais e, como tais, possuíam liberdade para estabelecer, em pé de igualdade, as condições contratuais que bem lhes aprouver.

Diante disso, os donos das fábricas não tinham nenhum remorso em impor condições aviltantes aos trabalhadores, uma vez que estavam legitimados no campo político e jurídico para agir dessa maneira. De fato, de acordo com a filosofia liberal, o que era contratual era justo, razão pela qual não podia o trabalhador reclamar perante o Estado contra cláusulas que "livremente" e em condições de "igualdade" estabeleceu.

---

(4) HUBERMAN, Leo. *História da riqueza do homem*. Tradução de Waltensir Dutra. 21. ed. Rio de Janeiro: LTC, 1986. p. 176.

(5) *Idem*, p. 178.

A esse respeito, vale colher a lição de *Hespanha*:

> O direito burguês estava a criar a forma mais eficaz de ocultar o facto de que, na realidade, os indivíduos concretos não eram iguais, mas antes inevitavelmente hierarquizados pelas respectivas condições econômicas e políticas. Mas esta função ideológica de ocultamento era completada pela ficção jurídica da liberdade, nomeadamente, da liberdade negocial. Também aqui, o direito construía uma realidade imaginária — a de indivíduos senhores das suas vontades, negociando paritariamente —, totalmente contraditória com a realidade efectiva, que era antes a de indivíduos condicionados pelos constrangimentos econômico-sociais do capitalismo oitocentista, em que o patrão, economicamente forte e dispondo de uma grande capacidade de escolha entre uma grande oferta de trabalho, se confronta com um assalariado economicamente débil e com escassas possibilidades de encontrar quem o admita.[6]

Diante desse panorama, os trabalhadores foram explorados à exaustão. A pobreza generalizada, a fadiga no trabalho, a falta de higiene na fábrica, entre outros fatores, passaram a gerar um sentimento crescente de insatisfação dos trabalhadores, os quais começaram a se reunir na clandestinidade, em busca de alternativas para a superação do problema.

Émile Zola, na célebre obra denominada "Germinal", fez-se passar como um mineiro, numa mina de carvão, para retratar a dura e crua realidade do operário na época da Revolução Industrial.[7]

Em dita obra, *Zola* descreve a miserabilidade dos operários e as péssimas condições de higiene das minas, registrando como se deu o início dos movimentos ascendentes dos operários na busca de condições mais dignas de trabalho, imbuídos pelas ideias de *Marx* e das internacionais comunistas. A propósito, vale citar um trecho da mencionada obra, no qual os operários discutem ao redor de uma mesa a situação de injustiça da relação de trabalho:

> O pior de tudo é que todos dizem que isso não vai mudar... Eu não quero mal a ninguém, mas às vezes essa injustiça me revolta. Entre uma frase e outras, o silêncio

(6) HESPANHA, António Manuel. *Cultura jurídica européia*: síntese de um milênio. 3. ed. Portugal: Europa-América, 2003. p. 317.

(7) Também com o intuito de denunciar as condições precárias de trabalho de trabalhadores estrangeiros, o jornalista Günter Wallraff publicou, em 1985, o livro cujo título, no Brasil, é *Cabeça de Turco:* uma viagem aos porões da sociedade alemã. Fruto de uma reportagem investigativa, Wallraff fez-se passar por um operário turco, submetendo-se a vários serviços a que os operários alemães não se submetem, sem qualquer proteção jurídica ou social. A respeito da motivação do livro em questão, eis as palavras do próprio autor: "Através de relatos de amigos e de várias publicações eu já podia fazer uma ideia da vida dos estrangeiros na República Federal da Alemanha. Sabia que mais da metade dos imigrantes jovens sofre de doenças psíquicas. Não conseguem mais *digerir* os inúmeros desaforos. Praticamente não têm chances no mercado de trabalho. Para eles, que aqui cresceram, não há possibilidade de regresso a seus países de origem. São apátridas. O aviltamento do direito de asilo, o ódio aos estrangeiros, os confinamentos nos crescentes guetos — tudo isso eu conhecia, mas nunca havia vivenciado". WALLRAFF, Günter. *Cabeça de turco:* uma viagem aos porões da sociedade alemã. Tradução de Nicolino Simone Neto. 14 ed. São Paulo: Globo, 2004. p. 19, grifo do autor.

causava mal-estar. Só o velho Boa Morte arregalava os olhos, surpreso, porque nunca ninguém havia se preocupado com aquilo: eles nasciam no carvão, trabalhavam na mina e pronto. Agora, novas ideias enchiam os mineiros de ambição. Não devemos nos queixar — dizia o velho. — Os chefes são sempre canalhas; mas sempre vai haver chefes, não é verdade? Não vale a pena quebrar a cabeça com essas coisas. Étine se revoltava. Os operários não deviam ser proibidos de pensar. Na época do velho, o mineiro vivia como um animal, enterrado na mina, sem se dar conta do que acontecia. Por isso, os ricos podiam chupar o sangue dos operários. Mas estes já estavam acordando. No fundo da terra germinava uma semente, e um belo dia os homens brotariam da terra, um exército de homens que viria restabelecer a justiça.[8]

Movidos pelo sentimento de solidariedade, próprio dos oprimidos, os trabalhadores passaram a se rebelar, exigindo melhores condições de trabalho e salários mais adequados. Donos de fábricas foram mortos, máquinas foram quebradas, indústrias foram fechadas, greves foram realizadas, enfim, várias foram as formas de luta e de reivindicação da classe trabalhadora.

A contrarrevolução social,[9] conduzida pela classe trabalhadora, fez com que o Estado, até então inerte e omisso, passasse a intervir na relação entre o capital e o trabalho. Ainda que timidamente, o Estado passou a editar leis de proteção ao trabalhador, primeiro reduzindo a jornada de trabalho e, após, estabelecendo salários mínimos.

Essas primeiras leis é que deram origem ao Direito do Trabalho e ao seu suporte filosófico, qual seja, a proteção do trabalhador.

Com o estabelecimento do Tratado de Versalhes,[10] ao término da Primeira Guerra Mundial, consagraram-se os princípios universais que passaram a reger as relações de trabalho. Entre tais princípios destacam-se: a limitação da jornada de trabalho, a fixação de um salário mínimo digno e a declaração de que o trabalho não pode ser considerado mercadoria ou artigo de comércio.

A partir de então, a maioria dos Estados Democráticos de Direito passaram a consagrar em suas Constituições os direitos fundamentais sociais, intervindo nas relações entre o capital e o trabalho e estabelecendo normas jurídicas de proteção e salvaguarda da dignidade pessoal do trabalhador.

Nos tópicos que seguem o assunto será aprofundado e detalhado, primeiro estabelecendo a noção de princípio e sua funcionalidade no sistema jurídico e, na sequência, abordando, um a um, os mais relevantes princípios do Direito do Trabalho.

---

(8) ZOLA, Émile. *Germinal*. Tradução de Silvana Salermo. São Paulo: Companhia das Letras, 2000. p. 58.

(9) De acordo com Bobbio, Matteucci e Pasquino "A contra-revolução pode ser entendida não só como movimento subsequente a uma Revolução vitoriosa, com o objetivo de destruir suas vantagens, mas também como um movimento orientado tanto a impedir que se dê uma Revolução, quando a pôr obstáculo a mudanças de grande envergadura que ameaçam seriamente as bases do poder de certos grupos dominantes". BOBBIO; MATTEUCCI; PASQUINO, *op. cit.*, 2007. p. 1.129.

(10) A respeito, *vide* o tópico 1.2 desta pesquisa.

2.2 *A base principiológica do Direito do Trabalho*

Os princípios são de fundamental importância para o sistema jurídico, posto que, além de possuírem força normativa, conduzem à hermenêutica das regras. Nada obstante, os mesmos não nascem prontos e acabados; de fato, vão se aperfeiçoando e se consolidando ao longo do tempo, como uma espécie de síntese dos anseios e valores humanos.

No caso do Direito do Trabalho não é diferente, já que os princípios que o informam são típicas manifestações do histórico conflito entre o capital e o trabalho. Com efeito, os princípios vão sendo idealizados e assentados pelo Direito para atender à evolução dos fatos sociais, visando a preservar a proteção do trabalhador, parte considerada vulnerável na relação entre o capital e o trabalho, não só em face da subordinação jurídica inerente a essa modalidade contratual, mas também pelo fato de os meios de produção serem de propriedade do empregador, fato que atribui poder a este e sujeição àquele.[(11)]

É necessário deixar assentado que os princípios não possuem relação de hierarquia entre si, já que todos possuem sua finalidade e funcionalidade jurídica na tutela do trabalhador, devendo ser manejado pelo intérprete, de forma racional e fundamentada, na aplicação do Direito ao caso concreto.

Feitas essas considerações introdutórias, tratar-se-á, a seguir, da noção de princípio e das funções que este assume dentro do sistema jurídico.

2.2.1 *O conceito de princípio e sua funcionalidade no sistema jurídico*

Num sentido amplo, "princípio" significa exatamente o que a literalidade indica: o início, a base, o ponto de partida, a origem, o fundamento.

No plano do Direito, o princípio pode ser conceituado como *a ideia que fundamenta um dado sistema jurídico, orientando sua aplicação e interpretação.*

De acordo com a lição de *Freitas*:

> Por princípio ou objetivo fundamental entende-se o critério ou a diretriz basilar de um sistema jurídico, que se traduz numa disposição hierarquicamente superior,

(11) A respeito da relação de "poder *x* sujeição", Melhado assevera: "O poder capitalista (a subordinação do trabalhador, por antonomásia) tem no fenômeno da alienação mercantil da capacidade de trabalho, tomado em si mesmo, seu *fundamento primário* mais elementar. Ao alienar sua capacidade de trabalho o operário é subsumido materialmente ao modo de produção capitalista e o trabalho morto passa a exercer seu domínio sobre o trabalho vivo. O trabalho passa a ter seus movimentos controlados pela maquinaria e é subordinado — como peça, como elemento estranho — à dinâmica de interação coletiva. A moderna divisão do trabalho funciona como mecanismo de coesão e coerção. Ao lado desses fenômenos, ocorre a circunstância de que o capitalista detém o conhecimento técnico — obtido também mediante uma relação mercantil de compra e venda — necessário para pôr em marcha o sistema de produção. Portanto, os poderes diretivos do empregador, exercitados como poder privado, resultam de um lado do *desequilíbrio primário* ou *endógeno* cujos elementos são (a) a alienação mercantil da força de trabalho em si mesma considerada, (b) a subsunção material do trabalhador no processo de produção capitalista, (c) a questão do domínio do conhecimento técnico, (d) um sistema de interação implicativa e (e) a discricionariedade sob certas condições contratuais". MELHADO, Reginaldo. *Poder e sujeição*: os fundamentos da relação de poder entre capital e trabalho e o conceito de subordinação. São Paulo: LTr, 2003. p. 216-217, grifos do original.

do pondo de vista axiológico, em relação às normas e aos próprios valores, sendo linhas mestras de acordo com as quais se deverá guiar o intérprete quando se defrontar com antinomias jurídicas [...].[12]

Por sua vez, *Espíndola* esclarece:

A ideia de princípio ou sua conceituação, seja lá qual for o campo do saber que se tenha em mente, designa a estruturação de um sistema de ideias, pensamentos ou normas por uma ideia mestra, por um pensamento chave, por uma baliza normativa, donde todas as demais ideias, pensamentos ou normas derivam, se reconduzem e/ou se subordinam.[13]

Bonavides, ao seu turno, recorre ao conceito erigido pela Corte Constitucional italiana num de seus primeiros julgamentos, que remonta a 1956:

Faz-se mister assinalar que se devem considerar como princípios do ordenamento jurídico aquelas orientações e aquelas diretivas de caráter geral e fundamental que se possam deduzir da conexão sistemática, da coordenação e da íntima racionalidade das normas, que concorrem para formar assim, num dado momento histórico, o tecido do ordenamento jurídico.[14]

Cumpre notar que as primeiras conceituações acerca dos princípios jurídicos não lhes reconheciam uma característica fundamental e sobremaneira importante, qual seja, a da normatividade (ou força normativa). Essa característica, com efeito, agregou nos princípios o símbolo da existência formal e material, dando-lhes aplicabilidade concreta, evoluindo em relação à noção até então vigorante, que preconizava, tão-só, a função interpretativa do Direito positivo.

É importante reconhecer e aplaudir, no aspecto, tal evolução. Não se poderia admitir que justamente as estruturas jurídicas que fundavam o ordenamento jurídico restassem sem aplicação prática normativa.

Nesse passo evolutivo, lembra *Bonavides* que "a juridicidade dos princípios passa por três distintas fases: a jusnaturalista, a positivista e a pós-positivista".[15]

A terceira fase, enfim, é a do pós-positivismo, que corresponde aos grandes momentos constituintes das últimas décadas do século XX. As novas Constituições promulgadas acentuam a hegemonia axiológica dos princípios, convertidos em pedestal normativo sobre o qual assenta todo o edifício jurídico dos novos sistemas constitucionais.[16]

---

(12) FREITAS, Juarez. *A interpretação sistemática do direito*. 2. ed. São Paulo: Malheiros, 1998. p. 47.

(13) ESPÍNDOLA, Ruy Samuel. *Conceito de princípios constitucionais*: elementos teóricos para uma formulação dogmática constitucionalmente adequada. São Paulo: RT, 1998. p. 47-48.

(14) BONAVIDES, Paulo. *Curso de direito constitucional*. 13. ed. São Paulo: Malheiros, 2003. p. 256.

(15) *Idem*, p. 259.

(16) *Idem*, p. 264.

Quem observar o ordenamento jurídico pátrio, vislumbrará a influência positivista e pós-positivista no teor do art. 126 do Código de Processo Civil,[17] assim como no art. 1º, inciso III, da Constituição Federal de 1988 — que alicerça este estudo.

Encerrando-se o progresso conceitual proposto anteriormente, recorre-se a *Bobbio*, que assim se manifesta: "Os princípios gerais são apenas, a meu ver, normas fundamentais ou generalíssimas do sistema, as normas mais gerais".[18]

Delineado o desenvolvimento da compreensão sobre os princípios jurídicos, o passo seguinte é promover a distinção entre estes (espécie), as regras (espécie) e as normas (gênero), no que a doutrina convencionou chamar de "teoria dos princípios".

Canotilho, no ponto, sustenta a noticiada diferenciação sobre duas premissas básicas:

> A teoria da metodologia jurídica tradicional distinguia entre normas e princípios (*Norm-Prinzip, Principles-rules, Norm and Grundsatz*). Abandonar-se-á aqui essa distinção para, em sua substituição, se sugerir: (1) — as regras e princípios são duas espécies de normas; (2) — a distinção entre regras e princípios é uma distinção entre duas espécies de normas.[19]

Ávila, que em sua obra se propõe a descrever os fundamentos dos trabalhos mais importantes acerca do tema, elabora o panorama de evolução da "teoria" e da distinção entre princípios e regras:

> Para *Josef Esser*, princípios são aquelas normas que estabelecem fundamentos para que determinado mandamento seja encontrado. Mais do que uma distinção baseada no grau de abstração da prescrição normativa, a diferença entre os princípios e as regras seria uma distinção qualitativa. O critério distintivo dos princípios em relação às regras seria, portanto, a função de fundamento normativo para a tomada de decisão. Seguindo o mesmo caminho, *Karl Larenz* define os princípios como normas de grande relevância para o ordenamento jurídico, na medida em que estabelecem fundamentos normativos para a interpretação e aplicação do Direito, deles decorrendo, direta ou indiretamente, normas de comportamento. Para esse autor, os princípios seriam pensamentos diretivos de uma regulação jurídica existente ou possível, mas que ainda não são regras suscetíveis de aplicação, na medida em que lhes falta o caráter formal de proposições jurídicas, isto é, conexão entre uma *hipótese de incidência* e uma *conseqüência jurídica*. Daí porque os princípios indicariam somente a direção em que está situada a regra a ser encontrada, como que determinando um primeiro passo direcionador

(17) O art. 126 do Código de Processo Civil assim dispõe: "O juiz não se exime de sentenciar ou despachar alegando lacuna ou obscuridade da lei. No julgamento da lide caber-lhe-á aplicar as normas legais; não as havendo, recorrerá à analogia, aos costumes e aos princípios gerais de direito".

(18) BOBBIO, Norberto. *Teoria do ordenamento jurídico*. 10. ed. Tradução de Maria Celeste Cordeiro Leite dos Santos. Brasília: Universidade de Brasília, 1997. p. 158 (b).

(19) CANOTILHO, José Joaquim Gomes. *Direito constitucional*. 6. ed. rev. Coimbra: Livraria Almedina, 1993. p. 166, grifo do original.

de outros passos para a obtenção da regra. O critério distintivo dos princípios em relação às regras também seria a função de fundamento normativo para a tomada de decisão, sendo essa qualidade decorrente do modo hipotético de formulação da prescrição normativa.(20)

Contudo, quem parece ter evoluído mais na distinção proposta — e, por conta disso, construído uma teoria mais acertada — foi *Alexy*:

> Tanto las reglas como los principios son normas porque ambos dicen lo que debe ser. Ambos pueden ser formulados con la ayuda de las expresiones deónticas básicas del mandato, la permisión y la prohibición. Los principios, al igual que las reglas, son razones de un tipo muy diferente. La distinción entre reglas y principios es pues una distinción entre dos tipos de normas.(21)

Fundado num critério qualitativo — não no da generalidade, por sobre o qual se apoiava a maioria da doutrina —, *Alexy* explica que os princípios se constituem em "mandados de otimização":

> El punto decisivo para la distinción entre reglas y principios es que los *principios* son normas que ordenan que algo sea realizado en la mayor medida posible, dentro de las posibilidades jurídicas y reales existentes. Por lo tanto, los principios son *mandatos de optimización*, que están caracterizados por el hecho de que pueden ser cumplidos en diferente grado y que la medida debida de su cumplimiento no solo depende de las posibilidades reales sino también de las jurídicas.(22)

As regras, por seu turno, revelam "mandamentos definitivos", os quais somente poderiam ser cumpridos ou descumpridos. Válida, a regra exigiria precisamente o comportamento nela previsto, nem mais, nem menos. Isso significa que a diferença entre regras e princípios seria qualitativa, não de grau. Toda norma, nessa medida, ou é regra ou é princípio.(23)

---

(20) ÁVILA, Humberto. *Teoria dos princípios*: da definição à aplicação dos princípios jurídicos. São Paulo: Malheiros, 2003. p. 26-27, grifos do autor.

(21) Tradução livre: "Tanto as regras como os princípios estabelecem um dever-ser e podem ser formulados com base nas expressões nucleares dos mandamentos (permissão e proibição). A distinção entre regras e princípios é uma distinção de dois tipos de normas". ALEXY, Robert. *Teoría de los derechos fundamentales*. Madrid: Centro de Estudios Políticos y Constitucionales, 1993. p. 83, grifos do autor.

(22) Tradução livre: "O ponto decisivo para a distinção entre regras e princípios é que os princípios são normas que ordenam que algo seja realizado na maior medida possível, dentro das possibilidades jurídicas e reais verificadas. Portanto, os princípios são mandados de otimização, que se caracterizam pelo fato de poderem ser cumpridos em diferentes graus, sendo que a medida devida de seu cumprimento não depende apenas das possibilidades reais, mas também das jurídicas". ALEXY, *op. cit.*, p. 86, grifos do autor.

(23) ALEXY, *op. cit.*, p. 87.

Canotilho estabelece, didaticamente, a distinção entre regras e princípios:

> Saber como distinguir, no âmbito do superconceito norma, entre regras e princípios, é uma tarefa particularmente complexa. Vários são os critérios sugeridos: (a) *Grau de abstração:* os *princípios* são normas com um grau de abstração relativamente elevado; de modo diverso, as *regras* possuem uma abstração relativamente reduzida. (b) *Grau de determinabilidade* na aplicação do caso concreto: os princípios, por serem vagos e indeterminados, carecem de mediações concretizadoras (do legislador? Do juiz?), enquanto as regras são susceptíveis de aplicação direta. (c) *Caráter de fundamentabilidade no sistema* das fontes de direito: os princípios são normas de natureza ou com um papel fundamental no ordenamento jurídico devido à sua posição hierárquica no sistema das fontes (ex: princípios constitucionais) ou à sua importância estruturante dentro do sistema jurídico (ex: princípio do Estado de Direito). (d) *"Proximidade" da ideia de direito;* os princípios são "standarts" juridicamente vinculantes radicados nas exigências de "justiça" (Dworkin) ou na "ideia de direito" (Larenz); as regras podem ser normas vinculantes com um conteúdo meramente funcional. (e) *Natureza normogenética:* os princípios são fundamentos de regras, isto é, são normas que estão na base ou constituem a *ratio* de regras jurídicas, desempenhando, por isso mesmo, uma função normogenética fundamentante.[24]

Como se pode perceber, os princípios são normas jurídicas que possuem um maior grau de generalidade, estando mais próximos da ideia de Direito, necessitando de mediações do intérprete para serem concretizados nos casos que se apresentam.

Em relação às regras, como visto, os princípios possuem outros dois importantes atributos que os distinguem. O primeiro diz respeito ao seu caráter de fundamentabilidade, uma vez que o princípio informa o conteúdo e o alcance das regras; o segundo tem a ver com a função de diretriz, na medida em que orienta a aplicação e a interpretação das regras.

A propósito, *Stumm* assevera: "A importância dos princípios está em que eles fundamentam as regras. Portanto é impossível haver apenas regras numa Constituição, pois a interpretação delas é determinada pelos princípios".[25]

Os princípios, pode-se assim dizer, constituem o ponto de partida e o ponto de chegada de todo o sistema jurídico, uma vez que as regras decorrem daqueles e são por eles dirigidas.

Alexy sustenta que a distinção entre regras e princípios mostra-se de forma mais clara nas hipóteses de conflitos de regras e de colisão de princípios. Segundo o autor, um conflito de regras somente pode ser solucionado através da invalidação de uma delas. Por seu turno, a solução de uma colisão de princípios pressupõe que um dos princípios ceda, em parte, o seu espaço em prol da realização do(s) outro(s).[26]

---

(24) CANOTILHO, *op. cit.*, p. 166-167, grifos do original.

(25) STUMM, Raquel Denize. *O princípio da proporcionalidade no direito constitucional brasileiro*. Porto Alegre: Livraria do Advogado, 1995. p. 41.

(26) ALEXY, *op. cit.*, p. 87-89.

Em outras palavras, no conflito de regras segue-se a lógica do tudo ou nada, ou seja, uma regra vale ou não. Na hipótese, somente uma das regras pode prevalecer, restando a outra invalidada. Já na colisão de princípios, segue-se a lógica da ponderação, isto é, analisam-se os princípios que estão em jogo e avalia-se qual deles deve preponderar para a solução do caso concreto. Vale dizer, um princípio não invalida o outro.

A importância da diferença entre as duas ocorrências reside no fato de que, havendo conflito de regras, vez que são regidas pela validade, uma terá de excluir a outra do ordenamento na parte conflitante, o que se verificará por meio dos critérios da hierarquia, da especialidade e cronológico.[27]

Em se verificando colisão de princípios, levar-se-á a efeito a ponderação, através da qual o princípio considerado preponderante naquele caso concreto, e específico, receberá a eficácia cedida pelo outro, sem que este último seja excluído do ordenamento.

Assim é porque os princípios, contrariamente às regras, têm conteúdos que podem ser mitigados em face de outros reputados mais importantes num dado caso concreto, o que soaria impossível para as regras, que possuem comandos taxativos, que podem sucumbir a razões de fato ou de Direito.

Por essa razão é que se afirma que a conformação dos princípios serve melhor à teoria dos direitos fundamentais do que as regras, principalmente em face de que direitos fundamentais não se anulam ou invalidam, mas, sim, em casos especialíssimos, cedem eficácia a um mais importante.

Em suma, os princípios são espécies de normas, dotadas de juridicidade que, por constituírem "mandados de otimização", se harmonizam com outros princípios em caso de colisão interna entre os mesmos, em face de um dado caso concreto.

Noutra perspectiva, *Canaris*[28] preconiza que os princípios gerais do direito se apresentam mais aptos para construir o sistema e o pensamento sistemático, porquanto permitem captar e estabelecer mais fielmente as ideias de ordem e de unidade. De acordo com o autor, os princípios gerais do direito contêm quatro atributos que os recomendam como elementos unificadores do sistema.

O primeiro repousa no fato de que os princípios comportam exceções e que podem entrar em oposição ou em contradição entre si sem que um deles seja eliminado do sistema, como ocorreria se se tratasse de uma regra. Essa característica é essencial na busca da aplicação do direito, porque permite ao intérprete estabelecer um escalonamento valorativo das regras e dos princípios jurídicos que irão solucionar mais adequadamente o caso concreto, sem que, com isso, restem prejudicados os valores da ordem e da unidade do sistema.

---

(27) Diniz sustenta que os critérios para a solução de antinomias no direito interno são os seguintes: a) hierárquico (*lex superior derogat legi inferiori*), segundo o qual um conflito entre normas de diferentes níveis, a de nível mais alto, qualquer que seja a ordem cronológica, terá preferência em relação à de nível mais baixo; b) cronológico (*lex posterior derogat legi priori*), segundo o qual, de duas normas de mesmo nível ou escalão, a última prevalece sobre a anterior; c) especialidade (*lex especialis derogat legi generali*), segundo o qual a norma especial derroga a norma geral. DINIZ, Maria Helena. *Conflito de normas*. 2. ed. São Paulo: Saraiva, 1996. p. 34-39.

(28) CANARIS, Claus Wilhelm. *Pensamento sistemático e conceito de sistema na ciência do direito*. Tradução de Menezes Cordeiro. Lisboa: Fundação Calouste Gulbenkian, 1989. p. 66-68.

O segundo atributo consiste no fato de que os princípios não possuem pretensão de exclusividade. Isso significa dizer que uma consequência jurídica, característica de um determinado princípio, também pode ser estabelecida a partir da aplicação conexa de outro. Por isso, seria incorreta a ideia de que um determinado ramo do Direito possui "princípios singulares", na medida em que os princípios regem o Direito como um todo, podendo ser invocados para dirimir um conflito de uma determinada área do Direito, apesar de pertencerem a outra. Logo, a consideração e a concatenação de vários princípios, para a análise e solução sistemática do caso concreto, têm a mais alta relevância para a interpretação comum e a interpretação criativa do Direito.

O terceiro atributo cinge-se ao fato de que os princípios ostentam o seu sentido próprio apenas numa combinação de complementações e de restrições recíprocas. De fato, o entendimento de um princípio é sempre, e ao mesmo tempo, o dos seus limites (seja dos seus limites imanentes, seja dos seus limites externos, isto é, resultante dos condicionamentos impostos pela oposição a outros princípios). Em outras palavras, o princípio não se justifica de forma isolada e restrita, pelo contrário, manifesta e mantém seu sentido próprio a partir do entrechoque ou do relacionamento com outros princípios.

Por fim, o quarto atributo consiste no fato de que os princípios necessitam, para a sua realização, da concretização por meio de subprincípios e de valorações singulares com conteúdo material próprio. Isso implica dizer que o princípio possui uma maior ou menor aplicação a partir da perspectiva em que é invocado, numa análise valorativa, escalonada e harmonizadora de outros princípios em tese aplicáveis ao mesmo caso concreto.

A par disso, há de se ressaltar que os princípios gerais do Direito constituem o ponto de partida e de chegada de todo o sistema, uma vez que as demais normas podem ser conduzidas ou encaminhadas ao âmago do princípio, o qual abarca o valor jurídico fundamental e verdadeiramente relevante para o deslinde de um dado caso concreto. Daí sua importância para o intérprete na aplicação sistemática do Direito.

No mar revolto da interpretação jurídica, o princípio é o farol que aponta o caminho.

Afirmada tal circunstância, tem lugar o exame pormenorizado dos princípios do Direito do Trabalho, objeto das linhas que seguem.

2.2.2 *Os princípios do Direito do Trabalho*

Adiante serão abordados, um a um, os princípios do Direito do Trabalho.

Tais princípios buscam proteger a pessoa do trabalhador, considerada "vulnerável" ou "hipossuficiente" na relação entre o capital e o trabalho.

Numa visão inicial, ditos princípios apresentam-se vivos e necessários nos tempos atuais, posto que presente, nas relações sociais contemporâneas, assim como na origem da questão social, o profundo desequilíbrio material na relação entre patrão e empregado.

2.2.2.1 Princípio da proteção

Fruto da construção doutrinária do jurista uruguaio *Américo Plá Rodriguez*, o princípio em comentário é tido pelo autor como "a própria razão do Direito do Trabalho".

Rodriguez define o princípio em tela do seguinte modo:

> O princípio da proteção se refere ao critério fundamental que orienta o Direito do Trabalho pois este, ao invés de inspirar-se num propósito de igualdade, responde ao objetivo de estabelecer um amparo preferencial a uma das partes: o trabalhador. Enquanto no direito comum uma constante preocupação parece assegurar a igualdade jurídica entre os contratantes, no Direito do Trabalho a preocupação central parece ser a de proteger uma das partes com o objetivo de, mediante essa proteção, alcançar-se uma igualdade substancial e verdadeira entre as partes.(29)

Com efeito, o princípio tutelar prega que a desigualdade material existente entre as partes em conflito somente pode ser superada pela concepção de uma desigualdade jurídica da mesma proporção. Vale dizer, é necessário criar desigualdades jurídicas em favor do empregado para que ele, no plano da solução dos conflitos, possa ser tratado em pé de igualdade com o seu empregador. É, em síntese, a prevalência da igualdade substancial sobre a igualdade formal.

Nas palavras de *Delgado*:(30) "[...] informa este princípio que o Direito do Trabalho estrutura em seu interior, com suas regras, institutos, princípios e presunções próprias, uma teia de proteção à parte hipossuficiente na relação empregatícia — o obreiro —, visando retificar (ou atenuar), no plano jurídico, o desequilíbrio inerente ao plano fático do contrato de trabalho".

Já *Camino* sintetiza o princípio da proteção por sobre a premissa da compensação, aduzindo: "[...] compensa-se, no plano jurídico, a desigualdade no plano econômico. Essa compensação também se traduz na desigualdade, expressa no *favor iuris* que privilegia o hipossuficiente".(31)

No dizer de *Süssekind*:

> [...] o princípio protetor do trabalhador resulta das normas imperativas e, portanto, de ordem pública, que caracterizam a intervenção básica do Estado nas relações de trabalho, visando a opor obstáculos à autonomia da vontade. Essas normas cogentes formam a base do contrato de trabalho — uma linha divisória entre a vontade do Estado, manifestada pelos poderes competentes, e a dos contratantes.(32)

O aludido princípio subdivide-se em três subprincípios: (a) *in dubio pro operario*; (b) norma mais favorável; e (c) condição mais benéfica, os quais vão mais bem esclarecidos nos parágrafos que seguem.

a) Subprincípio *in dubio pro operario*

---

(29) RODRIGUEZ, Américo Plá. *Princípios de Direito do Trabalho*. Tradução de Wagner D. Giglio. 3. ed. atual. São Paulo: LTr, 2000. p. 83.

(30) DELGADO, Mauricio Godinho. *Curso de direito do trabalho*. 3. ed. São Paulo: LTr, 2004. p. 197-198.

(31) CAMINO, Carmem. *Direito individual do trabalho*. 2. ed. Porto Alegre: Síntese, 1999. p. 57, grifo da autora.

(32) SÜSSEKIND, Arnaldo. Os princípios social-trabalhistas na Constituição brasileira. *Revista do Tribunal Superior do Trabalho*. Brasília, vol. 69, n. 1, p. 40-46, jan./jun. 2003 (b).

De cunho interpretativo, tal subprincípio incide na exegese de uma norma jurídica e, desde que haja dúvida real e não se contrarie o sentido evidente desta, deverá a mesma ser interpretada em proveito do trabalhador.

De acordo com *Castelvetri*:

> [...] alla nozione di 'principio di favore' nelle sua varie accezioni, come principio che si assume, di norma, caratterizzare il diritto del lavoro nel suo complesso oppure come principio ermeneutico che sorregga l'interprete di fronte a soluzioni antinomiche o dubbie nell'applicazione della norma. E così al concetto, che risulta strettamente collegato al precedente, di lavoratore come 'contraente debole, giuridicamente o sul piano sócio-economico; e al concetto di 'inderogabillità' della legge e del contratto collettivo, di inderogabillità salvo condizione più favorevoli, che alludono alla tecnica legislativa di tutela, e quindi di favore, del contraente debole; mi riferisco, ancora, al frequente riinvio alla ratio del diritto del lavoro come protettiva o compensativa [...].[33]

Camino esclarece o conteúdo do subprincípio em tela, aduzindo que: "Na dúvida quanto ao melhor modo de entendimento da norma, opta-se pela interpretação mais favorável ao trabalhador (*in dubio pro operario*). Ainda a propósito da mesma premissa, restringe-se na consagração de um prejuízo, amplia-se na concessão de um benefício (*odiosa restringenda, favorabilia amplianda.*)".[34]

Entretanto, o próprio *Rodriguez*,[35] mentor do ideário em torno do princípio protetor, formula advertência no sentido de que o subprincípio *in dubio pro operario*, para a sua aplicação, exige a verificação cumulativa das seguintes condições: (1) a efetiva existência de dúvida sobre o alcance da norma legal; e (2) a inexistência de desacordo com a vontade do legislador.

Sob pretexto de sua aplicação jurisprudencial, é válido conhecer o julgamento, pela Segunda Turma do Tribunal Regional do Trabalho da Quarta Região, do recurso ordinário n. 00432-2006-812-04-00-8.[36]

---

(33) Tradução livre: "[...] a noção de 'princípio de favor' nas suas diversas acepções, como princípio que se assume, de norma, caracteriza o direito do trabalho no seu complexo ou então como princípio interpretativo que sustenta o intérprete diante de soluções antinômicas ou dúvidas na aplicação da norma. E assim ao conceito, que resulta estreitamente coligado ao precedente de trabalhador como 'contraente fraco', juridicamente ou no plano socioeconômico; e ao conceito de 'inderrogabilidade' da lei e do contrato coletivo, de inderrogabilidade salvo condições mais favoráveis que aludem à técnica legislativa de tutela, e, portanto, de favor, do contraente fraco; refiro-me, ainda, ao frequente adiamento à *ratio* do direito do trabalho como protetora ou compensativa [...]. CASTELVETRI, Laura. *Il Diritto del lavoro delle origini*. Milano: Dott. A. Giuffrè Editore, 1994. p. 05-10.

(34) CAMINO, *op. cit.*, 1999, p. 66, grifo da autora.

(35) RODRIGUEZ, *op. cit.*, p. 110.

(36) "APOSENTADORIA. PROSSEGUIMENTO DO CONTRATO DE TRABALHO. A aposentadoria não enseja a automática extinção do contrato de trabalho, o qual, salvo se interrompida a prestação de serviços, se mantém íntegro. Entendimento estabelecido pelo STF nos autos da ADI n. 1.721-DF, com efeito vinculante. Provido o recurso da autora. Relatora: Maria Beatriz Condessa Ferreira. Diário da Justiça: 16 mar., 2007."

No julgado em tela, havia dúvida na interpretação da questão, ou seja, se aposentadoria espontânea constituía causa, ou não, de extinção do contrato de trabalho. Aqui, em face do subprincípio da interpretação mais favorável, optou-se pela exegese mais favorável ao trabalhador, qual seja, a de que a aposentadoria não põe fim ao contrato de trabalho, de forma automática, prosseguindo a sua validade. Vale notar que tal decisão também vai ao encontro do princípio da continuidade da relação de emprego, o qual será mais bem estudado adiante.

b) Subprincípio da norma mais favorável

Constitui critério de aplicação da norma no espaço, através do qual, diante de duas ou mais normas que incidem simultaneamente em uma mesma relação jurídica, prevalecerá a que for mais favorável ao trabalhador, encontrando-se positivado no seio da Carta Política de 1988, no *caput* do art. 7º.[37]

Como denota a literalidade, o comando constitucional citado erige um limite mínimo de direitos qualificados com o atributo da fundamentalidade formal e que somente podem ser acrescidos, jamais suprimidos ou reduzidos. Sustenta *Camino*, no aspecto, que:

> [...] havendo mais de uma norma a regular a mesma situação de fato, independentemente da sua posição no plano da hierarquia das fontes formais, aplica-se aquela que for a mais favorável para o trabalhador. A norma de hierarquia superior consubstancia direitos mínimos, passíveis de serem ampliados na norma de hierarquia inferior (aplicação da norma mais favorável).[38]

A par de estar positivado constitucionalmente, tal subprincípio também tem aplicação prática, como se pode confirmar pela análise da jurisprudência pátria.

Em vista disso, aponta-se o julgamento do Recurso Ordinário n. 00857-2002-231-06-00-1,[39] pela Segunda Turma do Tribunal Regional do Trabalho da Sexta Região, em cujo âmbito assentou-se a prevalência da aplicação da norma ordinária (celetista) ao caso concreto, mais favorável ao reclamante que a derivada da autonomia privada coletiva (convenção coletiva de trabalho).

---

(37) O art. 7º, *caput*, da CF tem a seguinte redação: "São direitos dos trabalhadores urbanos e rurais, *além de outros que visem à melhoria de sua condição social:*" (grifou-se).

(38) CAMINO, *op. cit.*, 1999. p. 66.

(39) "Norma mais favorável. Prevalência. No conflito entre a cláusula coletiva, a lei e a jurisprudência, tem aplicação a norma mais favorável ao empregado. A cláusula coletiva prejudicou o interesse dos empregados da reclamada e, portanto, da coletividade, na medida em que limitou o direito às horas de percurso. Dentro desse critério de interpretação, resulta a prevalência da lei e da jurisprudência, reconhecendo-se o direito às horas de percurso, como fixada na sentença guerreada. Relatora: Juíza Maria Helena Guedes Soares de Pinho. Diário da Justiça: 11 set., 2003."

No mesmo sentido, aliás, decidiu o Tribunal Regional do Trabalho da Quarta Região, apreciando o Recurso Ordinário n. 01507-2005-383-04-00-3.[40] Do voto da juíza relatora colhem-se os seguintes fundamentos, relevantes pela pertinência temática:

> As normas coletivas, fontes de direito autônomas, ainda que oriundas de representação legítima e, em princípio, traduzindo a vontade das partes, quando lesivas ao trabalhador, não se sobrepõem à regra expressa na lei, fonte de direito heterônoma, em face da hierarquia das fontes formais do direito. São elas, pois, conforme determinam as regras de hermenêutica, insuscetíveis de obstaculizar o direito, somente podendo-se cogitar da subversão de tal hierarquia quando a norma inferior é mais benéfica do que a superior, conforme lição de *Octavio Bueno Magano* acerca da norma mínima e da norma mais favorável: *O critério da norma mínima significa que a hierarquicamente superior não pode ser substituída pela inferior, em prejuízo do trabalhador; o da norma mais favorável, quer dizer prevalência da norma mais favorável, independentemente de sua hierarquia* (*Manual de Direito do Trabalho*, 1980-91. p. 120).

Essa imperatividade do subprincípio em tela, que deve ser saudada, corrobora com a ideia desenvolvida por *Vecchi*, o qual, tecendo comentários ao *caput* do art. 7º do texto constitucional, assevera: "Como vemos, o artigo em análise, estabelece um *modus* operativo e interpretativo que deverá ser seguido não só pelo Poder Judiciário, mas também pelos poderes Executivo e Legislativo (eficácia vertical), bem como alcançando os particulares (eficácia horizontal)".[41]

Com efeito, nem poderia ser de outra forma, pois a concretização do ideário do princípio protetor — numa de suas nuanças — aproxima-se da consecução da dignidade da pessoa do trabalhador.

c) Subprincípio da condição mais benéfica

---

(40) "INTERVALOS INTRAJORNADA. REDUÇÃO POR NORMA COLETIVA. É inválida a cláusula de convenção coletiva que contempla a possibilidade de redução do intervalo intrajornada, porquanto sua concessão constitui norma de ordem pública, que não pode ser negociada. Ausência de autorização do Ministério do Trabalho. Adoção da Orientação Jurisprudencial n. 342 da SDI-1 do TST e Súmula n. 38 deste Regional. Recurso parcialmente provido, para limitar a condenação ao tempo faltante para completar o intervalo e para excluir a condenação relativamente ao período posterior a 1.8.04, quando passou a ser concedido integralmente o intervalo. CRITÉRIO DE CONTAGEM DAS HORAS EXTRAS. As normas coletivas que autorizam a desconsideração de período maior do que o previsto em lei devem ser observadas, em respeito ao princípio da autonomia das vontades coletivas. Recurso provido. Vencida a Relatora. ADICIONAL DE INSALUBRIDADE. O emprego de produtos contendo hidrocarbonetos aromáticos e/ou isocianatos enseja o reconhecimento do direito ao adicional de insalubridade em grau médio, conforme enquadramento previsto no Anexo 13 da NR 15 da Portaria MTb n. 3.214/78. Recurso não provido. HONORÁRIOS PERICIAIS. Em que pese a excelente qualidade do trabalho realizado pelo perito, tem-se que o valor arbitrado aos honorários revela-se excessivo, observado o usualmente praticado nesta Justiça, bem como a circunstância de que se trata de matéria bastante conhecida. Recurso parcialmente provido. Relatora: Juíza Cleusa Regina Halfen. Diário da Justiça: 8 jan., 2007."

(41) VECCHI, Ipojucan Demétrius. *Noções de direito do trabalho*: um enfoque constitucional. 2 ed. rev. e ampl. Passo Fundo: UPF, 2007. p. 105.

Este subprincípio constitui-se num critério de aplicação da norma no tempo. Ele estabelece que, diante de duas ou mais normas sucessivamente aplicáveis a uma mesma relação jurídica, sendo a segunda mais restritiva em direitos que a primeira, a norma posterior somente se aplicaria aos novos empregados, permanecendo os que laboraram sob a égide da primeira, regidos por suas disposições (revela uma referência à noção de direito adquirido).

De acordo com *Delgado*: "Este princípio importa na garantia de preservação, ao longo do contrato, da cláusula contratual mais vantajosa ao trabalhador, que se reveste do caráter de direito adquirido (art. 5º, XXXVI, CF/88[(42)]). Ademais, para o princípio, no contraponto entre dispositivos contratuais concorrentes, há de prevalecer aquele mais favorável ao empregado".[(43)]

Exemplo de aplicação legislativa deste princípio pode ser visto no teor do *caput* do art. 468 da CLT,[(44)] que trata das alterações contratuais, segundo o qual, qualquer alteração no contrato de trabalho só é válida (caráter imperativo) se: a) resultar de mútuo acordo entre as partes, e b) não causar prejuízos ao trabalhador.

No âmbito jurisprudencial, configura-se aplicação do subprincípio da condição mais benéfica a Súmula n. 51 do Tribunal Superior do Trabalho,[(45)] que trata das normas regulamentares que forem alteradas depois de já incorporadas ao contrato de trabalho. No caso, os dispositivos regulamentares que revoguem ou alterem vantagens deferidas anteriormente só atingirão os trabalhadores admitidos após a revogação ou alteração do regulamento.

A propósito, vale conferir também o julgamento, pela Sexta Turma do Tribunal Regional do Trabalho da Quarta Região, do Recurso Ordinário n. 01249-2005-020-04-00-8,[(46)] no qual restou firmado o entendimento de que a alteração contratual que modifica para pior uma situação há muito existente implica afronta ao postulado do art. 468 da CLT. Tal julgado demonstra, claramente, a aplicação do princípio da condição mais benéfica ao empregado.

---

(42) O inciso XXXVI do art. 5º da CF assim dispõe: "A lei não prejudicará o direito adquirido, o ato jurídico perfeito e a coisa julgada;".

(43) DELGADO, *op. cit.*, 2004. p. 202.

(44) O art. 468 da CLT assim dispõe: "Nos contratos individuais de trabalho só é lícita a alteração das respectivas condições, por mútuo consentimento, e, ainda assim, desde que não resultem, direta ou indiretamente, prejuízos aos empregados, sob pena de nulidade da cláusula infringente desta garantia".

(45) SÚMULA N. 51. Norma Regulamentar. Vantagens e opção pelo novo regulamento. Art. 468 da CLT (incorporada a Orientação Jurisprudencial n. 163 da SBDI-1) — Res. 129/2005, DJ 20, 22 e 25.4.05. I — As cláusulas regulamentares, que revoguem ou alterem vantagens deferidas anteriormente, só atingirão os trabalhadores admitidos após a revogação ou alteração do regulamento. (ex-Súmula n. 51-RA41/73, DJ 14.6.73). II — Havendo a coexistência de dois regulamentos da empresa, a opção do empregado por um deles tem efeito jurídico de renúncia às regras do sistema do outro. (ex-OJ n. 163 da SBDI-1- inserida em 26.3.99).

(46) "INTERVALO DE 15 MINUTOS. ACRÉSCIMO À JORNADA. Afronta o disposto no art. 468 da CLT a alteração contratual que, embora respaldada por lei, modifique situação há muito existente e mais favorável ao trabalhador. Aplicação do princípio da condição mais benéfica. Provimento negado. Relatora: Ana Rosa Pereira Zago Sagrilo. Diário da Justiça: 4 maio, 2007."

2.2.2.2 Princípio da irrenunciabilidade

De acordo com este princípio, o trabalhador não pode renunciar a um direito que está incorporado ao seu patrimônio jurídico. A base filosófica deste princípio repousa no fato de que o trabalhador não pode abrir mão de direitos que lhe são assegurados, sob pena de enfraquecer, gradativamente, o arcabouço de proteção jurídica que conquistou ao longo da história.

> Cremos que a noção de irrenunciabilidade pode ser expressa em termos muito mais gerais na forma seguinte: a impossibilidade jurídica de privar-se voluntariamente de uma ou mais vantagens concedidas pelo direito trabalhista em benefício próprio. [...] A proibição de renunciar importa em excluir a possibilidade de poder realizar-se, de maneira válida e eficaz, o desligamento voluntário dos direitos, no âmbito alcançado por aquela proibição.(47)

Neste sentido, pode-se considerar ilustrativo o fato de que, na época da Revolução Industrial, o patrão empregava quem se dispusesse a trabalhar mais por menor salário. Assim procedia porque a procura era maior do que a oferta de emprego. Uma das primeiras leis de proteção do trabalhador foi, justamente, a que fixou o salário mínimo. Daí para a frente barrou-se a prática lesiva ao empregado. Só que, para que o trabalhador continuasse protegido, não poderia renunciar ao salário mínimo, sob pena de tudo voltar ao que era antes.

Exatamente nesta linha vem a lição de *Camino*:

> Fosse permitido ao trabalhador dispor de seus direitos, os postulados que orientam o Direito do Trabalho não passariam de belas teses. A premência do emprego, a necessidade de prover a subsistência, a disputa no mercado de trabalho, a desinformação, a própria vulnerabilidade decorrente da inferioridade hierárquica em relação ao empregador tornaria o trabalhador alvo fácil de avencas lesivas. Daí a natureza publicista das normas que tutelam a relação de emprego, consubstanciadas no **contrato mínimo legal**, indisponível, portanto, irrenunciável.(48)

Disso decorre, também, que o princípio da irrenunciabilidade não protege apenas a pessoa individual do trabalhador, mas também — e principalmente — toda a categoria profissional. Assim é que descabe renunciar ao direito de anotar o contrato em CTPS, ao direito de receber a indenização compensatória de 40% do Fundo de Garantia do Tempo de Serviço (FGTS) no caso de despedida sem justa causa, já que tais direitos são de ordem pública, e por tal razão irrenunciáveis.

---

(47) RODRIGUEZ, *op. cit.*, p. 142-143.

(48) CAMINO, *op. cit.*, 1999. p. 57, grifo da autora.

O princípio da irrenunciabilidade impõe limites à flexibilização, não permitindo que, pela via negociada, sejam suprimidas ou precarizadas normas de proteção ao trabalho.[49]

> El tema de la irrenunciabilidad es crucial en función de la flexibilidad. Hay una relación estrecha en ambos conceptos. En nuestro entender, la irrenunciabilidad de los derechos básicos del mundo del trabajo vinculados al ser humano como persona son intransables y, por lo tanto, tienen siempre el carácter de rígidos. Existen, por tanto, ciertas normas que tienen que ser forzosamente rígidas, aún cuando ellas sean discutibles desde el pundo de vista económico por poder perturbar eventualmente el funcionamiento del mercado. En otros términos, el principio que el trabajo no debe estar sujeto *absolutamente* a los vaivenes del mercado es un tópico que no puede dejar de ser considerado como esencial en el Derecho Laboral. En ciertos casos excepcionales la defensa del ser humano como tal debe predominar sobre determinados logros económicos.[50]

Na jurisprudência, vale registrar o julgamento, pela Primeira Turma do Tribunal Superior do Trabalho, do Recurso de Revista n. 691499/2000.2,[51] cuja lavra do voto do eminente Relator Ministro *Vieira de Mello Filho*, assentou:

---

(49) É exatamente isto que dispõe o art. 444 da CLT, *in verbis*: "As relações contratuais de trabalho podem ser objeto de livre estipulação das partes interessadas em tudo quanto não contravenha às disposições de proteção ao trabalho, aos contratos coletivos que lhes sejam aplicáveis e às decisões das autoridades competentes".

(50) Tradução livre: "O tema da irrenuciabilidade é crucial em função da flexibilidade. Há uma relação estreita em ambos os conceitos. Em nosso entender, a irrenunciabilidade dos direitos básicos do mundo do trabalho vinculados ao ser humano como pessoa são intransigíveis e, para tanto, têm sempre caráter de rígidos. Existem, portanto, certas normas que têm que ser forçosamente rígidas, ainda quando elas são discutíveis desde o ponto de vista econômico por poder perturbar eventualmente o funcionamento do mercado. Em outros termos, o princípio de que o trabalho não deve estar sujeito *absolutamente* aos vaivéns do mercado é um tópico que não pode deixar de ser considerado como essencial no Direito do Trabalho. Em certos casos excepcionais a defesa do ser humano como tal deve predominar sobre determinados logros econômicos". ERRAZURIZ, Francisco Walker. La flexibilidad laboral y los princípios orientadores del derecho del trabajo, teniendo en cuenta, en forma particular, algunos aspectos da la legislación chilena. In: *Estúdios en homenaje al Prof. Héctor-Hugo Barbagelata.* Montevideo-Uruguai: Fundación de Cultura Universitária, 1997. p. 606, grifo do original.

(51) Neste julgamento, cuja ementa adiante é colacionada, fica clara a aplicação do princípio da irrenunciabilidade, o qual não permite que o empregado abra mão de direitos trabalhistas mínimos, contemplados em normas de ordem pública e de caráter cogente, razão pela qual o Direito do Trabalho não cogita de quitação em caráter absoluto e irrevogável: "RECURSO DE REVISTA — ADESÃO DO EMPREGADO AO PLANO DE DESLIGAMENTO VOLUNTÁRIO — TRANSAÇÃO EXTRAJUDICIAL — DIREITO DO TRABALHO — PRINCÍPIO DA IRRENUNCIABILIDADE OU DISPONIBILIDADE RELATIVA — *RES DUBIA* E OBJETO DETERMINADO — CONDIÇÕES ESPECÍFICAS DE VALIDADE DA TRANSAÇÃO DO ART. 477, § 1º E § 2º, DA CLT EFEITOS — ARTS. 9º DA CLT E 51 DO CDC. O Direito do Trabalho não cogita da quitação em caráter irrevogável em relação aos direitos do empregado, irrenunciáveis ou de disponibilidade relativa, consoante impõe o art. 9º consolidado, porquanto se admitir tal hipótese importaria obstar ou impedir a aplicação das normas imperativas de proteção ao trabalhador. Neste particularismo reside, portanto, a nota singular do Direito do Trabalho em face do Direito Civil. A cláusula contratual imposta pelo empregador que ofende essa singularidade não opera efeitos jurídicos na esfera trabalhista, porque a transgressão de norma cogente importa não apenas incidência da sanção respectiva, mas nulidade *ipso jure*, que se faz substituir automaticamente pela norma heterônoma de natureza imperativa, visando à tutela da parte economicamente mais debilitada, num contexto obrigacional de desequilíbrio de forças. Em sede de Direito do Trabalho a

De plano, cabe salientar que os princípios da inderrogabilidade e da irrenunciabilidade em Direito do Trabalho têm por fundamento a natureza cogente e de ordem pública da legislação trabalhista, razão pela qual a disponibilidade e a autonomia de vontade ficam condicionadas ao que dispõem os arts. 9º e 444 da Consolidação das Leis do Trabalho. Aliás, o Direito do Trabalho não cogita da quitação em caráter irrevogável em relação aos direitos do empregado, irrenunciáveis ou de disponibilidade relativa, consoante impõe o art. 9º consolidado, porquanto se admitir tal hipótese importaria obstar ou impedir a aplicação das normas imperativas de proteção ao trabalhador.

Vale apontar que há diferença entre transação e renúncia. No primeiro caso, as partes resolvem um litígio através de concessões recíprocas; todavia, o direito em debate é incerto, vale dizer, não há pronunciamento judicial atribuindo o direito ao patrão ou ao empregado. E justamente por ser incerto é que o direito pode ser transacionado.

Na renúncia, diferentemente, a pessoa abre mão de um direito que é reconhecidamente seu. Vale dizer, não pairam dúvidas de que o empregado possui o direito, cabendo a outra parte simplesmente contraprestá-lo. É o caso do direito à indenização compensatória de 40% sobre o FGTS no caso da despedida imotivada, sendo esta a causa resilitória sobre a qual as partes não controvertem.

Encerrando-se, o princípio em foco está contemplado nos arts. 444 e 468 da CLT (este último que fundamenta, também, o subprincípio da condição mais benéfica, para o qual se reportou), ambos já citados em nota de rodapé.

2.2.2.3 Princípio do contrato realidade

Por força deste princípio, quando houver descompasso com o que ocorre na realidade dos fatos e aquilo que está formalizado nos registros do empregado, acata-se o que se dá no plano dos fatos.

Também conhecido como princípio da primazia da realidade, dito princípio é um dos mais importantes do Direito do Trabalho, uma vez que, por intermédio dele, o juiz

transação tem pressuposto de validade na assistência sindical, do Ministério do Trabalho ou do próprio órgão jurisdicional, por expressa determinação legal, além da necessidade de determinação das parcelas porventura quitadas, nos exatos limites do art. 477, § 1º e § 2º, da Consolidação das Leis do Trabalho, sem prejuízo do elemento essencial relativo à existência de *res dubia* ou objeto determinado, que não se configura quando a quitação é levada a efeito com conteúdo genérico e indeterminado, pois ao tempo em que operada, nenhuma delimitação havia quanto a supostos direitos descumpridos ou controvertidos, bem como nenhuma determinação se especificou quanto ao objeto, se pretendia apenas satisfazer todos os direitos e obrigações decorrentes do contrato de trabalho. A transação ou a compensação pretendidas, em termos genéricos, porque abusivas, e como tal consideradas nulas, afrontam as normas já citadas que as desqualificam, máxime quando se tem em vista princípio idêntico contido no art. 51 da Lei n. 8.078/90 (Código de Defesa do Consumidor), segundo o qual são consideradas nulas de pleno direito as cláusulas contratuais que estabeleçam obrigações consideradas iníquas, abusivas, que colocam o consumidor em desvantagem ou sejam incompatíveis com a boa-fé ou a eqüidade, princípio inafastável do direito e processo do trabalho. Recurso de revista conhecido e provido. Relator: Ministro Vieira de Mello Filho. Diário da Justiça: 4 maio, 2007."

busca descobrir a verdade real da relação jurídica estabelecida entre o trabalhador e seu empregador, realidade essa que nem sempre corresponde ao que está registrado nos documentos que formalizam a relação de trabalho.

Nas palavras de *Rodriguez*,

> O significado que atribuímos a este princípio é o da primazia dos fatos sobre as formas, as formalidades ou as aparências. Isso significa que em matéria de trabalho importa o que ocorre na prática, mais do que aquilo que as partes hajam pactuado de forma mais ou menos solene, ou expressa, ou aquilo que conste em documentos, formulários e instrumentos de controle.(52)

A título de ilustração, é comum a empregadores registrar salário em patamar inferior ao efetivamente recebido pelo empregado para, com isso, pagar menores encargos sociais. Igualmente corriqueiro é o empregador tentar descaracterizar um típico contrato de emprego formalizando a relação de trabalho como sendo um contrato de estágio, ou uma sociedade comercial, ou, ainda, uma parceria agrícola; tudo com o fito de "baratear" a relação de emprego, deixando de pagar direitos trabalhistas como FGTS, natalinas e férias, bem como de recolher contribuições previdenciárias.

O princípio em tela está em perfeita consonância com o que dispõe o art. 442 da CLT, o qual fornece o conceito material (realidade fática) do contrato de trabalho, dispondo que dito contrato é o acordo fático ou expresso correspondente à relação de emprego.(53)

Logo, para saber se se está diante de uma relação de emprego, cumpre investigar no plano da realidade concreta se estão presentes os requisitos definidos nos arts. 2º e 3º da CLT (o primeiro define empregador e o segundo empregado).

Assim, independente do que diz o contrato formal (se de estágio ou de sociedade, por exemplo), se no plano da realidade concreta estiverem presentes os requisitos da relação de emprego (pessoalidade, não-eventualidade, subordinação, onerosidade e riscos da atividade econômica), o juiz, atento ao princípio do contrato realidade, descaracterizará a relação "formal" para reconhecer a relação "material", qual seja, o vínculo de emprego, até mesmo porque trata-se de um regime contratual mais benéfico (princípio da proteção).

No mesmo sentido militam decisões colegiadas, como a proferida no âmbito do julgamento do Recurso de Agravo de Instrumento em Recurso de Revista n. 802159/2001.2,(54) pela Quinta Turma do Tribunal Superior do Trabalho. No corpo do voto condutor, restou assinalado que:

---

(52) RODRIGUEZ, *op. cit.*, p. 351-352.

(53) Eis a redação do mencionado dispositivo celetista: "Art. 442. Contrato individual de trabalho é o acordo tácito ou expresso, correspondente à relação de emprego".

(54) Este julgado põe em evidência o contrato realidade, aduzindo que a veracidade do controle de jornada permite prova em contrário, vale dizer, deve prevalecer o que sucede no mundo dos fatos, e não o que está contemplado nos registros: "AGRAVO DE INSTRUMENTO. RECURSO DE REVISTA. HORAS EXTRAS. FOLHA INDIVIDUAL DE PRESENÇA (FIP). A presunção de veracidade da jornada de trabalho, ainda que prevista em instrumento normativo, pode ser elidida por prova em contrário, nos termos da Súmula n. 338, II, do TST, tal como ocorreu no caso concreto, constituindo óbice ao recurso de revista o disposto no art. 896, § 4º, da CLT. Agravo de instrumento a que se nega provimento. Relator: Juiz convocado Walmir Oliveira da Costa. Diário da Justiça: 4 mai., 2007."

Por sua vez, a declaração judicial de invalidade das folhas individuais de presença não se refere à sua forma ou finalidade como meio de controle de freqüência do empregado, mas, tão-somente, quanto à sua eficácia probatória, não havendo que se falar, portanto, na alegada afronta ao art. 7º, XXVI, da CF/88. Na verdade, ainda que as FIPs tenham embasamento legal e sejam consideradas válidas por instrumentos coletivos, isso não impede o órgão julgador de, com apoio em outros elementos probatórios, declarar que os registros de entrada e saída nelas anotados não correspondem à efetiva jornada de trabalho cumprida pelo reclamante, mormente, se considerado o princípio da primazia da realidade, segundo o qual o aspecto formal não pode prevalecer sobre a realidade fática.

Para finalizar, assinala-se o disposto na Súmula n. 12 do TST,[55] segundo a qual os registros constantes na CTPS (carteira de trabalho) fazem prova relativa (presunção *juris tantum*) da relação de emprego, comportando, pois, prova em contrário, justamente diante do que preconiza o princípio da primazia da realidade ora estudado.

2.2.2.4 Princípio da continuidade da relação de emprego

No Direito do Trabalho, a regra é contratar o empregado por prazo indeterminado, tanto que as exceções (contratos por prazo determinado) são poucas e sempre expressas na legislação.[56] Ademais, havendo dúvida se o empregado foi contratado por prazo determinado ou não, por força do princípio em tela adota-se sempre o entendimento de que o contrato firmado foi por prazo indeterminado.

Segundo *Rodriguez*,

> Para compreender este princípio devemos partir da base que o contrato de trabalho é um contrato de trato sucessivo, ou seja, que a relação de emprego não se esgota mediante a realização instantânea de certo ato, mas perdura no tempo. A relação empregatícia não é efêmera, mas pressupõe uma vinculação que se prolonga.[57]

Tal ocorre porque parte-se do pressuposto de que o empregado necessita do emprego para sobreviver, sendo em razão dele que recebe o salário, parcela de natureza alimentar, vital para o trabalhador e para sua família.

Nessa esteira, e nada obstante, cumpre realçar que tal princípio opera-se tão-só em favor do trabalhador, nunca do empregador. Assim, por exemplo, não poderá este último invocá-lo para justapor-se ao livre desligamento do emprego pelo empregado.

---

(55) "Súmula n. 12. Anotações em carteira de trabalho. As anotações apostas pelo empregador na carteira profissional do empregado não geram presunção *juris et de jure*, mas apenas *juris tantum*."

(56) A respeito, vide o art. 443 da CLT, cujo teor é o seguinte: "O contrato individual de trabalho poderá ser acordado tácita ou expressamente, verbalmente ou por escrito e por prazo determinado ou indeterminado. § 1º — considerar-se-á como de prazo determinado o contrato de trabalho cuja vigência dependa de termo prefixado ou da execução de serviços especificados ou ainda da relação de certo acontecimento suscetível de previsão aproximada. § 2º — O contrato por prazo determinado *só será válido* em se tratando: a) de serviço cuja natureza ou transitoriedade justifique a predeterminação do prazo; b) de atividades empresariais de caráter transitório; c) de contrato de experiência". (grifou-se)

(57) RODRIGUEZ, *op. cit.*, p. 239.

Neste sentido, registra-se a crítica formulada por *Delgado*:

> O princípio examinado perdeu parte significativa de sua força com a introdução do Fundo de Garantia por Tempo de Serviço no Brasil, em 1967 (Lei n. 5.107/66), desprestigiando o sistema estabilitário e indenizatório então vigorante na CLT (a nova lei passou a permitir, no momento da admissão, uma *opção* pelo sistema do Fundo — a qual se tornou tendência dominante, na prática). O sistema do FGTS transformou a dispensa sem justa causa em verdadeiro ato potestativo do empregador, frustrando o incentivo à permanência do pacto. Tempos depois, a Carta de 1988 generalizaria o sistema do Fundo de Garantia ao conjunto do mercado de trabalho, eliminando a antiga *opção*.(58)

Exemplo deste princípio na legislação pode ser encontrado no instituto do aviso prévio. Aqui, consoante o art. 489, parágrafo único, da CLT,(59) a renúncia tácita do aviso prévio é admitida. Assim, se o trabalhador continuou a trabalhar após a expiração do prazo do aviso prévio, presume-se que o empregador desistiu de despedir o empregado, de modo que, se quiser promover a despedida novamente, deverá conceder novo pré-aviso.

Também, se houver dúvida quanto à causa do término do contrato de trabalho, se por iniciativa do empregador ou do empregado, resolve-se pela presunção de que este foi despedido, pois, em face do princípio em tela, presume-se que o empregado não desejou desligar-se do emprego, por precisar do salário para sobreviver.(60)

Já no plano jurisprudencial, pode-se ilustrar o assunto com o julgamento do Recurso de Embargos em sede de decisão de Recurso de Revista n. 628545,(61) pela Subseção I Especializada em Dissídios Individuais do Tribunal Superior do Trabalho, no qual restou pontuado que, à exegese do princípio da continuidade da relação de emprego, a despedida com justa causa baseada em reiteradas ausências do empregado deveria ser precedida de sanções disciplinares de cunho pedagógico. Constou no voto do relator:

> Entretanto, em face da gravidade que o término do ajuste laboral decorrente desse dispositivo consolidado implica na vida funcional de uma pessoa, além de a nossa legislação ter

---

(58) DELGADO, *op. cit.*, 2004. p. 210, grifos do original.

(59) Cuja redação segue: "Art. 489. Dado o aviso prévio, a rescisão torna-se efetiva depois de expirado o respectivo prazo, mas, se a parte notificante reconsiderar o ato, antes de seu termo, à outra parte é facultado aceitar ou não a reconsideração. Parágrafo único. Caso seja aceita a reconsideração ou continuando a prestação depois de expirado o prazo, o contrato continuará a vigorar, como se o aviso não tivesse sido dado".

(60) A respeito, cita-se a Súmula n. 212 do TST: "O ônus de provar o término do contrato de trabalho, quando negados a prestação de serviço e o despedimento, é do empregador, pois o princípio da continuidade da relação de emprego constitui presunção favorável ao empregado".

(61) "Justa Causa. Desídia. Necessidade de Aplicação de Prévias Medidas Disciplinares. As reiteradas ausências do empregado ao serviço sem justificativa exigem uma adequada reação do empregador, mediante a aplicação de sanções disciplinares de cunho pedagógico, considerando a natureza da falta e a gradação das penalidades aplicadas, a fim de buscar a correção do comportamento desidioso do empregado. Somente após tais procedimentos é que o empregador poderia aplicar a pena máxima, qual seja, a demissão com justa causa. Embargos conhecidos por divergência e desprovidos. Rel.: Min. Aloysio Corrêa Veiga. DJ: 5.8.05."

como **princípio da continuidade** da relação de emprego, necessário se faz que, antes, o empregador, no uso de seu poder disciplinar aplique ao empregado medidas educacionais a fim de alterar o comportamento inadequado. (grifou-se)

Em síntese, o princípio da continuidade da relação de emprego, como o próprio nome aponta, visa a preservar o desenvolvimento da relação contratual entre empregado e empregador, já que o primeiro precisa da remuneração para manter a si e à sua família, presumindo-se, por tal razão, que não deseja desligar-se do emprego e, consequentemente, da fonte de renda alimentar.

2.2.2.5 Princípio da irredutibilidade salarial

Este princípio é uma decorrência do princípio da proteção e consiste em assegurar ao empregado um patamar salarial intangível, capaz de garantir a aquisição de bens e serviços essenciais ao trabalhador e à sua família.

Todavia, atualmente, este é um dos princípios mais atacados pelo fenômeno da flexibilização dos direitos trabalhistas, posto que a lei e a jurisprudência permitem inúmeros descontos no salário do empregado, conforme se verá no capítulo seguinte.

De fato, além dos descontos legais previstos no art. 462 da CLT(62) (imposto de renda, contribuição previdenciária, prestação alimentícia e prestação da casa própria), por força da Súmula n. 342 do TST(63) é possível, ainda, descontar do salário, uma vez autorizado pelo empregado, despesas para tratamento médico e odontológico, seguro de vida, mensalidade de associação de empregados, entre outros. Até mesmo parcelas de empréstimos pessoais podem ser descontadas, sendo os aposentados os principais alvos dessa prática.

A própria Constituição permite a redução do salário, pura e simples, mediante negociação coletiva, no inciso VI do art. 7º,(64) em claro exemplo de alteração legislativa flexibilizadora.

Vale lembrar que o contrato de trabalho é bilateral, comutativo e sinalagmático, no qual o trabalho é a principal obrigação do empregado, e o salário o principal dever do empregador; mas é justamente o salário o maior alvo da legislação flexibilizadora brasileira.

---

(62) O art. 462, *caput*, da CLT diz o seguinte: "Ao empregador é vedado efetuar qualquer desconto nos salários do empregado, salvo quando este resultar de adiantamentos, de dispositivo de lei ou de contrato coletivo (atualmente convenção coletiva)".

(63) "Súmula n. 342. Descontos salariais. Art. 462 da CLT (mantida) — Res. 121/2003, DJ 19, 20 e 21.11.03 Descontos salariais efetuados pelo empregador, com a autorização prévia e por escrito do empregado, para ser integrado em planos de assistência odontológica, médico-hospitalar, de seguro, de previdência privada, ou de entidade cooperativa, cultural ou recreativo-associativa de seus trabalhadores, em seu benefício e de seus dependentes, não afrontam o disposto no art. 462 da CLT, salvo se ficar demonstrada a existência de coação ou de outro defeito que vicie o ato jurídico".

(64) O inciso VI do art. 7º da CF assim dispõe: "Irredutibilidade do salário, salvo o disposto em convenção ou acordo coletivo".

E tanto é assim que *Delgado* relaciona o princípio sob exame com o próprio princípio basilar do Estado Democrático de Direito, qual seja, o da dignidade da pessoa humana:

> A força desse princípio não está, contudo, somente estribada no Direito do Trabalho, porém nas relações que mantém com o plano externo (e mais alto) do universo jurídico. De fato, o presente princípio laborativo especial ata-se até mesmo a um princípio jurídico geral de grande relevo, com sede na Carta Magna: o *princípio da dignidade da pessoa humana*. Realmente, considera este princípio jurídico maior e mais abrangente que o trabalho é importante meio de realização e afirmação do ser humano, sendo o salário a contrapartida econômica dessa afirmação e realização. [...] Nesse quadro, garantir-se juridicamente o salário em contextos de contraposição de outros interesses e valores é harmonizar o Direito do Trabalho à realização do próprio princípio da dignidade do ser humano.(65)

De fato, o trabalhador possui somente a sua força de trabalho. Assim, depende do salário, e da preservação do seu poder de compra, para sobreviver. Tendo isso em vista, qualquer desconto indevido implica reduzir os já parcos recursos com os quais tenta manter a si e sua família, atingindo, frontalmente, sua dignidade humana.

2.2.2.6 Princípio da autodeterminação coletiva

O Direito do Trabalho surgiu primeiro como expressão coletiva dos trabalhadores, fruto das pressões e reivindicações desses por melhores condições de trabalho.(66)

Um dos mais importantes e fundamentais direitos reconhecidos pelas primeiras legislações e tratados internacionais sobre Direito do Trabalho foi justamente o direito de associação, tanto para empregados como para empregadores. Como já se destacou no primeiro capítulo desta pesquisa, até a instituição do Tratado de Versalhes era negado o direito de associação, e os empregados, para se organizar, reuniam-se na clandestinidade.

A importância do princípio reside justamente na expressão e na força que a coletividade organizada representa na negociação coletiva e na busca de melhores condições de trabalho para a generalidade dos trabalhadores.

Compete aos sindicatos a defesa dos direitos da categoria, tanto na esfera administrativa como na judicial, sendo obrigatória sua participação no processo da negociação coletiva. Assim, o sindicato reivindica, em nome próprio, direito alheio, daí o princípio designar-se autodeterminação coletiva.

Assinala *Camino*, na espécie, que esse princípio "tende a se tornar, ao lado do princípio protetivo, a sua maior referência. Avança-se, no mundo todo, com o contrato coletivo, na evolução natural da disciplina jurídica".(67)

---

(65) DELGADO, *op. cit.*, 2004. p. 206, grifo do original.

(66) Nessa linha, Camino leciona: "A desigualdade econômica, ignorada pelo Estado absenteísta, inspirada nos princípios do *lisser faire, lisser passer,* do 'que é contratual é justo', gerou situação de miséria sem precedentes para a classe operária que, explorada e faminta, iniciou movimento ascendente de grandes proporções, impulsionada pelo sentimento de solidariedade que próprio dos oprimidos". CAMINO, *op. cit.*, 2003. p. 33-34.

(67) CAMINO, *op. cit.*, 2003. p. 124.

As vantagens são evidentes. Primeiramente, pela força de pressão que a coletividade exerce, muito maior e bem mais eficaz do que a iniciativa individual e isolada de um ou de alguns poucos trabalhadores. Em segundo lugar, pelo fato de o empregado ficar protegido e impessoal pela ação do seu sindicato. Vale dizer, na negociação aparece o sindicato, e não a pessoa individual do trabalhador, com o que este fica protegido de perseguições ou de retaliações diretas do seu empregador. Daí por que, também, a legislação garantir estabilidade no emprego para dirigentes sindicais,[68] titulares e suplentes, bem como para integrantes de CIPA,[69] nas mesmas condições.

Todavia, é necessário ter presente que a flexibilização precarizante dos direitos trabalhistas tem se operado, justamente, pela via da negociação coletiva, aproveitando-se dos sindicatos profissionais fracos e pouco combativos.

Nesta linha, vale transcrever a lição de *Vecchi*:

> Por este princípio se reconhece que o individuo trabalhador está em estrita conexão com seu grupo, havendo, em muitos casos, uma submissão do interesse individual ao interesse coletivo, o que, contudo, não pode reduzir a pessoa de forma a desnaturar sua condição de dignidade. Os instrumentos de negociação coletiva, antes vistos como mecanismos de emancipação dos trabalhadores, com o fenômeno da globalização neoliberal e a flexibilização, têm ganho grande enfoque numa perspectiva bem diferente, ou seja, como instrumento de redução e precarização das relações de trabalho para afiançar a saúde das empresas.[70]

Como se verá no último capítulo desta tese, faz-se necessário adotar ações afirmativas no sentido de fortalecer os sindicatos profissionais, que são expressões da sociedade civil, na defesa dos interesses legítimos de seus representados, como forma de garantir que a negociação coletiva não seja instrumento de supressão ou de precarização, mas sim de evolução e de aperfeiçoamento dos direitos trabalhistas.

2.2.2.7 Princípio da boa-fé

O princípio da boa-fé deve presidir todas as relações jurídicas, já que se espera das partes conduta reta e ética, tanto na formação quanto no desenvolvimento e no término do negócio jurídico. Assim é que o contrato de trabalho sujeita suas partes à incidência da regra contida no art. 422 do vigente Código Civil,[71] que manda as partes agirem com boa-fé, tanto na formulação como na execução do contrato.

---

(68) A respeito, cita-se o art. 8º, inciso VIII, da CF: "Art. 8º É livre a associação profissional ou sindical, observado o seguinte: [...] VIII — é vedada a dispensa do empregado sindicalizado a partir do registro da candidatura a cargo de direção ou representação sindical e, se eleito, ainda que suplente, até um ano após o final do mandato, salvo se cometer falta grave nos termos da lei".

(69) A propósito, dispõe o art. 165 da CLT: "Art. 165 — Os titulares da representação dos empregados nas CIPA(s) não poderão sofrer despedida arbitrária, entendendo-se como tal a que não se fundar em motivo disciplinar, técnico, econômico ou financeiro".

(70) VECCHI, *op. cit.*, 2007. p. 280.

(71) O art. 422 do Código Civil assim estabelece: "Os contratantes são obrigados a guardar, assim na conclusão do contrato, como em sua execução, os princípios da probidade e da boa-fé".

Araújo sintetiza a ideia acima posta, nos seguintes termos:

> A atuação de boa-fé não é um dever exclusivo do empregado na hora de cumprir a prestação de seu trabalho. É uma exigência contratual geral e para as duas partes. A boa-fé consiste em uma atitude que propicie o cumprimento efetivo do contrato, e impregna o modo de executar as suas próprias prestações. Acompanhará todo o cumprimento do contrato, podendo, inclusive, perdurar após o seu término. Trata-se de uma obrigação recíproca de cumprir com lealdade e confiança o conteúdo do contrato.(72)

No Direito do Trabalho tal princípio é sinônimo de mútua cooperação entre empregado e empregador, aquele dando o seu melhor potencial técnico e este as melhores condições para que ambos atinjam o sucesso no empreendimento, redundando em prestígio e melhores salários para o empregado e em crédito e maiores lucros para o empregador.

Segundo *Camino*:

> Fere o princípio da boa-fé o empregado que pratica ato de improbidade, é mau-procedido, exerce a concorrência desleal com empregador, divulga segredos legítimos da empresa, ofende física ou moralmente o empregador. O mesmo se diz do empregador que desrespeita os direitos de autoria e de imagem de seu empregado, recusa-lhe, caprichosamente, referências abonatórias, sonega-lhe direitos contratuais, ofende-o moral ou fisicamente, submete-o a situação de constrangimento, o induz a praticar atos em detrimento de direitos já adquiridos, etc.(73)

Hoje, a doutrina evoluiu para conceber o princípio da boa-fé objetiva, que não se prende só à conduta subjetiva das partes, mas envolve prestações concretas, objetivas, que cada um dos envolvidos deve cumprir, como o direito à segurança e à informação.

Nesta linha é a lição de *Vecchi*:

> [...] essa forma de atuar da boa-fé objetiva conduz a que nas relações negociais não se apresentem apenas os direitos e obrigações decorrentes da declaração de vontade ou somente os direitos e deveres expressos impostos por lei, sejam principais ou acessórios, mas, sim, toda uma gama de direitos e deveres que nascem do concreto relacionamento das partes.(74)

Vale dizer, a boa-fé objetiva não se confunde com a boa-fé subjetiva, já que a primeira constitui dever de conduta contratual, ainda que não escrita, mas objetivamente exigível, como o dever de informação e de segurança que as partes contratantes têm uma para com a outra; ao passo que a segunda tem a ver com conduta ética e moral de se abster de praticar atos reprováveis ou desonestos.

---

(72) ARAÚJO, Francisco Rossal. *A boa-fé no contrato de emprego*. São Paulo: LTr, 1996. p. 236-237.

(73) CAMINO, *op. cit.*, 2003. p. 120.

(74) VECCHI, *op. cit.*, 2007. p. 255.

Todavia, tanto a boa-fé subjetiva como a objetiva são exigíveis na formação, na execução e no término do contrato de trabalho, devendo as partes atuar com lealdade recíproca, cumprindo os deveres principais e acessórios do contrato, ainda que não escritos, mas objetivamente exigíveis, como acima visto.

2.2.2.8 Princípio da proibição do retrocesso social

A elaboração do princípio da proibição do retrocesso social teve origem no seguinte questionamento: uma vez estabelecida, no sistema jurídico, a positividade de um determinado direito fundamental e tendo o Estado implementado medidas concretas no sentido de tornar efetivo o direito consagrado, poderia este ser suprimido ou restringido nas elaborações legislativas e interpretativas posteriores, ocasionando um retrocesso na área social atingida, por exemplo, nos direitos à educação, ao trabalho, à saúde ou à previdência?

Para quem defende o princípio da proibição do retrocesso social, a resposta ao questionamento básico acima posto é negativa. De acordo com este princípio, uma vez reconhecido um direito no sistema jurídico e definido como direito fundamental, este não poderá ser suprimido ou restringido inadequadamente, a ponto de causar um retrocesso na sua atualização.

Tal princípio, nesta linha, estabelece limites à atividade do legislador no sentido de evitar que um determinado direito fundamental, já contemplado como conquista civilizatória e incorporado ao sistema jurídico, não seja deste extirpado, inadequadamente restringido ou impedida sua eficácia. Com efeito, o princípio da proibição do retrocesso social fornece um critério objetivo com o qual é possível controlar a adequação e a correção da atividade restritiva dos direitos fundamentais.

Mas em que consiste o critério do controle constitucional? Consiste em verificar se o legislador e o intérprete, na tarefa restritiva dos direitos fundamentais, respeitaram aqueles direitos, igualmente fundamentais, já definidos e incorporados ao patrimônio jurídico do homem. Uma vez respeitados os direitos, a atividade restritiva apresenta-se juridicamente perfeita; em caso contrário, a restrição efetivada configura-se ilegal ou abusiva e, portanto, imperfeita.

Canotilho,[75] abordando o tema, sustenta que o princípio da proibição do retrocesso social (segundo o qual o legislador, uma vez reconhecido um direito social, não pode eliminá-lo posteriormente, nem *retornar sobre os seus passos* na proteção dos direitos fundamentais) tornou-se destaque na jurisprudência portuguesa, que entendeu ser imediata a eficácia impeditiva de retrocesso.

Nessa ordem de ideias, cumpre salientar que os direitos fundamentais do homem estão ao abrigo das cláusulas pétreas (art. 60, § 4º, da Constituição) e, por isso mesmo, não podem ser inadequadamente restringidos e, menos ainda, suprimidos.

Partindo dessa ótica, o princípio em tela alcança elevada importância, posto que amparado por norma constitucional que veda qualquer modificação legislativa ou interpretativa que tenda a abolir um direito fundamental reconhecido. Disso decorre, em

---

(75) CANOTILHO, *op. cit.*, p. 542.

última análise, a possibilidade de se arguir, com base no princípio da proibição de retrocesso social, a inconstitucionalidade de norma legal ou constitucional que impeça, suprima ou restrinja um direito fundamental reconhecido nas Constituições anteriores.

Transpassando essa noção ao direito obreiro, e tendo em consideração que os direitos trabalhistas se enquadram no rol dos direitos fundamentais, é mister concluir pela plena aplicabilidade do princípio da proibição do retrocesso social às normas trabalhistas, aí incluída, por óbvio, a proteção de limite material ao poder constituinte reformador.

Nesta linha é a lição de *Vecchi*:

> Assim, é evidente que entre nós também tem plena vigência a cláusula de proibição de retrocesso social, entretanto, entrando, então, em discussão se o legislador infraconstitucional, após já ter colocado em vigência um patamar mínimo de direitos, poderia dar competência para que o poder negocial coletivo aniquilasse tais direitos. Parece evidente que não pode o poder negocial dos grupos possibilitar o retrocesso social, atacando direitos que já são uma conquista dos trabalhadores, pois se nem ao Poder Constituinte Derivado é dada tal competência, muito menos pode o legislador infraconstitucional conferir tal competência aos atores coletivos.[76]

Ainda assim, várias têm sido as tentativas no sentido de precarizar direitos fundamentais trabalhistas, no que se convencionou chamar de "flexibilização", conforme será visto, de forma mais minudente, no terceiro e no quarto capítulos desta pesquisa.

2.2.2.9 Princípio da dignidade da pessoa humana

Muito embora o princípio em questão já tenha sido abordado no primeiro capítulo deste estudo, há, ainda, alguns aspectos importantes a serem destacados neste momento da exposição, dando continuidade ao elenco dos princípios do Direito do Trabalho.

Como se viu, a dignidade da pessoa humana encontra previsão constitucional no inciso III do art. 1º, bem como no art. 170, ambos da Carta Magna de 1988, sem olvidar de outros capítulos da Constituição, como o alusivo à proteção da criança e do adolescente.

Em outro trabalho doutrinário realizado por este pesquisador teve-se a oportunidade de afirmar:

> [...] a dignidade da pessoa humana, contemplada na Constituição de 1988, a par de ser o princípio jurídico da mais alta relevância no nosso ordenamento jurídico pátrio, na medida em que protege o homem naquilo que lhe é mais importante (a dignidade), constitui um metaprincípio capaz de auxiliar o intérprete e o aplicador do direito a superar conflitos aparentes entre princípios jurídicos, notadamente o trabalho e a livre iniciativa (capital).[77]

---

(76) VECCHI, Ipojucan Demétrius. Considerações sobre a proposta de alteração do art. 618 da CLT. In: FREITAS, José Mello (org.). *Reflexões sobre direito do trabalho e flexibilzação.* Passo Fundo: UPF, 2003. p. 46-47.

(77) GOLDSCHMIDT, Rodrigo. O trabalho, a livre iniciativa e a dignidade da pessoa humana: Uma visão sistemática. In: FREITAS, José Mello de (org.). *Reflexões sobre o direito do trabalho e flexibilização.* Passo Fundo: UPF, 2003. p. 136.

O que se quer evidenciar, nesse diapasão, é a função hermenêutica do princípio da dignidade da pessoa humana que, por possuir maior carga valorativa — basta ver que fundamento da República brasileira —, pode assumir a condição de metacritério ou metaprincípio capaz de articular e de harmonizar outros princípios incidentes, dando mais densidade àquele que melhor soluciona, com menor prejuízo às partes envolvidas, um dado caso concreto.[78]

Assim, reconhecendo a normatividade do principio da dignidade da pessoa humana e dando-lhe correto tratamento hermenêutico, é possível resgatar, de forma eficaz, a centralidade do homem no sistema jurídico. Com efeito, o trabalho é indissociável do homem. Logo, o trabalhador não pode ser tratado como um objeto, um mero fator de produção ou, ainda, como uma engrenagem da linha produtiva.

Daí por que não basta estar meramente contemplado na Constituição. Cumpre ao intérprete e ao aplicador do Direito dar efetividade ao princípio da dignidade da pessoa humana, valendo-se dele para colocar a dignidade do homem a salvo de toda a sorte de ameaças que o mundo do trabalho, com suas promessas de "modernidade", possa oferecer.

Além disso, como se observou, o princípio da dignidade da pessoa humana possui duas dimensões. A primeira, denominada defensiva (negativa), segundo a qual o Estado, a comunidade e o particular devem se abster de afetar ou de restringir indevidamente a dignidade da pessoa humana, garantindo a autonomia e a liberdade do ser humano. A segunda, denominada prestacional (positiva), é aquela segundo a qual o Estado, a comunidade e o particular devem prover os meios com os quais o homem possa viver com dignidade, proporcionando saúde, educação, trabalho, moradia, enfim, todos os bens do mundo da vida necessários para uma existência digna.

Em síntese, nas palavras de *Nascimento*:

> A dignidade é um valor subjacente a numerosas regras de direito. A proibição de toda ofensa à dignidade da pessoa é uma questão de respeito ao ser humano, o que leva o direito positivo a protegê-la, a garanti-la e a vedar atos que podem de algum modo levar à sua violação, inclusive na esfera dos direitos sociais.[79]

De resto, sobre o princípio em foco, reporta-se, então, ao primeiro tópico do quarto e último capítulo desta pesquisa, no qual será abordada a dignidade da pessoa humana como fundamento material e instrumental de resistência à flexibilização precarizante dos direitos trabalhistas, objeto principal desta tese.

Com a exposição da base principiológica do Direito do Trabalho, deseja-se colocar em evidência a conformação e as especificidades desse ramo especial do Direito, idealizado para disciplinar uma relação materialmente assimétrica entre empregado e empregador.

---

(78) A propósito, Jacintho registra: "Ao atuar como princípio hermenêutico a dignidade da pessoa assume a envergadura de um superprincípio, o qual não pode ser subdimensionado, devendo prevalecer sempre sobre os demais. É, pois, mais que um princípio, um valor que confere legitimidade ao Estado Democrático de Direito". JACINTHO, *op. cit.*, p. 250-251.

(79) NASCIMENTO, Amauri Mascaro. *Curso de direito do trabalho.* 21. ed. rev. e atual. São Paulo: Saraiva, 2006. p. 387.

Na sequência, abordar-se-á a crise do Direito do Trabalho nos tempos hodiernos, tentando-se desvendar as causas e as repercussões dessa crise para o mundo do trabalho.

2.3 *O ideário econômico neoliberal e a crise do Direito do Trabalho*

Após a consagração, pelo Tratado de Versalhes, dos princípios universais do Direito do Trabalho, a maioria dos Estados Democráticos de Direito passaram a contemplar em suas Constituições os direitos fundamentais sociais, intervindo nas relações entre o capital e o trabalho, estabelecendo normas de proteção e de salvaguarda da dignidade pessoal do trabalhador.

A Segunda Guerra Mundial, momento macabro da história humana, trouxe síncopes constitucionais, vale dizer, paralisou e, em alguns casos, retrocedeu na implantação dos direitos sociais fundamentais.

Todavia, ao seu término, num movimento contrário aos seus efeitos nefastos, passou-se a cristalizar o chamado "Estado do bem-estar social", assegurando e promovendo os direitos sociais, através da forte atividade estatal intervencionista.

A respeito disso, *Leal* assevera:

> Parece que é a partir da Primeira Guerra Mundial, e depois da Segunda Guerra também, que esta tendência de o Estado participar mais ativamente do cotidiano de sua comunidade toma corpo, adotando uma política mais intervencionista para ordenar recursos e procedimentos econômicos voltados à sobrevivência civil, no sentido tanto da distribuição dos alimentos e do controle da distribuição de mão-de-obra, como da produção de determinados produtos estratégicos à economia nacional e aos interesses da guerra.[(80)]

Nessa senda, *Hespanha* aponta o Direito do Trabalho como exemplo da atividade intervencionista do Estado na proteção dos direitos sociais, estabelecendo garantias de proteção da classe oprimida em face da classe dominante:

> O direito e o Estado — esses "resumos" da luta de classes, como lhe chamara *K. Marx* — seriam também caracterizados por essa natureza contraditória da sociedade. Embora globalmente dominados pelos poderes socialmente estabelecidos e funcionalizados aos seus interesses, não deixariam de refletir o carácter "incompleto" das relações de dominação e os compromissos a que os grupos dominantes tinham, por isso, sido obrigados. Exemplo disto seriam aqueles ramos do direito em que os movimentos progressistas tinham conseguido impor normas de protecção dos grupos mais fracos. Era o caso, nomeadamente, do direito do trabalho e das garantias que ele tinha fixado a favor dos trabalhadores (horário de trabalho, descanso semanal, direito à associação sindical e à greve, etc.), fruto das lutas operárias, desde os finais do século XIX. Mas era também o caso das garantias e liberdades individuais, bem como das garantias jurídicas dos mais desprotegidos (crianças, mulheres, pobres, doentes, diminuídos, inquilinos, etc.) fixadas na legis-

(80) LEAL, Rogério Gesta. *Perspectivas hermenêuticas dos direitos humanos e fundamentais no Brasil*. Porto Alegre: Livraria do Advogado, 2000. p. 69.

lação do Estado-Providência (*Welfare State, Wohlfahrtstaat*), a partir dos anos 30. Todos estes casos davam exemplo dos compromissos existentes no seio do direito, impostos pela ousadia e combatividade dos grupos dominados, e contraditórios com os interesses das classes dominantes.(81)

Ainda no período pós-Segunda Guerra Mundial, destaca-se a Declaração dos Direitos do Homem, de 1948,(82) e a Encíclica "*Mater et Magistra*".(83)

Nesse estado de coisas, tudo andava razoavelmente bem. O modelo jurídico-político funcionava. O homem e a sociedade ocupavam o centro do sistema. Todavia, o poder econômico mostrou-se insatisfeito, já que o modelo então vigente, segundo a sua ótica, não era mais "lucrativo" (ou tão lucrativo).

Nesta linha, *Leal* expõe:

> Esta nova formatação dada ao Estado Moderno, enquanto Social de Direito, vem ao encontro de várias conquistas sociais e políticas dos movimentos sociais e da capacidade de organização e mobilização dos indivíduos e suas representações oficiais ou informais, apresentando-se mesmo como um avanço em face do Estado Liberal de Direito. Porém, a tentativa de atender a tamanha responsabilidade não foi cumprida pelo Estado, eis que, romanticamente, acreditou que seria possível compatibilizar dois projetos sociais, econômicos e políticos: o capitalismo como forma de produção e a implementação do bem-estar social.(84)

Essa ausência de resultados mais significativos derivou da saturação dos mercados internos causada pela grande oferta de produtos, excesso este originado da prosperidade das fábricas e do comércio. Equivale a dizer que, nesse cenário de grande oferta e de pequena procura, a margem de lucro acabava reduzida. Paralelamente, os direitos sociais reconhecidos implicavam custos para a empresa, aumentando-lhe a carga fiscal e parafiscal.

A partir de então, modificações passaram a ocorrer no processo de trabalho dentro das fábricas; refere-se aqui aos métodos de produção em massa, representados pelos modelos "taylorista" e "fordista". Acerca deste ponto *Busnello* esclarece:

> Na base da produção em massa há uma relação entre processo de trabalho e acumulação de capital assentada sobre uma base diferente, "moderna". As transformações introduzidas no processo de trabalho por meio do processo histórico de sua racionalização vão repercutir também sobre as modalidades de acumulação de capital.

---

(81) HESPANHA, *op. cit.*, p. 322.

(82) A respeito da Declaração Universal dos Direitos do Homem, vide a abordagem desenvolvida no tópico 1.2 do primeiro capítulo desta pesquisa, intitulado "A dimensão jurídica da dignidade da pessoa humana".

(83) A Encíclica *Mater et Magistra*, mãe e mestra, foi escrita pelo Papa João XXIII em 1961 e versa sobre a evolução da questão social, à época, à luz da doutrina cristã. In: *As Encíclicas Sociais de João XXIII*, 1º vol. Rio de Janeiro: Olympio, 1963.

(84) LEAL, *op. cit.*, p 70.

Por outras palavras, a nova organização do trabalho engendrada pelo taylorismo e pelo fordismo vai renovar totalmente o mecanismo da grande produção de mais-valia.(85)

Tais modelos consistiam, em suma, na máxima racionalização do trabalho, a fim de que se atingisse o máximo de produtividade. Isso, com efeito, reclamou uma nova estruturação salarial, capaz de manter o poder aquisitivo dos empregados (aumentando o custo para a empresa), o que, por sua vez, fazia girar a economia. Só assim seria possível a perpetuação de um alto nível de consumo, fomentador do sistema.

O acréscimo acerca do desiderato desse momento histórico é fornecido por *Souza*:

> [...] com a crise do petróleo, em 1973, que culminou com a alta da inflação e a estagnação do crescimento econômico, o mundo vivenciou uma grande recessão. Era necessário implementar mudanças, propagando-se com vigor o discurso de que o Estado encontrava-se inflado e deficitário, sendo urgente a sua diminuição. Buscava-se um Estado mínimo e, sob o argumento de déficit estatal e da contenção inflacionária, o terreno encontrava-se fértil para o receituário neoliberal.(86)

Na mesma linha *Delgado* assevera:

> Uma conjugação de fatores verificou-se nessa época. De um lado, uma crise econômica iniciada alguns anos antes, ente 1973/1974 (a chamada *crise do petróleo*), que não encontrou resposta eficaz e rápida por parte das forças políticas então dirigentes. A crise abalava a higidez do sistema econômico, acentuando a concorrência interempresarial e as taxas de desocupação no mercado de trabalho. A par disso, agravava o déficit fiscal do Estado, colocando em questão seu papel de provedor de políticas sociais intensas e generalizantes.(87)

O capital, de fato, precisava de uma saída, uma ideologia que justificasse suas ações, para reverter o quadro que lhe era adverso. Surgiu aí o resgate do liberalismo que vigia na Revolução Industrial, ao qual se denominou "neoliberalismo", vale dizer, o liberalismo com uma nova roupagem.

A este respeito são oportunas as palavras de *Vecchi*:

> O pensamento neoliberal conquistou, então, espaço político em 1979 na Inglaterra, com o governo Thatcher (Friedrich Hayek), e em 1980 nos Estados Unidos, com o governo Regan (Milton Friedman), postulando e implementando a defesa intransigente da limitação do poder estatal. Pregava-se, então, que, quanto mais livre

(85) BUSNELLO, Ronaldo. *Processo de produção e regulação social*. Ijuí: Unijuí, 2005. p. 306.

(86) SOUZA, Daniela Lustoza Marques de. A precarização das relações de trabalho e a desestabilização dos vínculos sociais. *Revista Trabalhista* — direito e processo — Anamatra e Forense. Vol. VII. Rio de Janeiro: Forense, 2003. p. 83.

(87) DELGADO, *op. cit.*, 2004. p. 97.

fossem o investimento e a atividade da empresa, maiores seriam o crescimento e a prosperidade para todos. Dever-se-ia, portanto, dar um basta à intromissão do Estado na Economia, devendo caber ao mercado a regulamentação econômica. Logo, o mercado seria a melhor forma de se atingir o desenvolvimento econômico e social.[(88)]

Com efeito, o liberalismo clássico, na sua faceta econômica, pregava que os homens nasciam iguais em direitos e oportunidades, devendo buscar, por si próprios, sua realização pessoal. No campo jurídico, preconizava a não-intervenção do Estado, a liberdade contratual e a força normativa do contrato — o princípio da autonomia da vontade, nessa medida, sempre foi corolário.

Corroborando com essa visão, *Hayek* critica a forte intervenção do Estado na economia, aduzindo que o planejamento econômico retira a liberdade privada e, de certo modo, a responsabilidade do indivíduo por suas opções. Eis as palavras do próprio autor:

> Afirma-se muitas vezes que a liberdade política nada significa sem a liberdade econômica. Isso em parte é verdade, porém num sentido quase oposto ao usado pelos defensores da planificação. A liberdade econômica que constitui o requisito prévio de qualquer outra liberdade não pode ser a qual que nos libera dos cuidados econômicos, segundo nos prometem os socialistas, e que só se pode obter eximindo o individuo ao mesmo da necessidade e do poder de escolha: deve ser a liberdade de ação econômica que, junto com o direito de escolher, também acarreta inevitavelmente os riscos e as responsabilidades inerentes a esse direito.[(89)]

Todavia, o citado autor desconsidera que a liberdade de mercado, sem intervenção do Estado, não funciona em sociedades nas quais se opera forte desequilíbrio social, pois as partes não são materialmente iguais nem possuem a mesma capacidade econômica, uma vez que não discutem suas questões contratuais e econômicas em pé de igualdade.[(90)]

---

(88) VECCHI, *op. cit.*, 2007. p. 44.

(89) HAYEK, Friedrich Auguste. *O caminho da servidão*. Tradução e revisão de Anna Maria Capovilla, José Ítalo Stelle e Liande de Morais Ribeiro. Rio de Janeiro: Expressão e Cultura: Instituto Liberal, 1987. p. 107.

(90) A esse respeito, Joseph Stiglitz, Prêmio Nobel de Economia em 2001, assevera: "A austeridade fiscal, a privatização e a liberalização do mercado foram os três pilares das recomendações do Consenso de Washington durante a década de 1980 e 1990. As políticas desse Consenso foram elaboradas com o intuito de atender aos verdadeiros problemas da América Latina e faziam bastante sentido na época". Todavia, o citado autor, que foi também integrante do Banco Mundial, afirma que tais diretrizes traçadas pelo Consenso não deram certo, posto que "os resultados alcançados ficavam aquém dos pretendidos. A austeridade fiscal, quando levada longe de mais e nas circunstâncias erradas, pode causar recessão, e as altas taxas de juros podem cercear novos empreendimentos comerciais. O Fundo Monetário Internacional buscava a privatização e a liberalização de maneira contundente, e o fazia a uma velocidade e de tal forma que, via de regra, impunha custos muito altos a países que não estavam suficientemente bem estruturados para suportá-los". STIGLITZ, Joseph E. *A globalização e seus malefícios*: a promessa não cumprida de benefícios globais. Tradução de Bazán Tecnologia e Lingüística. São Paulo: Futura, 2002. p. 86-87.

De fato, sob esse ideário (liberalismo econômico) vários abusos foram cometidos, principalmente no campo das relações entre o capital e o trabalho, visto que, sob a égide da liberdade de contratar, o empregado era explorado pelo empregador, com baixos salários e extensas jornadas de labor, como se viu linhas atrás.

Ora, o "neoliberalismo" nada mais representa do que a reativação do liberalismo clássico econômico, todavia com diretivas mais agressivas, na medida em que, pelo viés econômico, pretende suprimir ou relativizar direitos trabalhistas fundamentais, constitucionalmente assegurados. Isso em nome de uma alegada maior competitividade e eficiência no mercado internacional, com aumento da margem dos lucros e, consequentemente, do poder de influência no mundo.(91)

Nesta linha é a lição de *Safranski*:

> El neoliberalismo usa la referencia a la globalización como argumento para deshacerse de las obligaciones sociales del capital, y así especula con el razonamiento de que, como los estados compiten por los puestos de trabajo, hay que atraer la inversión con medidas que eliminen los llamados impedimentos para dicha inversión, entendiendo por tales los aspectos ecológicos, sindicales, sociales e impositivos. El globalismo neoliberal es una ideologia legitimante del movimiento sin trabas del capital en su búsqueda de condiciones favorables a la rentabilidad.(92)

Tem-se assinalado como marco histórico representativo da vitória, ou da afirmação definitiva do neoliberalismo, a queda do Muro de Berlim.(93) Tal evento

---

(91) Agostinho Ramalho Marques Neto, professor de filosofia jurídica e política, em palestra denominada "Neoliberalismo e direito do Trabalho", proferida no 12º Congresso Nacional de Magistrados do Trabalho, realizado em maio de 2004, em Campos do Jordão/SP, ratificou que o neoliberalismo se consubstanciaria no liberalismo clássico investido de nova roupagem. Alertou, todavia, que a novidade que o destaca repousa na supressão de direitos. Sustentou, assim, ser o Estado do bem-estar social o verdadeiro alvo do neoliberalismo, haja vista as barreiras que o mesmo cria ao capital. CONGRESSO NACIONAL DE MAGISTRADOS DO TRABALHO. XII, 2004, Campos do Jordão (SP). *Neoliberalismo e direito do trabalho*. Campos do Jordão, 2004, Agostinho Ramalho Marques Neto.

(92) Tradução livre do texto citado: "O neoliberalismo usa a referência da globalização como argumento para desfazer-se das obrigações sociais do capital, e assim especula com o raciocínio de que, como os Estados competem por postos de trabalho, há que atrair investimentos com medidas que eliminem os chamados impedimentos para ditos investimentos, entendendo por tais os aspectos ecológicos, sindicais, sociais e impositivos. O globalismo neoliberal é uma ideologia legitimadora do movimento sem travas do capital na sua busca de condições favoráveis de rentabilidade". SAFRANSKI, Rüdiger. *¿Cuánta globalización podemos soportar?* Buenos Aires: Tusquets Editores, 2005. p. 21.

(93) A propósito, Friedman assevera: "A queda do Muro de Berlim, em 9 de novembro de 1989, liberou forças que acabariam libertando todos os povos dominados pelo Império Soviético — mas, na realidade, fez muito mais do que isso: inclinou a balança do poder mundial para o lado dos defensores da governança democrática, consensual, voltada para o livre mercado, em detrimento dos adeptos do governo autoritário, com economias de planejamento centralizado. A Guerra Fria foi um embate entre dois sistemas econômicos — capitalismo e comunismo. Com a queda do Muro, sobrou apenas um sistema, pelo qual todos, de alguma forma, tiveram de se orientar". FRIEDMAN, Thomas L. *O mundo é plano:* uma breve história do Século XXI. Tradução de Cristiana Serra, Sergio Duarre e Bruno Casotti. Rio de Janeiro: Objetiva, 2007. p. 67.

teria posto fim à dicotomia socialismo-capitalismo, abrindo as comportas para a expansão incondicional do capital para todos os cantos do planeta.(94)

Com efeito, foi o que ocorreu a partir de então. Empresas nacionais tornaram-se multinacionais. O capitalismo, antes produtivo, tornou-se especulativo e exacerbou-se. As empresas passaram a ser anônimas, com capital flutuante; a economia internacionalizou-se.(95)

Nessa linha, *Delgado* assevera: "A ideologia neoliberal provocou, outrossim, a reestruturação do sistema capitalista, mediante o predomínio da circulação do capital produtivo, conectado ao fenômeno da 'globalização' ou 'mundialização do capital'".(96)

As transformações tecnológicas, por sua vez, foram determinantes como instrumentos do neoliberalismo. As comunicações instantâneas e em massa, facilitadas pela informática, deram mais poder ao capital. Alimentada por uma mídia manipuladora, formou-se uma sociedade de consumo, em que o "ter" passou a significar mais do que o "ser".

Nesse *iter*, o Estado passou a render-se ao poder do capital. Basta se ter em mente o fato de que, para instalar um empreendimento, o capital internacional estabelece (para não dizer exige) ao Estado determinadas condições, tais como: vantagens tributárias (entenda-se renúncia fiscal), linhas de crédito a juros subsidiados, relativização de direitos trabalhistas, frouxidão das exigências de proteção ao meio ambiente, entre outras.(97)

---

(94) No dizer de Vizentini, "o colapso do Campo Soviético e o fim da Guerra Fria aprofundaram ainda mais tendências no início dos anos 90. A ausência de um inimigo externo permitiu o aprofundamento da globalização, o triunfalismo do discurso neoliberal e o refluxo das forças politicamente de esquerda. Parte dela desertou, outros procuraram adaptar-se aos valores liberais, enquanto o restante ficava extremamente isolado". VIZENTINI, Paulo G. Fagundes. A globalização e os impasses do neoliberalismo. In: CARRION, Raul K. M.; VIZENTINI, Paulo G. Fagundes (orgs.). *Globalização, neoliberalismo, privatizações*: quem decide este jogo? 2. ed. Porto Alegre: Universidade/UFRGS, 1998. p. 46.

(95) CAMINO, *op. cit.*, 2003. p. 38-39.

(96) DELGADO, Gabriela Neves. *Terceirização*: paradoxo do direito do trabalho contemporâneo. São Paulo: LTr, 2003. p. 55.

(97) Nessa linha são as considerações de Bauman: "Um governo dedicado ao bem-estar de seus cidadãos tem pouca escolha além de implorar e adular, e não pode forçar o capital a vir e, uma vez dentro, a construir arranha-céus para seus escritórios em vez de ficar em quartos de hotel alugados por dia. E isso pode ser feito ou tentado (para usar o jargão comum à política da era do livre comércio) 'criando melhores condições para a livre empresa', o que significa ajustar o jogo político às regras da 'livre empresa' — isto é, usando todo o poder regulador à disposição do governo a serviço da desregulação, do desmantelamento e destruição das leis e estatutos 'restritivos às empresas', de modo a dar credibilidade e poder de persuasão à promessa do governo de que seus poderes reguladores não serão utilizados para restringir as liberdades do capital; evitando qualquer movimento que possa dar a impressão de que o território politicamente administrado pelo governo é pouco hospitaleiro como os usos, expectativas e todas as realizações futuras do capital que pensa e age globalmente, ou menos hospitaleiro que as terras administradas pelos vizinhos mais próximos. Na prática isso significa baixos impostos, menos regras e, acima de tudo um 'mercado de trabalho flexível'. Em termos muito gerais, significa uma população dócil, incapaz ou não desejosa de oferecer resistência organizada a qualquer decisão que o capital venha a tomar. Paradoxalmente, os governos podem ter a esperança de manter o capital em seu lugar apenas se o convencerem de que ele está livre para ir embora — com ou sem aviso prévio". BAUMAN, Zygmunt. *Modernidade líquida*. Tradução de Plínio Dentzien. Rio de Janeiro: Jorge Zahar, 2001. p. 172-173.

Como assinala *Vecchi*:

> Foram estabelecidas medidas (políticas) a serem seguidas, como a privatização de estatais, a diminuição do espaço público e ocupação de espaço pelos entes privados; a desregulamentação/flexibilização dos direitos sociais trabalhistas e previdenciários; o estímulo à livre-negociação entre patrões e empregados, mas com sérias limitações ao direito de greve e ao poder de negociação sindical; a adoção de medidas que facilitassem a livre circulação do capital especulativo estrangeiro; a quebra dos monopólios estatais e das barreiras alfandegárias e a desregulamentação da economia, que passou a ser regida somente pela lei de mercado.(98)

Enfim, nessa realidade é que foi forjada a ideia de flexibilidade, e com ela o Direito do Trabalho entrou em profunda crise,(99) posto que, segundo a ideologia neoliberal, as normas trabalhistas são duras e inflexíveis, aumentando o custo da produção, razão pela qual devem ser flexibilizadas ou relativizadas, como forma de baratear a mão-de-obra e de viabilizar a competitividade das empresas no mercado local e global.(100)

A propósito, *Delgado* assevera:

> De fato, o ramo juslaboralista afirmou-se no período anterior como o mais clássico e abrangente instrumento de políticas sociais surgido no capitalismo, produzindo inquestionável intervenção normativa na economia, em favor, regra geral, de importante distribuição social dos ganhos do sistema econômico. Nesse contexto, a desregulamentação de suas regras ou, pelo menos, sua crescente flexibilização, tudo passou a compor foco destacado na matriz cultural que se generalizou no ocidente no último quartel do século XX.(101)

Para se ter uma ideia inicial dos efeitos precarizantes da flexibilização, que põe em crise o Direito do Trabalho contemporâneo, cumpre citar *Nascimento*:

---

(98) VECCHI, *op. cit.*, 2007. p. 45.

(99) Segundo Bobbio, Matteucci e Pasquino "Chama-se Crise a um momento de ruptura no funcionamento de um sistema, a uma mudança qualitativa em sentido positivo ou em sentido negativo, a uma virada de improviso, algumas vezes até violenta e não prevista no módulo normal segundo o qual se desenvolvem as interações dentro do sistema em exame". BOBBIO; MATTEUCCI; PASQUINO, *op. cit.*, 2007. p. 303.

(100) A respeito, novamente Vecchi: "A flexibilização das relações trabalhistas, conforme já explicitado, é uma das receitas neoliberais. Pretensamente, afirma que a diminuição da proteção trabalhista visa aumentar o investimento, o emprego e a competitividade das empresas. Com isso, propõe uma profunda 'individualização' das relações de trabalho, até o limite do politicamente possível, pregando a não intervenção estatal nas relações individuais do trabalho, ou seja, postulando um afrouxamento das proteção estatal. Com isso, as relações individuais de trabalho voltam a se aproximar das relações civis, como um retorno ao período anterior ao nascimento do direito do trabalho. Já as relações coletivas (travadas entre sindicatos de empregados e sindicato de empregadores ou empresas) devem ser limitadas pelo Estado para impedir 'práticas monopolistas' que impedem o livre-jogo da oferta e da procura. Como percebemos, aumenta-se o poder das empresas e diminui-se ao máximo possível a proteção dos trabalhadores, flexibilizando-se o trabalho e protegendo o capital". *Idem*, 2007. p. 51.

(101) DELGADO, *op. cit.*, 2004. p. 98.

Flexibilização do direito do trabalho é a corrente de pensamento segundo a qual necessidades de natureza econômica justificam a postergação dos direitos dos trabalhadores, como a estabilidade no emprego, as limitações à jornada diária de trabalho, substituídas por um módulo anual de totalização da duração de trabalho, a imposição pelo empregador das formas de contratação do trabalho moldadas de acordo com o interesse unilateral da empresa, o afastamento sistemático do direito adquirido pelo trabalhador e que ficaria ineficaz sempre que a produção econômica o exigisse, enfim, o crescimento do direito potestativo do empregador, concepção que romperia definitivamente com a relação de poder entre os sujeitos do vínculo de emprego, pendendo a balança para o economicamente forte.[102]

Tal temática será mais bem aprofundada no capítulo seguinte, que versa, justamente, sobre o fenômeno da flexibilização dos direitos trabalhistas. Ali serão apontados vários exemplos legais e jurisprudenciais de precarização do Direito do Trabalho, colocando em evidência as repercussões nefastas que tal fenômeno traz para a vida do trabalhador.

(102) NASCIMENTO, *op. cit.*, p. 168.

Capítulo III

O Fenômeno da Flexibilização do Direito do Trabalho

Resultado de uma imposição da ideologia neoliberal,(1) que fomenta a globalização econômica em curso, o fenômeno da flexibilização está corroendo a base filosófica sobre a qual se assenta o Direito do Trabalho, qual seja, o princípio da proteção do trabalhador, que se consubstancia em algo muito maior e mais importante do que mera querela entre economistas — adeptos do ideário neoliberal — e juristas.

De fato, o objetivo do neoliberalismo, nas palavras de Barbagelata: "[...] es combatir el dirigismo y lograr la desintegración del sistema que há dado en llamarse del *Estado del bien-estar,* mientras que en su conceptuación inicial, pugnaba por elimiar los resabios del antiguo régimen de producción".(2)

---

(1) Maldonado Filho bem explica o que se entende por ideologia neoliberal: "segundo os economistas neoliberais, a modernização e o desenvolvimento econômico dos países dependem apenas da capacidade dos governos de reformarem as estruturas econômicas de seus países com vistas a adaptá-los ao mundo globalizado, ou seja, é imprescindível realizar as seguintes reformas econômicas: abrir a economia à concorrência internacional, propiciar ampla liberdade de movimento ao capital, desregulamentar os mercados internos, em especial o mercado de trabalho, e realizar uma ampla privatização das empresas estatais. Em outras palavras, as reformas econômicas devem ser feitas de forma a permitir a maior liberdade possível ao capital em sua busca do lucro máximo. Se isso for feito, o resultado será o de elevar o crescimento econômico, reduzir o desemprego, eliminar os desequilíbrios no comércio internacional, estabilizar os preços e o próprio sistema econômico — ou seja, criaremos as condições básicas para termos uma economia próspera e eficiente". MALDONADO FILHO, Eduardo. Globalização e neoliberalismo: o surgimento do novo ou a volta ao passado? In: CARRION, Raul K. M.; VIZENTINI, Paulo G. Fagundes (orgs.). *Globalização, neoliberalismo, privatizações*: quem decide este jogo? 2. ed. Porto Alegre: Universidade/UFRGS, 1998. p. 23.

(2) Tradução livre: "é combater o dirigismo e obter a desintegração do sistema que é dado chamar de *Estado do bem-estar*, ainda que em seu conceito inicial, pugnava por eliminar os vícios do antigo regime de produção". BARBAGELATA, *op. cit.*, 107, grifo do autor.

Nas linhas que seguem, pretende-se delinear uma noção do fenômeno da flexibilização. Para tanto, será abordado aquilo que, aqui, se denomina "aproximações contextuais", tratando dos institutos da globalização, das privatizações e da terceirização, nesta ordem, que, por gravitarem na órbita do capitalismo neoliberal e da flexibilização em si, merecem uma especial atenção.

Ato contínuo, articular-se-á a tipologia da flexibilidade e, como último passo deste capítulo, tratar-se-á da flexibilização ante as bases filosóficas do Direito do Trabalho, estabelecendo uma análise crítica.

3.1 *Aproximações contextuais e tentativa de conceituação do fenômeno da flexibilização*

Determinados fenômenos (ou movimentos), por guardarem conexão com o fenômeno da flexibilização, precisam ser contextualizados e estudados para melhor compreensão do assunto. Far-se-á referência, então, especificamente, à globalização, à privatização e à terceirização, nesta ordem.

Tais fenômenos, como se verá ao longo deste capítulo, não só abriram o caminho para a teoria da flexibilização, mas também potencializaram e foram potencializados por esta.

3.1.1 Globalização

Entre os aludidos fenômenos, certamente a globalização toma um prisma de destaque. É como se fosse "a mãe" das demais. Em outras palavras, não erraria quem também a classificasse como genitora das outras duas (privatização e terceirização).

Nas últimas décadas do século XX, mormente a partir dos anos oitenta, o mundo assistiu a sensíveis modificações no modo de vida das pessoas. Tais mudanças, sejam geográficas, econômicas ou políticas, trouxeram o fim da bipolarização mundial entre os Estados Unidos da América e a União Soviética, a criação de blocos econômicos regionais, a massificação dos meios de comunicação, o enfraquecimento da noção de soberania estatal,(3) a fortaleza cada vez maior dos países ricos e a miserabilidade crescente dos países pobres.

A propósito, *Beck* assevera:

> Lo nuevo de la era global es que se há perdido el *nexo* entre pobreza y riqueza, y esto es, según Bauman, a causa de la globalización que divide a la población mundial en ricos globalizados, que dominan el espacio y no tienen tiempo, y pobres localizados, que están pegados al espacio y tienen que matar su tienpo, con el que no tienen nada que hacer.(4)

---

(3) A respeito, Vieira registra: "Uma das conseqüências fundamentais da globalização é a convivência problemática entre a lógica do poder territorializado e a do poder crescentemente desterritorializado do capitalismo globalizado. Diante das novas condições de internacionalização da produção, do comércio e das finanças, tornam-se evidentes as restrições que seu funcionamento e suas forças dominantes impõem à soberania e às margens de autonomia dos Estados nacionais bem como a seu papel de agente do desenvolvimento econômico e garantidor da coesão e integração social e nacional". VIEIRA, *op. cit.*, 2001. p. 93.

(4) Tradução livre do texto citado: "O novo da era global é que se perdeu o nexo entre a pobreza e a riqueza, e isto é, segundo Bauman, a causa da globalização que divide a população mundial em ricos globalizados, que dominam o espaço e têm tempo, e pobres localizados, que estão presos ao espaço e têm que matar o tempo, com o qual não têm nada para fazer". BECK, Ulrich. *¿Qué es la globalización?* Falacias del globalismo, respuestas a la globalización. Buenos Aires: Paidós, 2004. p. 90-91.

Nesse cenário, é correto afirmar que o tipo clássico fundado na soberania do Estado perde espaço para uma noção de aldeia global, sem fronteiras nem limites. É assente que tais transformações são produtos de uma planificação neoliberal,[5] que preconiza a livre circulação de capitais. Se, de um lado, traz ínsito o avanço tecnológico e científico[6], de outro, a globalização exacerba as diferenças econômicas e sociais.[7]

No dizer de *Vieira*,

> [...] as novas forças que operam na atual ordem mundial, dominada pela economia capitalista de cunho neo-liberal, reduzem os espaços do Estado-Nação, obrigando à reformulação de seus projetos nacionais. As nações buscam proteger-se formando blocos geopolíticos e celebrando acordos sob o controle de organizações internacionais, como FMI, OMC (ex-GATT), BIRD, ONU etc. Ao mesmo tempo, surgem novos centros de poder que agem em todos os níveis, do local ao global, estabelecendo normas e leis nacionais que podem contrariar os interesses públicos da sociedade civil.[8]

---

(5) No ponto, Barbagelata destaca: "los adeptos al neoliberalismo continúan siendo, en sustancia, partidarios del *laissez faire* y del achicamiento del Estado tanto en su dimensión como en sus fines. Obviamente, condenan todas las acciones que puedan distorsionar el funcionamiento de un mercado libre, reclaman la desregulación de la economia, así como la restitución al sector privado de las empresas estatizadas y son hostiles tanto a las interferências de la legislación como las acciones colectivas". Tradução livre: "os adeptos do neoliberalismo continuam sendo, em substância, partidários do *laissez-faire* e da ridicularização do Estado em sua dimensão como em seus fins. Obviamente, condenam todas as ações que possam distorcer o funcionamento de um mercado livre, reclamam a desregulação da economia, assim como a restituição ao setor privado das empresas estatizadas e são hostis tanto às interferências da legislação como às ações coletivas". BARBAGELATA, *op. cit.*, p. 108.

(6) Friedman destaca pontos positivos na globalização, aduzindo que quanto mais uma cultura local se globaliza, introduzindo ideias e práticas globais em suas tradições, mais ela tem capacidade de competir e se destacar no mundo. A par disso, sustenta que a globalização permite a globalização do local, ou seja, através dos meios de comunicação, é possível levar ideias e práticas regionais para o conhecimento do mundo todo, com ganho geral para todos. De outra sorte, o autor em tela põe em relevo as facilidades da comunicação e de trânsito no mundo, trazidas pela globalização, que não conhece fronteiras, tornando o "mundo plano". FRIEDMAN, Thomas L. *O mundo é plano:* uma breve história do século XX. Tradução de Cristiana Serra, Sergio Duarte e Bruno Casotti. Rio de Janeiro: Objetiva, 2007. p. 366-380.

(7) Nessa esteira, são as tocantes palavras de Bauman: "O desejo dos famintos de ir para onde a comida é abundante é o que naturalmente se esperaria de seres humanos racionais; deixar que ajam de acordo com esse desejo é também o que parece correto e moral à consciência. É por sua inegável racionalidade e correção ética que o mundo racional e eticamente consciente se sente tão desanimado ante a perspectiva da migração em massa dos pobres e famintos; é tão difícil negar aos pobres e famintos, sem se sentir, culpado, o direito de ir onde há abundância de comida; e é virtualmente impossível propor argumentos racionais convincentes provando que a migração seria para eles uma decisão irracional. O desafio é realmente espantoso: negar aos outros o mesmíssimo direito à liberdade de movimento que se elogia como a máxima realização do mundo globalizante e a garantia de sua crescente prosperidade [...] As imagens de desumanidade que dominam as terras onde vivem possíveis migrantes vêm, portanto, a calhar. Elas reforçam a determinação que não dispõe de argumentos éticos e racionais a apóia-la. Ajudam os habitantes locais a permanecerem locais, ao mesmo tempo que permite aos globais viajar com a consciência limpa". BAUMAN, Zygmunt. *Globalização*: as conseqüências humanas. Tradução de Marcus Penchel. Rio de Janeiro: Jorge Zahar, 1999. p. 84.

(8) VIEIRA, Liszt. *Cidadania e globalização*. Rio de Janeiro: Record, 1998. p. 72.

É preciso considerar que a globalização, antes de um fenômeno, constitui-se um processo que apresenta, segundo o autor antes citado, entre outras menos importantes, as seguintes nuanças: (a) econômica, (b) política, (c) social, (d) ambiental, e (e) cultural.

Do ponto de vista econômico, a formação de blocos regionais fez surgir também empresas transnacionais (também chamadas multinacionais), que dominam a produção, o comércio e as finanças internacionais. As diretrizes econômicas são ditadas, assim, pelo mercado financeiro que, volátil, submete as nações às incertezas de seus humores.

> As empresas não têm mais nacionalidade. Esta foi derrubada e as empresas transpuseram os limites territoriais dos Estados. À internacionalização seguiu-se a mundialização ou globalização. Os Estados passam a depender diretamente da conjuntura mundial ou daquela de seus grandes parceiros. É óbvio que há uns poucos **independentes** e a grande massa dos países dependentes, que recebem dos primeiros a **receita de seu comportamento**. E este deverá pautar-se pela conduta e pelas exigências dos primeiros.[9]

Com o advento da circulação eletrônica de valores, num âmbito cambial sem a devida regulamentação, é cada vez maior a evasão de divisas e a "lavagem" de dinheiro obtido por meios ilícitos, o que fomenta um crescente tráfico internacional de substâncias entorpecentes e de armas.

Já pelo lado político, os mecanismos sociais aplicados até então para o Estado-Nação não servem mais para entender os fenômenos e as conjecturas transnacionais. Aprofunda-se, nesse sentido, a dificuldade dos Estados de programar políticas independentes de desenvolvimento, focadas nas realidades locais.

A respeito disto colhe-se a lição de *Pilati*:

> A sociedade estatal, costurada com fronteiras — mas de centro e periferia; baseada numa democracia representativa formal — mas de abissais diferenças sociais; voltada à acumulação a qualquer custo — mas às custas do planeta e da sobrevivência da espécie — essa sociedade diabética, que tudo adoça com dinheiro e minimiza com insulinas estatais paliativas — está chegando ao seu próprio limite de esgotamento. É um modelo que está sendo atropelado por aquilo que se conhece por globalização: uma nova *lex mercatoria*, que não conhece limites jurídicos, desconhece fronteiras, promete liberdade e desenvolvimento, mas acelera o processo de concentração de renda, com empobrecimento e desigualdade.[10]

Na mesma linha *Vieira* sustenta:

> Dado que a prática e a ideologia da globalização conseguiram, em grande medida, restaurar a separação da economia do domínio político, os governos defrontam

---

(9) FONSECA, João Bosco Leopoldino da. Globalização e direito do trabalho. *Revista do Tribunal Superior do Trabalho*. Brasília, v. 65, n. 1, p. 210-222, out./dez. 1999. p. 214-215, grifo do original.

(10) PILATI, José Isaac. Por uma nova Ágora perante o desafio da globalização. *Revista Jurídica*, n. 19, jan./jun., Blumenau: Edifurb, 2006. p. 10-11.

com uma capacidade de regulação e de controle bastante diminuída, restringindo-se ao papel reduzido de administradores do ajuste da economia no plano nacional, com o objetivo de ganhar competitividade no mercado global e assegurar o clima de confiabilidade capaz de atrair investidores.[11]

O aspecto social, à sua vez, também recebeu mudanças; e para pior. A inovação financeira acabou por perpetuar uma síndrome de exclusão social violenta. A mídia de massa, operadora da manutenção do estado reinante, transmite à população a teoria da inexorabilidade do discurso globalizante, incutindo a crença de que esta teoria é necessária e irreversível. É o discurso da manipulação social. Além disso, a ausência do Estado — enfraquecido — na promoção de políticas públicas essenciais faz com que as pessoas de classes sociais baixas vivam marginalizadas em subúrbios que não têm um mínimo de habitabilidade.[12]

Vem vertida precisamente neste sentido a lição de *Freitas Jr.*:

> Por conseqüência da globalização, bem como das mudanças dela decorrentes no plano da divisão internacional do trabalho, da superação da indústria fordista-taylorista, bem como da transnacionalização do capital, está hoje em questão a própria capacidade do Estado-Nação de estabelecer políticas sociais e trabalhistas sem atentar para o que se verifica na arena da competitividade econômica em escala planetária. Em conseqüência, discute-se sob que condições é possível vaticinar a sobrevida dos direitos sociais em sua acepção protecionista e promocional.[13]

Fica claro, assim, um grande paradoxo, posto que a integração regional — vista, alhures, como um reflexo econômico da globalização — pressupõe a cessão de certa parcela da soberania. Quanto maior for o grau de desenvolvimento dessa integração, menor será o de soberania e, nesta esteira, tanto menores passam a ser as possibilidades de se formular e de se implantar políticas públicas e sociais internas.

No prisma ambiental, mais uma vez a voracidade financeira (capitalista) dá margem à destruição impensada dos recursos naturais, principalmente daqueles não-renováveis. A presença cada vez maior de desequilíbrios ecológicos, as modificações climáticas importantes, como o aquecimento global, por exemplo, e a destruição em larga escala da camada de ozônio, atestam o panorama de degradação implantado para dar vazão à proeminência de lucros e de desenvolvimento mais expressivos.

Sobre esta temática *Pilati* assevera:

> O paradigma que professamos — sob a civilização — é, realmente, de extrema arrogância e brutalidade com a natureza e quaisquer outros modelos que não seja esse, de apropriação, de lucro e de acumulação. Sua base é um antropocentrismo intolerante que desqua-

---

(11) VIEIRA, *op. cit.*, 2001. p. 94.

(12) A respeito, Stiglitz assevera: "A globalização hoje não está dando certo para muito dos pobres do mundo. Não está dando certo para grande parte do meio ambiente. Não está dando certo para a estabilidade da economia global. A transição do comunismo para uma economia de mercado foi tão mal administrada que, por exceção da China, do Vietnã e de alguns países da Europa Oriental, a pobreza aumentou enquanto a renda diminuiu". STIGLITZ, *op. cit.*, p. 263.

(13) FREITAS JR., Antônio Rodrigues de. Direitos sociais e direitos humanos numa economia globalizada. *Revista de Direito do Trabalho*. São Paulo, n. 104, p. 34-50, out./dez. 2001. p. 39.

lifica *a priori* todos os demais seres — reputados simples meios ou coisas — objetos inferiores, à disposição do rei da criação. O paradoxo desse fundamentalismo econômico, é que a desqualificação é do próprio homem, que se avilta na pobreza, em mazelas sociais e risco de extinção como espécie, pelo esgotamento acelerado do planeta.(14)

Reis e *Trindade*, por seu turno, ao analisarem a degradação ambiental e humana, decorrentes das atividades de extração de carvão para empresas siderúrgicas, afirmam:

> Some-se a ilegalidade trabalhista a ambiental, haja vista que as carvoarias extraem a matéria-prima de florestas nativas, normalmente sem autorização legal, pois o Código Florestal limita a quantidade de florestas que podem ser derrubadas (artigo 15 e seguintes da Lei n. 4.771/65), e se as siderúrgicas fossem seguir esses limites não conseguiriam atender à demanda pelo ferro-gusa.(15)

No âmbito cultural verifica-se uma padronização do mundo ao molde americano de vida, com reflexos importantes na cultura local.

Nesta linha *Coelho* arremata:

> Em suma, a globalização pode ser definida como um poderoso processo de estandardização da cultura a nível mundial. Só que isso ocorre segundo os padrões e critérios de quem detêm a maior parcela de poder na sociedade pelo domínio da informação, da ciência e da tecnologia; e um tal poder hoje transcende a nação e o Estado, projetando-se como poder mundial, não somente militar e econômico, mas científico, cultural e ideológico. Ou seja, o poder está como nunca jamais se vislumbrou nas mãos de quem domina o saber, que hoje se identifica com o crescente domínio da tecnologia e da informação. E o resultado desse processo, o fruto mais evidente e provavelmente mais nefasto da globalização é, como igualmente jamais se anteviu, a unidimensionalização do ser humano, traduzida na conformização com padrões heterônomos que tratam de amoldar não somente seu comportamento exterior, como também sua alma interior, sua cultura e seu sentimento.(16)

Na esteira dos reflexos acima apontados, também o Direito do Trabalho recebe as influências do discurso neoliberal e globalizante. *Arnaud*, no ponto, adverte: "[...] a globalização ameaça recolocar em questão, de uma forma bastante radical, a regulação jurídica do tipo clássico".(17) E essa revisão que a globalização impõe como imperativo categórico atende, exatamente, pelo nome de flexibilização.

Nesse viés — o dos reflexos da globalização neoliberal sobre os direitos sociais —, o ideário neoliberal difunde um "discurso de crise" do Direito do Trabalho, que culmina

---

(14) PILATI, *op. cit.*, p. 11.

(15) REIS, José Pedro dos; TRINDADE, Raquel Pinto. Degradação ambiental e humana: o trabalho escravo nas carvoarias. In: VELLOSO, Gabriel; FAVA, Marcos Neves (coords.). *Trabalho escravo contemporâneo*: o desafio de superar a negação. São Paulo: LTr, 2006. p. 98-99.

(16) COELHO, Luiz Fernando. *Saudade do futuro*. Florianópolis: Fundação Boiteux, 2001. p. 20.

(17) ARNAUD, André-Jean. *O Direito entre modernidade e globalização*: lições de filosofia do direito e do Estado. Tradução de Patrice Charles Wuillaume. Rio de Janeiro: Renovar, 1999. p. 18.

com a conclusão de que o intervencionismo estatal de proteção do trabalhador atrapalha a nova onda econômica, suprimindo o investimento e, por isso, causando a derrocada do emprego.[18]

Entretanto, urge considerar que a alegada crise do intervencionismo social, arraigada pelo discurso neoliberal globalizante, decorre muito mais da ausência de controle, pelo Estado, da circulação de bens e valores, do que propriamente do entrave que as normas de proteção ao emprego e ao trabalhador causariam.

Aliás, essa retórica de crise, a par de pretender minar as forças do intervencionismo social, inverte a sua lógica, manipulando as instituições do Estado no sentido de perpetuar uma situação social que permita o avanço das políticas neoliberais de crescimento do capital.

Nesse sentido, *Silva,*[19] citando *Héctor Figueroa*, assevera: "O modelo neoliberal se serve da intervenção estatal para obter resultados econômicos que não são possíveis de alcançar mediante o mercado livre". Por tais razões é que se explica, por exemplo, em determinando momento da economia, a manutenção dos baixos índices inflacionários à custa da prática de taxas de juros exorbitantes, mediante um modelo macroeconômico que favorece exatamente quem não precisaria ser favorecido, deixando os ricos mais ricos e os pobres cada vez mais miseráveis.

Com esse cenário amplo de reflexos — e explicadas, justamente, por tais repercussões neoliberais — é que surgem alterações legislativas que, a pretexto de aumentarem a oferta de emprego e, por consequência, a melhor distribuição de renda e de bens, usurpam direitos e garantias laborais conquistadas ao longo da história da humanidade.[20]

No dizer de *Uriarte*,

> [...] este programa de destrucción metódica de lo colectivo apunta al objetivo de provocar la total individualización de las relaciones de trabajo. Llevado a su máxima expresión, el proyecto neoliberal crearía, entre trabajador y empleador, una relación individual y desregulada, sin sindicato, sin negociación colectiva, sin derecho de huelga, sin legislación especial, sin inspección del Trabajo y sin Justicia especializada.[21]

---

(18) Em se pretendendo aprofundar o tema que envolve o "direito do trabalho de crise", consulte-se. GENRO, Tarso. Calor e humanismo para o direito do trabalho. *Revista do Tribunal Superior do Trabalho*. Brasília, vol. 65, n. 1, p. 254-259, out./dez. 1999. p. 254-259.

(19) SILVA, *op. cit.*, 1998. p. 61.

(20) A propósito, Arnaud pondera: "O medo que a globalização faz pairar sobre o mundo dos trabalhadores não é destituído de fundamento. Os efeitos prejudiciais são consideráveis. A deslocalização dos empregos menos especializados em direção a zonas do planeta onde os custos salariais são mais reduzidos já contribui para agravar de maneira significativa o índice de desemprego. E não é garantido que a intensificação da formação e preparação dos jovens, que o aumento das competências técnicas dos operários e dos empregados, e que a política de reorientação dos recursos humanos em direção a empregos menos ameaçados, possam constituir remédios estruturais". ARNAUD, *op. cit.*, introdução.

(21) Tradução livre: "Este programa de destruição metódica da coisa coletiva aponta ao objetivo de causar a individualização total das relações de trabalho. Levado à expressão máxima, o projeto neoliberal criaria, entre o trabalhador e o empregador, uma relação individual e desregulada, sem sindicato, sem negociação coletiva, sem direito de greve, sem legislação especial, sem inspeção do Trabalho e sem Justiça especializada". URIARTE, Oscar Ermida. Globalización y relaciones laborales. *Revista Pistas*, Buenos Aires, n. 3, p. 1-11, fev. 2001. p. 03.

De fato, o apontamento do mestre uruguaio acerca da finalidade da flexibilidade direciona para um norte em que se bifurcam, somados, a teoria neoliberal e o avanço tecnológico, tendo como resultado a flexibilização, com vistas ao fim da relação de emprego. Na espécie, a recente "reforma do Poder Judiciário", operada por meio da emenda à Constituição n. 45/04, ao ampliar a competência da Justiça do Trabalho para as "relações de trabalho", já contempla um estágio desse ocaso.(22)

O que neste estudo procura-se demonstrar vai, entretanto, de encontro aos anseios flexibilizatórios, uma vez que a falaciosa tese consubstanciada no afastamento do Estado da proteção das relações sociais mitiga, principalmente, o princípio da proteção, esteio máximo do direito laboral, já visto no capítulo anterior.

3.1.2 *Privatização*

Como abordou-se no tópico pretérito, a globalização liberal impõe o afastamento do Estado da proteção da relação de emprego, invertendo uma lógica historicamente construída em cima do princípio da proteção do trabalhador. Ocorre que, paralelamente a esta exigência, há a de que esse mesmo Estado seja igualmente mínimo no que diz respeito às ordens econômica e social. Em resumo, dois Estados mínimos, um acerca da regulação e proteção do trabalho, e outro a respeito da intervenção na economia.

O problema é que, afora o Estado retirar-se da economia, a ideologia neoliberal impele o afastamento do Estado também da promoção do bem comum, seu fim último e principal, senão único.

> O predomínio da iniciativa privada nas órbitas econômica e social, sob o pálio do princípio da autonomia da vontade, coaduna-se com a função que a doutrina liberal atribui ao Estado, qual seja: a de criar as condições propícias para que a vontade individual possa exercer-se plenamente. São essas condições propícias que determinam a emergência do mercado, cujas regras restritivas do exercício da vontade dos demais indivíduos.(23)

Resulta, assim, que as funções do Estado ficam circunscritas àquelas necessárias ao desenvolvimento cada vez maior da liberdade de iniciativa individual. Em última análise, trata-se da redução da ação do Poder Executivo na economia. Intervenção esta que se verifica principalmente no âmbito da administração indireta, mais precisamente na seara das empresas públicas e das sociedades de economia mista, que operam em áreas juridicamente privadas.

A regra, aliás, é a prevalência da economia privada, na esteira do que preconiza o *caput* art. 170 da Constituição. Inclusive, sustentam os que defendem a ideologia neo-

---

(22) Muitos outros exemplos poderiam ser citados que poderiam demonstrar o processo — há muito em curso — da flexibilização. Seria o caso da crescente contratualização do Direito do Trabalho, ou, ainda, das várias formas de redução do salário fundadas no pagamento mediante rendimento (participação nos lucros). Vide, adiante, vários casos de flexibilização no Direito do Trabalho brasileiro, item 3.3 desta pesquisa.

(23) SILVA, Reinaldo Pereira e. *O mercado de trabalho humano*: a globalização econômica, as políticas neoliberais e a flexibilidade dos direitos sociais no Brasil. São Paulo: LTr, 1998. p. 27.

liberal, à intelecção do que determina o art. 174 também do texto constitucional, que o Estado só estaria legitimado para agir como agente regulador e fiscalizador da atividade econômica, cabendo-lhe, por isso, tão-somente as funções fiscalizadora e de planejamento. Entretanto, tal posição cede a uma interpretação sistemática da Carta Política, visto que esta não fixa nenhum limite à intervenção estatal na economia.

É digna de colação, a respeito, a percepção de *Catharino*, que pondera "[...] a onda de privatização não é constitucionalmente imperativa. Seu fundamento é o liberalismo, que tem como um de seus lemas a redução da atuação e da intervenção estatal na economia".(24)

Nesta linha, vale citar *Stiglitz*:

> Infelizmente, o FMI e o Banco Mundial abordavam essas questões a partir de uma obtusa perspectiva ideológica: a privatização deveria ser feita de maneira rápida. Eram mantidos *scorecards* (boletins de pontuação) para os países que realizavam a transição do comunismo para o mercado: os que privatizavam suas estatais mais rápido recebiam notas altas. O resultado disso era que, de maneira geral, a privatização não trazia os benefícios prometidos. Os problemas surgidos desses fracassos criaram antipatia à simples menção da palavra privatização.(25)

Não obstante, o Brasil assistiu, principalmente nos dois mandatos do ex-presidente da República Fernando Henrique Cardoso, a várias privatizações, tais como a da Companhia Vale do Rio Doce e a das bandas do setor telefônico.(26)

No tocante à privatização da Companhia Vale do Rio Doce, *Vidal* assevera:

> Entregar gigantescos patrimônios naturais inalienáveis em mãos suspeitas, sem que se conheçam suas dimensões físicas ou monetárias, é fato inaudito na história humana. Entregar o controle de tão valiosos patrimônios não renováveis para cobrir custos de um mês da dívida interna é mais que crime, é comprometer nosso futuro. Desfazer-se da Vale é abrir mão da mais importante agência de desenvolvimento nacional atuando em nove estados (*sic*) e da mais importante "trade" brasileira; é entregar às vorazes forças alienígenas o que restou do controle nacional do mercado externo.(27)

A propósito da privatização do setor de telecomunicações, explica *Dantas*:

> A globalização das corporações de telecomunicações levou-as a absorver redes de serviços em terceiros países. Isto foi, particularmente, o que aconteceu na

(24) CATHARINO, José Martins. *Neoliberalismo e sequela*. São Paulo: LTr, 1997. p. 40.

(25) STIGLITZ, *op. cit.*, p. 86.

(26) Para aprofundar o assunto, vale consultar o livro *A arte da política: a história que vivi* escrito pelo ex-presidente do Brasil Fernando Henrique Cardoso. Os dados bibliográficos mais específicos da obra em questão constam na bibliografia desta pesquisa.

(27) VIDAL, Bautista. Entregar a Vale é traição. In: CARRION, Raul K. M.; VIZENTINI, Paulo G. Fagundes (orgs.). *Globalização, neoliberalismo, privatizações*: quem decide este jogo? 2. ed. Porto Alegre: Universidade/UFRGS, 1998. p. 202-203.

América Latina. Aqui, a maioria dos sistemas telefônicos pertencia à norte-americana ITT, até os anos 50 e 60. E funcionavam muito mal. Por isso foram estatizados. Agora, assistimos a um novo processo de *re-privatização* desses sistemas. Quase todos acabaram adquiridos por operadores nacionais europeus. A Telefónica de España foi a corporação estrangeira que mais se beneficiou do processo: abocanhou o Chile, o Peru, a Venezuela, a metade sul da Argentina (junto com metade de Buenos Aires) e outros sistemas na América Central. A France Télécon tomou o México e, aliada à STET, também levou a metade norte da Argentina.(28)

Tais processos, erigidos sob o alegado enfoque da redução do Estado (como retirada deste das atividades tipicamente econômicas), acarretaram, em verdade, precarização das empresas privatizadas e redução drástica de salários. Observa-se que tal precarização não se restringe ao aspecto patrimonial da empresa privatizada, mas afeta, principalmente, a qualidade do serviço prestado aos consumidores.

Assim, o discurso neoliberal utiliza-se de argumentos não verdadeiros de todo — como o de que o Estado gere mal os recursos públicos e é corrupto no que gerencia — para evitar uma discussão pública em torno dos benefícios (se é que existentes) e dos malefícios do processo de privatização. Para tanto, contam com o auxílio decisivo dos meios de comunicação de massa, que difundem esse falacioso discurso da necessidade premente da retirada do Estado da atividade econômica.

Essa discussão em torno das privatizações, entretanto, pode e deve ser fomentada, visto que apenas o conhecimento crítico do processo será capaz de freá-lo a tempo de serem evitados danos maiores aos trabalhadores, à população em geral e ao próprio Estado.

Em seguida, adentrar-se-á o estudo da última das aproximações contextuais do fenômeno da flexibilização, qual seja, a terceirização.

3.1.3 Terceirização

As mudanças trazidas pela globalização exigiram, também, que as empresas alterassem seus modos de gestão para adequá-los a uma realidade de custo mínimo na persecução do lucro crescente. A terceirização, para esta finalidade, figura para o empresariado como uma alternativa.

Se no vínculo de emprego-padrão há uma relação bilateral, estabelecida entre empregado e empregador, no vínculo que se estabelece por ocasião da terceirização, há um relacionamento angular, que envolve empregado, empresa prestadora e tomador de serviço.

Em síntese, é correto dizer que o intuito maior da terceirização é ter quem trabalhe, a baixo custo, sem que haja vínculo de emprego direto com o tomador de serviço.

---

(28) DANTAS, Marcos. Telecomunicações: uma alternativa social e nacional à globalização subalterna. In: CARRION, Raul K. M.; VIZENTINI, Paulo G. Fagundes (orgs.). *Globalização, neoliberalismo, privatizações*: quem decide este jogo? 2. ed. Porto Alegre: Universidade/UFRGS, 1998. p. 202-203.

Carrion define terceirização da seguinte forma:

> [...] é o ato pelo qual a empresa produtora, mediante contrato, entrega a outra empresa certa tarefa (atividades ou serviços não incluídos nos seus fins sociais) para que esta a realize habitualmente com empregados desta; transporte, limpeza e restaurante são exemplos típicos.[29]

Contudo, não existe no ordenamento jurídico pátrio regulação legal para a terceirização. O que figura na jurisprudência do Tribunal Superior do Trabalho é o entendimento, consubstanciado na Súmula n. 331,[30] favorável à terceirização, cujo teor decorreu da inversão do posicionamento anteriormente declarado na Súmula n. 256 (hoje cancelada), que vedava a contratação de trabalhadores por empresa interposta, exceto nas hipóteses de atividade-meio.

Reside, aliás, precisamente no exame da atividade-fim da empresa tomadora de serviço o caractere que determinará se a terceirização operada mostra-se legal ou contrária ao Direito do Trabalho, na medida em que abre imenso flanco na questão da fraude do vínculo empregatício. Neste sentido tem-se o magistério de *Catharino*:

> Por isso, e pelo mais que poderia ser dito, a "terceirização" é uma via aberta, em última análise, à *exploração do trabalho humano*, no fundo considerado como mercadoria, ao gosto dos economistas puros, como os "neoliberalistas", adeptos da máxima liberalização de um mercado auto-regulado.[31]

Podem ser relacionadas como espécies do gênero terceirização, entre tantas, o trabalho temporário (Lei n. 6.019/74), os casos de serviços de limpeza e de conservação (Lei n. 5.645/70) e de vigilância (Lei n. 7.102/83). Registram-se, também, a

---

(29) CARRION, Valentin. *Comentários à Consolidação das Leis do Trabalho*: legislação complementar e jurisprudência. 31. ed. atual. São Paulo: Saraiva, 2006. p. 307.

(30) Eis o teor da aludida Súmula: "Contrato de prestação de serviços. Legalidade — *Inciso IV alterado pela Res. 96/2000, DJ 18.9.00*. I — A contratação de trabalhadores por empresa interposta é ilegal, formando-se o vínculo diretamente com o tomador dos serviços, salvo no caso de trabalho temporário (Lei n. 6.019, de 3.1.74). II — A contratação irregular de trabalhador, mediante empresa interposta, não gera vínculo de emprego com os órgãos da administração pública direta, indireta ou fundacional (art. 37, II, da CF/1988). III — Não forma vínculo de emprego com o tomador a contratação de serviços de vigilância (Lei n. 7.102, de 20.6.83) e de conservação e limpeza, bem como a de serviços especializados ligados à atividade-meio do tomador, desde que inexistente a pessoalidade e a subordinação direta. IV — O inadimplemento das obrigações trabalhistas, por parte do empregador, implica a responsabilidade subsidiária do tomador dos serviços, quanto àquelas obrigações, inclusive quanto aos órgãos da administração direta, das autarquias, das fundações públicas, das empresas públicas e das sociedades de economia mista, desde que hajam participado da relação processual e constem também do título executivo judicial (art. 71 da Lei n. 8.666, de 21.6.93)".

(31) CATHARINO, *op. cit.*, p. 71, grifo do original.

subempreitada, de que cogita a Consolidação das Leis do Trabalho no seu art. 455,(32) e o trabalho de cooperativas, a que alude o parágrafo único do art. 442(33) do mesmo diploma legal.

Não obstante a terceirização não produza, *a priori*, extinção de postos de trabalho, desmancha o arranjo de proteção dos direitos sociais. Essa corrosão do clássico Direito do Trabalho é extremamente perniciosa, posto que, a propósito de economizar custos empresariais, dilui as garantias constitucionais do trabalhador.

Nesta linha *Delgado* leciona:

> Sabendo-se que a terceirização é uma modalidade de contrato precário prevista pelo Direito do Trabalho brasileiro e que, por óbvio, fragmenta direitos e piora a infra-estrutura de labor para os empregados terceirizados, é que se pode afirmar, sob o ponto de vista social, que tal fenômeno é uma afronta ao princípio da dignidade do ser humano. Apesar de ser considerado um processo de otimização de gastos e maximização dos lucros pelas grandes empresas, para o empregado constitui meio de labor que, na maioria das vezes, implica perda de renda efetiva.(34)

Tem cabido ao Poder Judiciário salvaguardar os direitos trabalhistas dos empregados, como ocorre nos casos de inadimplemento de verbas pela empresa prestadora. Neste sentido se deu o julgamento do Recurso de Agravo de Instrumento em Recurso de Revista n. 08720/2002-900-04-00.5, pela Sexta Turma do Tribunal Superior do Trabalho.(35)

---

(32) "Art. 455. Nos contratos de subempreitada responderá o subempreiteiro pelas obrigações derivadas do contrato de trabalho que celebrar, cabendo, todavia, aos empregados, o direito de reclamação contra o empreiteiro principal pelo inadimplemento daquelas obrigações por parte do primeiro. Parágrafo único. Ao empreiteito principal fica ressalvada, nos termos da lei civil, ação regressiva contra o subempreiteiro e a retenção de importâncias a este devidas, para a garantia das obrigações previstas neste artigo".

(33) "Art. 442. Contrato individual de trabalho é o acordo tácito ou expresso correspondente à relação de emprego. Parágrafo único. Qualquer que seja o ramo de atividade da sociedade cooperativa, não existe vínculo empregatício entre ela e seus associados, nem entre estes e os tomadores de serviços daquela".

(34) DELGADO, *op. cit.*, 2003. p. 175.

(35) No julgado em questão, o TST consagrou a responsabilidade subsidiária do tomador do serviço justamente para garantir o pagamento dos créditos trabalhistas, já que, na maioria das vezes, as empresas interpostas não possuem idoneidade econômica: "Agravo de instrumento. Responsabilidade subsidiária. Alcance da Súmula n. 331, IV, do TST. Foi esforço hermenêutico que conduziu esta c. Corte a sumular a matéria, tendo em vista a necessidade de se estabelecer garantia aos empregados do percebimento de seus haveres. Esta garantia, em hipótese similar de terceirização, encontra-se expressa em dispositivo de lei (Lei n. 6.019/74 — art. 16), o qual pode ser aplicado por analogia. A condenação é devida em observância ao princípio constitucional da responsabilidade objetiva e das culpas *in vigilando* e *in eligendo*, consoante previsto na súmula referida. Não se mostra, assim, plausível, a pretensão da agravante, de ter excluído da sua responsabilidade o pagamento do aviso prévio, férias proporcionais com 1/3, décimo-terceiro proporcional, multa do art. 477, § 8º, da CLT e multa de 40% sobre o FGTS, já que o que está sendo protegido é o direito do empregado de ter garantido o percebimento da contraprestação da sua força de trabalho, por quem dela se beneficiou. Agravo de instrumento a que se nega provimento. Vistos, relatados e discutidos estes autos de Agravo de Instrumento em Recurso de Revista n. TST-AIRR-08720/2002-900-04-00.5, em que é agravante FUNDAÇÃO DE EDUCAÇÃO SOCIAL E COMUNITÁRIA — FESC e agravado ITAMAR CUNHA MALGOR. Relator: Ministro Horacio Senna Pires. Diário da Justiça, 19 dez. 2006".

Estão apresentadas, como foi proposto, o que se entende ser as principais aproximações do fenômeno da flexibilização do Direito do Trabalho. A bem da verdade, quem caracterizar tais aproximações como partes do caminho histórico do fenômeno flexibilizante assim o faz corretamente.

A pretexto de finalizar este tópico, é necessário registrar que o falacioso discurso que prega a inexorabilidade da flexibilização (e de suas aproximações) não pode escapar do pensamento crítico das pessoas — mormente dos trabalhadores. Uma das razões é porque tal processo lhes retira — de forma sorrateira, posto que mediante o pretenso (e falso) fundamento da abertura de mais postos de emprego ou do não-fechamento dos já existentes — o mínimo de direitos e garantias positivados constitucional e infraconstitucionalmente. Outra, porque a supressão desse mínimo de proteção que o ordenamento — por enquanto — garante ao trabalhador significa exatamente atentar, não contra o emprego, mas contra sua própria dignidade.

Diante do exposto, o estudo encaminha-se para delinear os contornos do conceito do fenômeno da flexibilização.

3.2 *Tentativa de conceituação do fenômeno flexibilização*

A produção doutrinária acerca do tema não tem logrado — a grande maioria, pelo menos — enfocar o cerne do fenômeno fornecendo um conceito mais preciso. *Grosso modo*, limita-se a realizar classificações e explicar os efeitos da flexibilização.

Nesta linha *Catharino* assevera:

> Tratando-se de um fenômeno recente (começado na década de 80), e estando em expansão, ainda é muito difícil defini-lo, tanto que Eduardo J. Ameglio preferiu falar da "ideia de flexibilidade". Entretanto, admite para dar conteúdo jurídico "a esta ideia", valer-se da opinião de autores espanhóis que consideraram ser "a flexibilidade", basicamente, capacidade de adaptação do regime normativo e do das instituições à vontade unilateral ou bilateral das partes da relação de trabalho. Mais ainda, considera que "a flexibilidade significa fundamentalmente adequação da normativa laboral e concomitantemente uma diversificação dos níveis de proteção que brinda a seguridade social".[36]

Buscando o significado do vocábulo "flexibilidade" em dicionários ortográficos — porque "flexibilização" constitui mero flexionamento —, encontrou-se a seguinte redução: "qualidade do que é flexível". O que mais chama a atenção, entretanto, é o vocábulo que encerra a relação de sinônimos: "servilismo". Certamente este sinônimo é assim não por acaso.[37]

Com efeito, a flexibilização é concebida no sentido de que o ordenamento jurídico — o constitucional-trabalhista, em especial — se mantenha maleável, em detrimento

---

(36) CATHARINO, *op. cit.*, p. 49.

(37) FERNANDES, Francisco. *Dicionário brasileiro Globo*. 30. ed. São Paulo: Globo, 1993. p. 365.

da rigidez legal dos direitos sociais. É nesse sentido o raciocínio de *Silva*:[38] "É possível relacionar, em caráter provisório, a flexibilidade à adaptabilidade constitucional dos direitos sociais às variantes do mercado de trabalho e às exigências de competitividade econômica e de modernização tecnológica das empresas privadas".

Por outro lado, há quem diferencie a flexibilização da desregulamentação, a exemplo de *Süssekind et al*:

> a nosso entender, portanto, a *desregulamentação* do Direito do Trabalho, que alguns autores consideram uma das formas de flexibilização, com esta não se confunde. A desregulamentação retira a proteção do Estado ao trabalhador, permitindo que a autonomia privada, individual ou coletiva, regule as condições de trabalho e os direitos e obrigações advindos da relação de emprego. Já a *flexibilização* pressupõe a intervenção estatal, ainda que básica, com normas gerais abaixo das quais não se pode conceber a vida do trabalhador com dignidade. Precisamente porque há leis é que determinados preceitos devem ser flexíveis ou estabelecer fórmulas alternativas para a sua aplicação.[39]

Todavia, acredita-se ter encontrado em *Uriarte* esta mais bem acabada definição do fenômeno em foco: "Em termos muito gerais e no âmbito do Direito do trabalho, a flexibilidade pode ser definida como eliminação, diminuição, afrouxamento, ou adaptação da proteção trabalhista clássica, com a finalidade — real ou pretensa — de aumentar o investimento, o emprego ou a competitividade da empresa".[40]

Nesta linha, para os fins desde estudo, entende-se por "flexibilização" o movimento impulsionado pela ideologia neoliberal, que pretende suprimir ou relativizar as normas jurídicas que garantem a proteção do empregado na relação contratual com o seu empregador, com vistas a "baratear" a mão-de-obra e o "custo" da produção, viabilizando, pretensamente, a competitividade das empresas no mercado globalizado.

Estabelecido o conceito, no tópico seguinte abordar-se-ão os tipos (espécies) de flexibilização.

3.3 *A tipologia da flexibilização*

A classificação de um fenômeno atende a imperativos didáticos, visando a facilitar a exposição e compreensão da matéria.

Dificilmente uma classificação é completa e perfeita, posto que existem tipos que não se encaixam perfeitamente nos critérios classificatórios adotados, ao passo que outros se classificam em duas ou mais classes ao mesmo tempo, ou em nenhuma delas, por possuir particularidades específicas.

---

(38) SILVA, *op. cit.*, 1998. p. 74.

(39) SÜSSEKIND, Arnaldo *et al. Instituições de direito do trabalho*. 21. ed. atual. São Paulo: LTr, 2003. p. 202-203. (a)

(40) URIARTE, Oscar Ermida. *A flexibilidade*. Tradução de Edilson Alkimin. São Paulo: LTr, 2002. p. 09.

Feita esta advertência como ponto de partida, utilizar-se-á, em parte, a classificação proposta por *Oscar Ermida Uriarte*, adotando-se as classes que parecem mais consentâneas com a realidade brasileira, acrescentando-se a estas mais uma, idealizada nesta pesquisa (referente à flexibilização por omissão).

Segundo *Uriarte*,(41) a flexibilidade se classifica da seguinte forma:

I — Quanto à *finalidade* da flexibilidade: de proteção, de adaptação e de desregulamentação.

a) De proteção: o direito do trabalho sempre se apresentou flexível, todavia no sentido de beneficiar o trabalhador. É o caso, com efeito, do princípio da norma mais benéfica. Exemplificando, tem-se o *caput* do art. 7º da Constituição Federal.(42)

b) De adaptação: para adaptar, via negociação coletiva, as normas legais às novas circunstâncias empresariais, todavia, de forma globalmente benéfica ao trabalhador.(43)

c) De desregulamentação: consistente na supressão de direitos trabalhistas consagrados ou na substituição dos mesmos por outros menos vantajosos. A título de ilustração, pode-se citar a lei do Fundo de Garantia do Tempo de Serviço (FGTS),(44) que trocou a estabilidade do trabalhador pela constituição de um fundo e o pagamento de uma indenização em face da terminação do contrato de trabalho por iniciativa do empregador, sem justa causa.

II) Quanto à *fonte do direito* flexibilizadora: flexibilidade heterônoma e flexibilidade autônoma.

a) Flexibilidade heterônoma: É a flexibilização imposta unilateralmente pelo Estado, por meio de lei, medida provisória ou decreto, que simplesmente suprime um direito trabalhista ou o substitui por outro inferior. Cabe aqui, também, a flexibilização promovida pelos Tribunais Superiores por meio de súmulas flexibilizantes, conforme se verificará mais adiante.

b) Flexibilidade autônoma: é aquela introduzida pela negociação coletiva. Aqui o capital e o trabalho "negociam" condições de trabalho. Entretanto, o resultado dessa negociação, na grande maioria das vezes, resulta em prejuízo aos trabalhadores, na medida em que derroga ou precariza direitos legais e contratuais adredemente

---

(41) *Idem*, p. 10-17.

(42) Eis o teor do citado dispositivo constitucional: "Art. 7º São direitos dos trabalhadores urbanos e rurais, além de outros que visem à melhoria de sua condição social: [...]". De acordo com o dispositivo em tela a Constituição permite e reconhece outros direitos ao trabalhador, desde que contemplem uma melhoria, um avanço em relação ao *status quo*. Vale dizer, não permite o retrocesso ou a supressão de direitos, como visto nos itens 2.2.2.1 e 2.2.2.7 desta pesquisa.

(43) Tal interpretação decorre da "teoria do conglobamento", segundo a qual, de acordo com Camino: "pressupõe o estudo comparativo dos dois sistemas em conflito na sua integralidade e de forma estanque, prevalecendo aquele que, no conjunto, for o mais favorável, ainda que nele, eventualmente, haja normas menos favoráveis quando comparadas uma a uma". CAMINO, *op. cit.*, 1999. p. 76.

(44) *Vide* Leis ns. 5.107/66 e 8.036/90.

conquistados. Neste ponto, acrescendo à classificação do mestre uruguaio, pode-se enquadrar como flexibilidade autônoma os modos alternativos de solução de conflitos, a saber, a mediação, a arbitragem(45) e as comissões de conciliação prévia.(46)

Ditas formas privadas e autônomas de solução de controvérsias vêm sendo utilizadas pelo poder econômico como modo de afastar as demandas trabalhistas do crivo do Poder Judiciário Trabalhista, que é composto, em sua maioria, por juízes conscientes da realidade brasileira e, por isso mesmo, resistentes às mudanças flexibilizadoras e precarizantes impostas pelo neoliberalismo econômico.

Tal modo de flexibilidade — a autônoma — atingiu seu ápice no Brasil com o Projeto de Lei n. 5.483/2001, que ainda tramita no Congresso Nacional, visando a alterar o art. 618 da CLT para fazer prevalecer o "negociado" sobre o "legislado", num total anacronismo jurídico-sistêmico,(47) justamente num momento histórico em que os sindicatos profissionais estão enfraquecidos e, por conta disso, sem poder de barganha. Nessa mesma esteira, vale mencionar que atualmente tramita no Congresso Nacional a proposta de Emenda Constitucional n. 369/2005, que visa implementar a chamada "reforma sindical". Nela são sinalizadas, entre outras medidas precarizantes, a prevalência do negociado sobre o legislado, a pluralidade sindical e a interferência do Estado na organização sindical.

III) Quanto à *contrapartida* oriunda da flexibilização: flexibilização incondicional e flexibilização condicional.

a) Flexibilização incondicional: por esta modalidade, os trabalhadores renunciam ou perdem gratuitamente determinados direitos na esperança de que a conjuntura melhore (preservando os empregos existentes ou aumentando postos de trabalho). Como modelo, tem-se (1) o acordo coletivo para redução de salário sem proporcional redução de jornada, preservando empregos até que a empresa se recupere economicamente (art. 7º, inciso VI, da Constituição(48)); (2) contrato a prazo mediante negociação coletiva, com recolhimento da alíquota de 2% do FGTS (quando o regular é 8%) em troca de aumento de postos de trabalho (Lei n. 9.601/98(49)).

b) Flexibilidade condicional (ou bilateral): o trabalhador, neste molde, perde ou renuncia a um dado direito, mas, em contrapartida, recebe uma contraprestação do

---

(45) *Vide* Lei n. 9.307/96, que dispõe sobre a arbitragem. Ver também o art. 114, §§ 1º e 2º, da Constituição Federal, que contemplam tal modalidade de solução de conflitos.

(46) *Vide* arts. 625-A e seguintes da CLT, que abordam o assunto.

(47) A respeito, são dignos de leitura os seguintes artigos científicos: (a) "Considerações sobre a proposta de alteração do art. 618 da CLT", do professor Ipojucan Demétrius Vecchi, e (b) "Direito do trabalho e negociação coletiva: crítica ao projeto de Lei n. 5.483/01, que altera o art. 618 da CLT", do professor Nélson Julio Martini Ribas, ambos publicados na obra *Reflexões sobre o direito do trabalho e flexibilização*, Passo Fundo: EDIUPF, 2003, do qual este pesquisador participa como coautor com o artigo intitulado "O trabalho, a livre iniciativa e a dignidade da pessoa humana: uma visão sistemática".

(48) Dispositivo constitucional com o seguinte teor: "São direitos dos trabalhadores urbanos e rurais, além de outros que visem à melhoria de sua condição social [...]: VI — irredutibilidade do salário, salvo o disposto em convenção ou acordo coletivo".

(49) Dispõe sobre o contrato de trabalho por prazo determinado e dá outras providências.

empregador ou do Estado. Como exemplo pode-se ter em mente a negociação visando à redução de salário, com diminuição proporcional da jornada e aumento do período de férias. Uma vez descumprido o acordo, as partes retornam ao estado anterior.

IV) Quanto à *matéria ou instituto* sobre os quais recai a flexibilização: flexibilidade interna ou flexibilidade externa.

a) Flexibilidade interna: que diz respeito a aspectos internos de uma relação de trabalho já existente. Pode recair sobre horário de trabalho (art. 7º, inciso XIII, da Constituição[50]), salário (art. 7º, inciso VI, da Constituição), mobilidade geográfica e de função (art. 469 da CLT[51]).

b) Flexibilidade externa: que atinge as formas de contratação e de extinção do contrato de trabalho. Há uma flexibilidade *de entrada*, quando se flexibiliza o ingresso na relação de trabalho, com contratos atípicos, transitórios, precários, temporários ou menos protegidos. Por exemplo: contrato a tempo parcial,[52] contrato temporário,[53] contrato a prazo mediante prévia negociação coletiva,[54] terceirizações.[55]

Há, igualmente, uma flexibilidade *de saída*, ampliando justas causas, diminuindo indenizações ou criando incentivos ao desligamento do empregado. Ilustram tal categoria a "Lei do FGTS" (primeira lei flexibilizadora do Brasil, pela qual foi trocada a estabilidade no emprego — art. 492 da CLT — por um fundo de depósitos mensais) e os programas de demissão incentivada (que se proliferaram com as privatizações das estatais, gerando outros graves problemas, como o desemprego, a informalidade e a precarização dos novos contratos firmados pelos trabalhadores com as empresas privadas que assumiram as estatais).

---

(50) "São direitos dos trabalhadores urbanos e rurais, além de outros que visem à melhoria de sua condição social [...]: XIII — duração do trabalho normal não superior a oito horas diárias e quarenta e quatro semanais, facultada a compensação de horários e a redução da jornada, mediante acordo ou convenção coletiva de trabalho".

(51) É o seguinte o teor do citado dispositivo: "Art. 469 — Ao empregador é vedado transferir o empregado, sem a sua anuência, para localidade diversa da que resultar do contrato, não se considerando transferência a que não acarretar necessariamente a mudança do seu domicílio. § 1º — Não estão compreendidos na proibição deste artigo: os empregados que exerçam cargo de confiança e aqueles cujos contratos tenham como condição, implícita ou explícita, a transferência, quando esta decorra de real necessidade de serviço. § 2º — É licita a transferência quando ocorrer extinção do estabelecimento em que trabalhar o empregado. § 3º — Em caso de necessidade de serviço o empregador poderá transferir o empregado para localidade diversa da que resultar do contrato, não obstante as restrições do artigo anterior, mas, nesse caso, ficará obrigado a um pagamento suplementar, nunca inferior a 25% (vinte e cinco por cento) dos salários que o empregado percebia naquela localidade, enquanto durar essa situação".

(52) "Art. 58-A. Considera-se trabalho em regime de tempo parcial aquele cuja duração não exceda a vinte e cinco horas semanais. § 1º O salário a ser pago aos empregados sob regime de tempo parcial será proporcional à sua jornada, em relação aos empregados que cumprem, nas mesmas funções, tempo integral. § 2º Para os atuais empregados, a adoção do regime de tempo parcial será feita mediante opção manifestada perante a empresa, na forma prevista em instrumento decorrente de negociação coletiva".

(53) *Vide* Lei n. 6.019/74.

(54) *Vide* Lei n. 9.601/98.

(55) *Vide* Súmula n. 331 do TST e art. 442 da CLT, ambos já citados nas notas ns. 30 e 33 deste capítulo, respectivamente.

Até este ponto da pesquisa utilizou-se a classificação proposta por *Uriarte*, acrescida de peculiaridades e exemplos da realidade pátria. A classificação doravante apresentada, entretanto, é contribuição deste estudo.

V) Quanto à *conduta* flexibilizadora do Estado: flexibilidade por ação e flexibilidade por omissão.

a) Flexibilidade por ação: quando o Estado edita normas que suprimem ou precarizam direitos trabalhistas consagrados. São exemplos disso, (1) a possibilidade de redução salarial mediante negociação coletiva (art. 7º, inciso VI, da Constituição) quando, até então, tal não era possível, tendo em vista o princípio da irredutibilidade salarial; (2) a possibilidade de compensação de jornada de trabalho e banco de horas (art. 7º, inciso XIII, da Constituição, e art. 59 da CLT[(56)]), quando, até ali, a regra era a vedação das horas extras ou, acaso realizadas, o pagamento diferenciado das mesmas (adicional de horas extras); (3) Emenda à Constituição n. 28, que igualou o trabalhador rural ao urbano no que diz respeito ao prazo prescricional dos créditos trabalhistas, nivelando por baixo (unificou em cinco anos o prazo da prescrição parcial), quando, em verdade, em atenção ao *caput* do art. 7º da Constituição, deveria ter feito o contrário, nivelando por cima, alargando o prazo prescricional do urbano de forma a equipará-lo com o antigo prazo do rural. Por este prazo, podia-se, desde que se promovesse a reclamatória dentro do período de dois anos após a extinção do contrato de trabalho, reclamar os créditos não pagos de toda a contratualidade. E, ainda, o caso do contrato de trabalho em tempo parcial (art. 58-A da CLT[(57)]), que reduz jornada e salário, o do regime de férias desse contrato (art. 130-A da CLT[(58)]), que estabelece a proporcionalidade de férias em

---

(56) Eis o teor: "Art. 59 — A duração normal do trabalho poderá ser acrescida de horas suplementares, em número não excedente de 2 (duas), mediante acordo escrito entre empregador e empregado, ou mediante contrato coletivo de trabalho. § 1º Do acordo ou do contrato coletivo de trabalho deverá constar, obrigatoriamente, a importância da remuneração da hora suplementar, que será, pelo menos, 20% (vinte por cento) superior à da hora normal. § 2º Poderá ser dispensado o acréscimo de salário se, por força de acordo ou convenção coletiva de trabalho, o excesso de horas em um dia for compensado pela correspondente diminuição em outro dia, de maneira que não exceda, no período máximo de cento e vinte dias, à soma das jornadas semanais de trabalho previstas, nem seja ultrapassado o limite máximo de dez horas diárias. § 3º Na hipótese de rescisão do contrato de trabalho sem que tenha havido a compensação integral da jornada extraordinária, na forma do parágrafo anterior, fará o trabalhador jus ao pagamento das horas extras não compensadas, calculadas sobre o valor da remuneração na data da rescisão. § 4º Os empregados sob regime de tempo parcial não poderão prestar horas extras."

(57) "Art. 58-A — Considera-se trabalho em regime de tempo parcial aquele cuja duração não exceda a vinte e cinco horas semanais. § 1º O salário a ser pago aos empregados sob o regime de tempo parcial será proporcional à sua jornada, em relação aos empregados que cumprem, nas mesmas funções, tempo integral. § 2º Para os atuais empregados, a adoção do regime de tempo parcial será feita mediante opção manifestada perante a empresa, na forma prevista em instrumento decorrente de negociação coletiva".

(58) "Art. 130-A — Na modalidade do regime de tempo parcial, após cada período de doze meses de vigência do contrato de trabalho, o empregado terá direito a férias, na seguinte proporção: I — dezoito dias, para a duração do trabalho semanal superior a vinte e duas horas, até vinte e cinco horas; II — dezesseis dias, para a duração do trabalho semanal superior a vinte horas, até vinte e duas horas; III — quatorze dias, para a duração do trabalho semanal superior a quinze horas, até vinte horas; IV — doze dias, para a duração do trabalho semanal superior a dez horas, até quinze horas; V — dez dias, para a duração do trabalho semanal superior a cinco horas, até dez horas; VI — oito dias, para a duração do trabalho semanal igual ou inferior a cinco horas. Parágrafo único. O empregado contratado sob o regime de tempo parcial que tiver mais de sete faltas injustificadas ao longo do período aquisitivo terá o seu período de férias reduzido à metade".

razão da carga horária, e do art. 458 da CLT[(59)], que flexibilizou o salário *in natura*; (4) a ação flexibilizadora do Tribunal Superior do Trabalho que, por meio de suas súmulas e orientações jurisprudenciais, vem flexibilizando os direitos trabalhistas. Nesse diapasão, (a) a Súmula n. 294,[(60)] que contemplou a prescrição total do direito "pactuado", suprimido unilateralmente pelo empregador; (b) a Súmula n. 330,[(61)] que assegura o efeito liberatório do empregador quanto às parcelas pagas no termo de rescisão de contrato e não ressalvados pelo empregado; (c) a Súmula n. 342,[(62)] que legitima uma série de descontos salariais até então desautorizados pelo art. 462 da CLT; (d) a antiga Orientação Jurisprudencial n. 182 da Seção de Dissídios Individuais 1 (SDI 1), hoje incorporada na Súmula n. 85,[(63)] que permite o acordo individual de compensação de horas, quando a própria Carta Constitucional, no seu art. 7º, inciso XIII, exige a formulação de acordo coletivo.

---

(59) "Art. 458 — Além do pagamento em dinheiro, compreende-se no salário, para todos os efeitos legais, a alimentação, habitação, vestuário ou outras prestações *in natura* que a empresa, por força do contrato ou do costume, fornecer habitualmente ao empregado. Em caso algum será permitido o pagamento com bebidas alcoólicas ou drogas nocivas. § 1º Os valores atribuídos às prestações *in natura* deverão ser justos e razoáveis, não podendo exceder, em cada caso, os dos percentuais das parcelas componentes do salário-mínimo (arts. 81 e 82). § 2º Para os efeitos previstos neste artigo, não serão consideradas como salário as seguintes utilidades concedidas pelo empregador: I — vestuários, equipamentos e outros acessórios fornecidos aos empregados e utilizados no local de trabalho, para a prestação do serviço; II — educação, em estabelecimento de ensino próprio ou de terceiros, compreendendo os valores relativos a matrícula, mensalidade, anuidade, livros e material didático; III — transporte destinado ao deslocamento para o trabalho e retorno, em percurso servido ou não por transporte público; IV — assistência médica, hospitalar e odontológica, prestada diretamente ou mediante seguro-saúde; V — seguros de vida e de acidentes pessoais; VI — previdência privada; VII — (Vetado); § 3º A habitação e a alimentação fornecidas como salário-utilidade deverão atender aos fins a que se destinam e não poderão exceder, respectivamente, a 25% (vinte e cinco por cento) e 20% (vinte por cento) do salário-contratual. § 4º Tratando-se de habitação coletiva, o valor do salário-utilidade a ela correspondente será obtido mediante a divisão do justo valor da habitação pelo número de co-habitantes, vedada, em qualquer hipótese, a utilização da mesma unidade residencial por mais de uma família."

(60) Súmula n. 294: "Tratando-se de ação que envolva pedido de prestações sucessivas decorrente de alteração do pactuado, a prescrição é total, exceto quando o direito à parcela esteja também assegurado por preceito de lei".

(61) Súmula n. 330: "A quitação passada pelo empregado, com assistência da entidade sindical de sua categoria, ao empregador, com observância dos requisitos exigidos nos parágrafos do art. 477 da CLT, tem eficácia liberatória em relação às parcelas expressamente consignadas no recibo, salvo se oposta ressalva expressa e especificada ao valor dado à parcela ou parcelas impugnadas. I — A quitação não abrange parcelas não consignadas no recibo de quitação e, conseqüentemente, seus reflexos em outras parcelas, ainda que estas constem desse recibo. II — Quanto a direitos que deveriam ter sido satisfeitos durante a vigência do contrato de trabalho, a quitação é válida em relação ao período expressamente consignado no recibo de quitação".

(62) Súmula n. 342: "Descontos salariais efetuados pelo empregador, com a autorização prévia e por escrito do empregado, para ser integrado em planos de assistência odontológica, médico-hospitalar, de seguro, de previdência privada, ou de entidade corporativa, cultural ou recreativo-associativa de seus trabalhadores, em seu benefício e de seus dependentes, não afrontam o disposto no art. 462 da CLT, salvo se ficar demonstrada a existência de coação ou de outro defeito que vicie o ato jurídico".

(63) "Compensação de jornada (incorporadas as Orientações Jurisprudenciais ns. 182, 220 e 223 da SBDI-1) — Res. 129/2005, DJ 20, 22 e 25.4.05. I. A compensação de jornada de trabalho deve ser ajustada por acordo individual escrito, acordo coletivo ou convenção coletiva. (ex-Súmula n. 85 — primeira parte — alterada pela Res. 121/2003, DJ 21.11.03). II. O acordo individual para compensação de horas é válido, salvo se houver norma coletiva em sentido contrário. (ex-OJ n. 182 da SBDI-1 — inserida em 8.11.00). III. O mero não-atendimento

b) Flexibilidade por omissão: quando o Estado deixa de regulamentar direitos trabalhistas consagrados no texto constitucional, tornando-os, por tal razão, inócuos. Inúmeros são os exemplos: (a) o inciso I do art. 7º,[64] que contempla o direito contra a despedida arbitrária; (b) o inciso XX do art. 7º,[65] que prevê a proteção do mercado de trabalho da mulher; (c) o inciso XXI do art. 7º,[66] que versa acerca do aviso prévio proporcional ao tempo de serviço; (d) o inciso XXIII do art. 7º,[67] no que se refere às atividades penosas; (e) o inciso XXVII do art. 7º,[68] que pretende proteger o trabalhador da automação.

Não obstante, até hoje, passados mais de dezoito anos da promulgação do Texto Constitucional de 1988, tais direitos, apesar de contemplados no rol da Carta Magna, ainda não foram regulamentados por lei complementar, sendo, portanto, negados — por omissão — à classe trabalhadora.

Muito embora outras classificações existam na doutrina, acredita-se que o exposto seja suficiente para dimensionar a extensão do fenômeno da flexibilização e o quadro pouco alvissareiro que este apresenta, na medida em que a maioria dos exemplos apontados demonstra a supressão ou a precarização dos direitos trabalhistas.

A propósito, pois, da adoção de outras classificações, é válido lembrar a de *Catharino*,[69] que esquematiza a flexibilização da seguinte forma: (a) quanto *aos sujeitos atingidos* (o trabalhador, o empregado, o tomador de serviço e o empregador); (b) quanto à *fonte normativa* (heterônomas ou autônomas); (c) quanto à causa (econômica); e (d) quanto ao *objeto* (parcial e restrita, em contraposição à global — pelo autor não reconhecida).[70]

---

das exigências legais para a compensação de jornada, inclusive quando encetada mediante acordo tácito, não implica a repetição do pagamento das horas excedentes à jornada normal diária, se não dilatada a jornada máxima semanal, sendo devido apenas o respectivo adicional. (ex-Súmula n. 85 — segunda parte — alterada pela Res. 121/2003, DJ 21.11.03). IV. A prestação de horas extras habituais descaracteriza o acordo de compensação de jornada. Nesta hipótese, as horas que ultrapassarem a jornada semanal normal deverão ser pagas como horas extraordinárias e, quanto àquelas destinadas à compensação, deverá ser pago a mais apenas o adicional por trabalho extraordinário. (ex-OJ n. 220 da SBDI-1 — inserida em 20.6.01)."

(64) "Art. 7º São direitos dos trabalhadores urbanos e rurais, além de outros que visem à melhoria de sua condição social: I — relação de emprego protegida contra despedida arbitrária ou sem justa causa, nos termos de lei complementar, que preverá indenização compensatória, dentre outros direitos;"

(65) "Art. 7º São direitos dos trabalhadores urbanos e rurais, além de outros que visem à melhoria de sua condição social [...]: XX — proteção do mercado de trabalho da mulher, mediante incentivos específicos, nos termos da lei".

(66) "Art. 7º São direitos dos trabalhadores urbanos e rurais, além de outros que visem à melhoria de sua condição social [...]: XXI — aviso prévio proporcional ao tempo de serviço, sendo no mínimo de trinta dias, nos termos da lei".

(67) "Art. 7º São direitos dos trabalhadores urbanos e rurais, além de outros que visem à melhoria de sua condição social [...]: XXIII — adicional de remuneração para as atividades penosas, insalubres ou perigosas, na forma da lei".

(68) "Art. 7º São direitos dos trabalhadores urbanos e rurais, além de outros que visem à melhoria de sua condição social [...]: XXVII — proteção em face da automação, na forma da lei".

(69) CATHARINO, *op. cit.*, p. 52-53.

(70) Pontua-se que o referido autor aborda a questão da "desregulação" em tópico apartado da flexibilização, relacionando-a com a privatização decorrente do pensamento neoliberal.

Superada a questão da tipologia da flexibilização, passa-se para o tópico seguinte da pesquisa, agora com aporte teórico suficiente para refletir criticamente sobre o tema.

3.4 *A flexibilização ante as bases filosóficas do Direito do Trabalho. Uma abordagem crítica inicial*

Para se ter consciência das implicações do fenômeno da flexibilização dos direitos trabalhistas, deve-se, primeiramente, afastar o estado de ignorância, contextualizando a realidade social, política e jurídica de nosso país.

O Brasil é marcado historicamente por profundas desigualdades sociais e regionais. Segundo dados do Ministério do Planejamento (publicação "Radar Social")(71) relativos ao ano de 2004, "52,5 milhões de pobres vivem em domicílios com renda *per capita* inferior a ½ salário mínimo, atingindo 30,1% da população", já "19,8 milhões de muito pobres e indigentes vivem em domicílios com renda *per capita* inferior a ¼ salário mínimo, atingindo 11,3% da população",(72) ao passo que, no ano de 2003, "1% dos brasileiros mais ricos se apropria de parcela da renda total semelhante àquela detida por 50% dos mais pobres — 12,8% e 14,0%, respectivamente".(73)

A par disso, o Brasil, de dimensões continentais, possui regiões em razoável estágio de desenvolvimento, como a Sul e a Sudeste, e de desenvolvimento precário, como as regiões Norte e Nordeste.

A fome ainda constitui o problema mais grave e inquietante do país, o que desencadeou iniciativa governamental no sentido de assegurar o direito humano à alimentação adequada ("Programa Fome Zero"(74)). O já citado relatório "Radar Social" do Ministério do Planejamento informa:

> O diagnóstico que deu origem ao Fome Zero identifica que a fome no país decorre da desigualdade de acesso e não de disponibilidade dos alimentos. Por essa razão, o desafio assumido foi integrar e articular ações das três esferas de governo e da sociedade civil, visando acabar com a fome e, ao mesmo tempo, enfrentar a questão da pobreza.(75)

De acordo com o relatório em questão, são alarmantes os índices de analfabetismo e de evasão escolar no Brasil. Quanto ao primeiro, em dados de 2004, "14,6 milhões de analfabetos com 15 anos ou mais de idade — taxa de 11,2%; 3% da população entre 15 e 24 anos é analfabeta; 19,3% da população de 40 anos ou mais é analfabeta". No que

---

(71) *Vide* o sítio <www.panejamento.gov.br>, especificamente a publicação *Radar Social*. Acesso em: 15.3.07.

(72) BRASIL, 2006. p. 39.

(73) BRASIL, 2006. p. 56.

(74) De acordo com o sítio oficial <http://www.fomezero.gov.br/>. Acesso em: 3.10.07, o Programa Fome Zero "é uma estratégia impulsionada pelo governo federal para assegurar o direito humano à alimentação adequada às pessoas com dificuldades de acesso aos alimentos. Tal estratégia se insere na promoção da segurança alimentar e nutricional buscando a inclusão social e a conquista da cidadania da população mais vulnerável à fome".

(75) BRASIL, 2006. p. 39.

concerne à evasão escolar, também em dados de 2004, "13,7% das crianças de 0 a 3 anos e 71,3% das crianças de 4 a 6 anos estão na escola; apenas 45,1% dos jovens entre 15 e 17 anos estão no ensino médio, embora o índice de freqüência à escola seja de 82,2%; apenas 10,8% dos jovens entre 18 e 24 anos estão no ensino superior, embora o índice de freqüência à escola seja de 32,4%".

A saúde é um direito distante da população. Os pobres praticamente não têm acesso ao atendimento médico e odontológico.

No campo do trabalho, vislumbram-se o desemprego estrutural, os contratos precários e a informalidade. Em 2004, a taxa de desemprego era de 9,3%, sendo que em 2001 girava em 9,6% e em 1995 em 6,2%.[76] Para a informalidade, os dados são (relativos a 2004): (a) Grau de informalidade: 45,4% em 2004 (46,1% em 2001 e 44,7% em 1995); (b) Sem carteira assinada: 24,7% em 2004 (24,7% em 2001 e 22,1% em 1995); e (c) Por conta própria: 20,7% em 2004 (21,4% em 2001 e 22,6% em 1995).

Para piorar, convive-se, no país, com denúncias de trabalho escravo, trabalho de crianças e de discriminação no emprego. A propósito, pois, do trabalho escravo, explica *Audi*:

> O relatório lançado pela OIT em maio de 2005 denominado "Uma Aliança Global contra o Trabalho Escravo" aponta que no mundo há diversas modalidades e denominações do que venha a ser considerado trabalho forçado. Embora apresentem-se de maneiras diferentes, ora impostas pelo Estado, ora exploradas para fins econômicos pelo setor privado, todas elas têm sempre em comum duas características: o uso da coação e a negação da liberdade. [...] Passados 118 anos da abolição oficial da escravidão, o Brasil do século XXI, ainda convive, inacreditavelmente, com a prática do trabalho escravo. O fenômeno desconhecido da maioria da população ocorre sobretudo nas áreas de expansão da fronteira agrícola, no chamado "arco do desmatamento amazônico".[77]

No que pertine à segregação etária, afirma *Chaves*:

> A idade constitui-se em um dos pontos frágeis das relações laborais. Nesse aspecto, tanto os jovens como os idosos sentem os efeitos de um mercado de trabalho que não alberga a sua população economicamente ativa, deixando de fora um contingente expressivo de trabalhadores. A última década também trouxe consigo um novo grupo de trabalhadores segregados em razão da idade, aqueles que atingiram a maturidade e ainda possuem vigor físico, porém muitas vezes vêm sendo considerados "ultrapassados", "não adaptáveis às inovações", "enrijecidos", "velhos", ou, outras vezes, de "alto custo", haja vista que acumularam benefícios ao longo do tempo de serviço, considerando-se mais rentável a sua permuta por trabalhadores mais jovens.[78]

---

(76) BRASIL, 2006. p. 17.

(77) AUDI, Patrícia. A escravidão não abolida. In: VELLOSO, Gabriel; FAVA, Marcos Neves (coords.). *Trabalho escravo contemporâneo*: o desafio de superar a negação. São Paulo: LTr, 2006. p. 74-75.

(78) CHAVES, Daniela Lustoza Marques de Souza. *Mercado de trabalho e discriminação etária*: a vulnerabilidade dos trabalhadores "envelhescentes". São Paulo: LTr, 2006. p. 97.

As pequenas e médias empresas são esmagadas por uma carga tributária espoliante, que praticamente inviabiliza o empreendimento e, consequentemente, a criação de novos postos de trabalho.

Na seara política, todos os dias os telejornais denunciam casos de corrupção, de superfaturamento de obras, de favorecimentos e de desvio de verbas públicas. Várias estatais foram privatizadas com a promessa de melhorias, de desenvolvimento, de eficiência e de pagamento da dívida pública.(79)

No plano jurídico, observa-se que vários direitos sociais, apesar de consagrados na Constituição, não foram implantados na prática.(80) Com efeito, o salário mínimo praticado no Brasil, nada obstante a previsão constitucional, não propicia vida digna ao trabalhador, já que, na verdade, não assegura educação, saúde, moradia, lazer e alimentação.

O aviso prévio proporcional ao tempo de serviço, a proteção em face da automação, o adicional de penosidade e a proteção do mercado de trabalho para a mulher, até hoje, passados mais de dezoito anos da promulgação da Constituição, não foram regulamentados.

Sem mesmo implantar significativa parte dos direitos sociais, as reformas constitucionais e a legislação infraconstitucional estão suprimindo os direitos sociais existentes, dando largo curso ao fenômeno da flexibilização. Exemplos: Emendas Constitucionais ns. 20 e 41, que reformaram a previdência. A Emenda Constitucional n. 28, que nivelou por baixo o prazo prescricional, igualando o rural ao urbano. A Emenda Constitucional n. 45, que extinguiu o poder normativo da Justiça do Trabalho, empurrando os sindicatos profissionais, fracos e desarticulados, à "negociação" coletiva com os sindicatos patronais. A proposta de Emenda Constitucional n. 369/2005, que pretende introduzir a reforma sindical, estipulando a prevalência do negociado sobre o legislado, o pluralismo sindical e a interferência do Estado nos sindicatos.

No plano infraconstitucional, os casos do contrato a tempo parcial, o contrato a prazo mediante prévia negociação coletiva e o Projeto de Lei n. 5.483/01, que quer fazer prevalecer, na solução dos casos controvertidos, o "negociado" sobre o "legislado".

A par disso, está-se diante de uma legislação processual ultrapassada, que prevê inúmeros recursos e incidentes processuais, exigindo, por consequência, várias instâncias revisoras da sentença de primeiro grau. Também na esfera processual, vale apontar o significativo aumento da competência da Justiça do Trabalho, provocado pela Emenda Constitucional n. 45. Tais realidades procrastinam a solução dos feitos e engessam o Poder Judiciário.

---

(79) Veja-se, a esse respeito, a cobertura feita pela imprensa durante a Comissão Parlamentar de Inquérito (CPI) destinada a apurar denúncias de pagamento de propinas a deputados federais e senadores. Breve excerto pode ser encontrado na matéria "Entenda a CPI do mensalão", elaborado pelo jornal *Folha de São Paulo*. Disponível em: <http://www1.folha.uol.com.br/folha/brasil/ult96u71874.shtml>. Acesso em: 4.5.07.

(80) É o caso do art. 6º da Constituição Federal, cuja redação é a seguinte: "Art. 6º São direitos sociais a educação, a saúde, o trabalho, a moradia, o lazer, a segurança, a previdência social, a proteção à maternidade e à infância, a assistência aos desamparados, na forma desta Constituição".

O que está por trás desse panorama social, político e jurídico do Brasil? A ideologia do neoliberalismo econômico. O que prega essa ideologia? Prega a desigualdade entre as pessoas, com o fito de fomentar a competição, a eficiência e a lucratividade. Nas palavras de *Uriarte*:

> O receituário neoliberal em matéria de trabalho é muito preciso: individualização das relações de trabalho até o limite do politicamente possível. Para alcançar esse objetivo, postula, de uma parte, a não-intervenção do Estado nas relações individuais de trabalho, de tal forma que cada trabalhador, livre e individualmente, negocie com o empregador a venda de sua força de trabalho. Levada a suas máximas conseqüências teóricas — não realizadas e talvez na prática não realizáveis — essa proposta supõe a ab-rogação da legislação do trabalho e sua substituição pelo direito civil, assim como a abstenção estatal na área administrativa e judicial (com a conseqüente abolição da Administração do Trabalho e da Justiça especializada). Para que a individualização das relações de trabalho fosse completa, seria necessário, além disso, evitar a ação sindical, a autonomia e a autotutela coletivas.[81]

Como técnicas para atingir tais objetivos são estabelecidas metas a serem alcançadas, estatísticas periódicas para avaliar a performance e o controle de qualidade.

Apesar de ter fracassado economicamente, por não conseguir a revitalização pretendida para o capitalismo (*Anderson*, 2000a), o neoliberalismo obteve o que desejava para a área social, uma vez que se ressaltaram as diferenças, as desigualdades, originando-se fissuras no campo social, acompanhadas do individualismo, da desagregação massiva, da perda das referências do trabalhador e de uma grande massa de excluídos.[82]

O neoliberalismo econômico fomenta a competição interna e externa, desestabilizando e desarticulando os trabalhadores, retirando destes o tempo para pensar, criticar e reivindicar,[83] bem como para outras atividades vitais, como a família, a sociedade, a cultura e o lazer.

É aquilo que se passou a chamar de "darwinismo social".[84] Na sociedade neoliberal somente os mais "aptos" sobrevivem. Os menos aptos são excluídos, ficam à margem do Estado e do poder econômico. Muitos deles sequer fazem parte das estatísticas oficiais, já que nem possuem registro civil.

---

(81) URIARTE, Oscar Ermida. A flexibilização do direito do trabalho na experiência latino-americana. *Revista da Escola da Magistratura do Tribunal Regional do Trabalho da Segunda Região*. São Paulo, n. 1, p. 114-139, set. 2006. p. 118.

(82) CHAVES, *op. cit.*, p. 125.

(83) A propósito, Delgado assevera: "[...] sob o manto da superficialidade e da 'afasia cultural', os trabalhadores são facilmente manipulados pelo sistema, o que lhe impede de formar consciência crítica para contestá-lo". DELGADO, *op. cit.*, 2003. p. 59.

(84) Souza explica que a expressão "darwinismo social" tem por pano de fundo a Teoria da Evolução, desenvolvida por Charles Darwin: No campo social, designa que somente os mais aptos sobrevivem, ignorando-se as condições desiguais em que a competição por determinado espaço ocorre entre as pessoas, gerando uma significativa massa de excluídos. SOUZA, Daniela Lustoza Marques de. A precarização das relações de trabalho e a desestabilização dos vínculos sociais. *Revista Trabalhista* — direito e processo — Anamatra e Forense. Vol. VII. Rio de Janeiro: Forense, 2003. p. 88-89.

Como bem salienta *Comparato*:

> No capitalismo vigora, sem exceções, o princípio da realização do interesse próprio e imediato de cada indivíduo, grupo social ou povo, sem a menor consideração pelo bem comum da coletividade e das futuras gerações. Neste início de um novo milênio, o movimento capitalista apresenta, no mundo inteiro, claros sintomas de esgotamento por falta de um projeto global. Desde 1980, a parte correspondente aos rendimentos do capital na formação do produto mundial não cessa de aumentar, enquanto a dos rendimentos do trabalho, assalariado ou autônomo, continua a decrescer. Reproduz-se desse modo, no interior de cada país, a fratura aberta no plano internacional entre países desenvolvidos e subdesenvolvidos. O novo sistema de transnacionalidade empresarial, aliás, faz com que uma empresa dominante, com sede em determinado país, estabeleça relações de senhorio e servidão com outras em várias partes do mundo, obrigando as empresas servas a operarem em sistema de dumping social e negação dos mais elementares direitos trabalhistas.(85)

O neoliberalismo propugna a massificação. Deseja uma sociedade de consumo, alienada pelos meios de comunicação; fomenta o desejo da aquisição de produtos e de serviços, ainda que fúteis e desnecessários, impondo modismos e padrões sociais "diferenciados", tudo para aumentar o lucro.

Dallegrave Neto pensa nessa linha:

> Vive-se hoje a era do instantâneo e do descartável. Tudo que é fácil, rápido, simples e globalizado é consumido pelo mundo em grande escala. Exemplos reluzentes dessa nova tendência é o império da Disney, McDonald's, Microsoft e MTV. O ritmo que nos é imposto é tão abrupto que não temos tempo para pensar, refletir ou resistir. O modismo e a pseudonecessidade de mudanças nos afetam e nos afligem. Até mesmo nossas relações afetivas estão sendo atingidas por essas regras sutis de precariedade.(86)

Em síntese, deseja uma sociedade consumista, individualista, alienada e estressada. Com isso, aumenta a lucratividade, desarticulando as pessoas, sugando-lhes o tempo necessário para pensar e contextualizar a realidade, tirando-lhes o poder de reivindicação, jogando-as para o trabalho exaustivo e extremamente competitivo e privando-as do convívio familiar e social.(87)

---

(85) COMPARATO, *op. cit.*, p. 698-699.

(86) DALLEGRAVE NETO, José Affonso. *Direito do trabalho contemporâneo*. São Paulo: LTr, 2003. p. 14-15.

(87) Sobre o tema, Stiglitz sintetiza: "A liberalização — a remoção da interferência do governo nos mercados financeiros, nos mercados de capitais e nas barreiras comerciais — tem muitas dimensões. Hoje, até o FMI concorda que pressionou demais a agenda da liberalização — que a liberalização de mercado de capitais e financeiros contribuiu para as crises financeiras globais da década de 90 e pode levar um pequeno país emergente à devastação". STIGLITZ, *op. cit.*, p. 91.

Nas palavras de *Menezes*,

> a modernidade encerra sua fase histórica: vivemos a era daquilo que se denominou pós-modernidade com sua lógica de pós-capitalismo avançado e globalizado. Valores, ideologias, modelos e sistemas econômicos, sociais e jurídicos são questionados, desconstituídos ou simplesmente abandonados. Conceitos como nação e soberania são postos em xeque pelos interesses do capitalismo globalizado e pelo império liderado pelos EUA, que por meio de instrumentos como o Fundo Monetário Internacional (FMI), a Organização Mundial do Comércio (OMC), a Alca e o Banco Mundial, monitoram, impõem (ou tentam impor) modelos, práticas econômicas e comerciais, quando não políticas e jurídicas.(88)

Ora, a flexibilização nada mais faz do que reproduzir e fomentar o quadro social, político, jurídico e ideológico acima esboçado. Suas implicações, em linhas gerais, são justamente o desmonte do Estado, a retirada de direitos, a desarticulação social, o individualismo e o consumismo.

No plano trabalhista, a flexibilização foi forjada para suprimir ou relativizar direitos dos trabalhadores, visando a uma falaciosa diminuição de custos e à retirada do Estado da relação entre capital e trabalho.(89)

Leia-se, a propósito, a lição de *Vecchi*:

> Verifica-se que medidas legislativas de âmbito nacional e internacional caminharam para o lado da flexibilização das relações de trabalho, sobretudo no que tange aos critérios de admissão, pagamento de salário, compensação de jornada e ainda os de alteração, suspensão e rescisão do contrato de trabalho. A flexibilização, tal como é apregoada hoje, é um primeiro passo na trajetória de total desregulamentação do direito do trabalho, fenômeno esse que faz parte do receituário neoliberal que propugna pela diminuição do custo operacional e pela destruição dos direitos sociais. A flexibilização importa na precarização das relações de trabalho, tudo em nome do que convencionou chamar de "modernização" e "competitividade", que mal conseguem esconder os reais intentos da concentração ainda maior de capital.(90)

---

(88) MENEZES, Cláudio Armando Couce de. Novos contornos das relações de trabalho e emprego — direito do trabalho e a nova competência trabalhista estabelecida pela emenda n. 45/2004. *Repertório de Jurisprudência IOB*, São Paulo, v. 2, n. 14, jul. 2005. p. 432.

(89) A respeito disso, colhe-se a lição de Capella: "O reconhecimento em forma de direitos de algumas das aspirações das classes trabalhadoras na sociedade capitalista estabelece uma precariedade básica, fundamental, na garantia das prestações. Durante muito tempo permaneceu invisível. Sem embargo, se porá de manifesto na babélica fase da história que se inicia com a terceira revolução industrial, quando os conteúdos dos *direitos sociais* se convertem em *negociáveis*. Na prática isso supõe que alguns direitos ficam reduzidos a *direitos de papel* — isto é, direitos nominais, ainda que nesta forma sirvam para legitimar o sistema — e outros vêem limitados seu conteúdo a mínimos impessados". CAPELLA, Juan Ramón. *Fruto proibido*: uma aproximação histórico-teórica ao Estudo do Direito e do Estado. Porto Alegre: Livraria do Advogado, 2002. p. 204.

(90) VECCHI, *op. cit.*, 2003. p. 22.

Como se pode perceber, a flexibilização dos direitos trabalhistas, mais do que reproduzir o *status quo*, agrava-o ainda mais, na medida em que acentua o desemprego, o empobrecimento e a exclusão social, promovendo a retirada do Estado da relação de trabalho, deixando o trabalhador desprotegido, à mercê do capital.

Contudo, como bem observa *Souto Maior*, a flexibilização trabalhista implementada, dissentindo daquilo que historicamente apregoou, não veio melhorar a situação do empresariado em geral:

> Voltando ao prisma do reflexo dessa onda na legislação trabalhista, o que se verifica é que esse caminho, que está sendo trilhado entre nós há vários anos, já de mostras de sua falácia. O empobrecimento dos trabalhadores não está favorecendo as empresas, isto pela simples razão de que os trabalhadores são os consumidores que o capital precisa para sobreviver. Mas, é relevante destacar, ainda, que o sistema de flexibilização que tem sido injetado no ordenamento jurídico trabalhista é amplamente injusto também para certos empregadores (as pequenas e médias empresas), favorecendo apenas a conglomerados econômicos e multinacionais. Isto porque, em geral, para que tais técnicas se efetivem é necessária a elaboração de um instrumento normativo e os pequenos não possuem força para pressionar, sozinhos, os sindicatos dos empregados a aceitarem implementar tais técnicas de flexibilização.(91)

Paradoxalmente, ao mesmo tempo em que o neoliberalismo prega a retirada do Estado das relações entre o capital e o trabalho (flexibilização do Direito do Trabalho), o Código de Defesa do Consumidor (CDC), o Estatuto da Criança e do Adolescente (ECA), a Lei de Diretrizes e Bases da Educação Nacional (LDB), o novo Código Civil (CC) e o Estatuto do Idoso (EI) vêm dispondo o inverso, é válido dizer, prevendo a efetiva intervenção do Estado nas relações jurídicas, através da edição de normas jurídicas cogentes e irrenunciáveis e do chamado "dirigismo contratual", tudo como forma de equilibrar juridicamente as partes que, no plano material, são desiguais.

O novo Código Civil, publicado em 2002 e vigente a partir de 2003, como foi visto, consagrou o ideal da solidariedade, preconizado no art. 3º, I, da Constituição,(92) trazendo ao cenário do direito privado a função social do contrato,(93) instituto que reclama algumas digressões, ainda que perfunctórias.

Primeiramente, é mister pontuar, com o auxílio de *Barros*, o que se deve entender por "função social":

> *Função social*, no campo do direito, significa proteger juridicamente os pobres e desamparados através de leis protetivas ou de decisões jurisdicionais que contem-

---

(91) SOUTO MAIOR, Jorge Luiz. Modernidade e direito do trabalho. *Revista do Tribunal Superior do Trabalho*. Brasília, vol. 67, n. 1, p. 153-159, jan./mar. 2001. p. 156.

(92) O art. 3º, inciso I, da Constituição assim dispõe: "Art. 3º Constituem objetivos fundamentais da República Federativa do Brasil: I — constituir uma sociedade livre, justa e *solidária*". (grifou-se)

(93) Art. 421 do CC: "A liberdade de contratar será exercida em razão e nos limites da função social do contrato".

plem este universo. É a busca da igualdade substantiva através do direito diante da constatação da existência de uma desigualdade real. É, em outras palavras, a utilização do direito como elemento político do Estado.[94]

O significado de "função social", como finalidade social, foi introduzida pelo art. 5º da "Lei de Introdução ao Código Civil" (Decreto-lei n. 4.657/42), que preconiza: "na aplicação da lei, o juiz atenderá aos fins sociais a que ela se dirige e às exigências do bem comum".

Não obstante, a função social que primeiro permeou o direito privado foi a da propriedade, precursora da do contrato, ora analisada. É o que corrobora *Reale*, ao asseverar que um dos motivos que determinou a positivação do já citado art. 421 do Código Civil foi a anterior positivação dos incisos XXII e XXIII do art. 5º da Constituição Federal, os quais consagram, no cenário constitucional, a "função social da propriedade".[95]

Martins-Costa, no ponto, realça que:

> Essa norma, posto no art. 421, constitui a projeção do valor constitucional expresso como garantia fundamental dos indivíduos e da coletividade que está no art. 5º, XXIII, da Constituição Federal, uma vez que o contrato tem, entre outras funções, a de instrumentalizar a aquisição da propriedade. Se a esta não é mais reconhecido o caráter absoluto e sagrado, a condição de direito natural e inviolável do indivíduo, correlatamente também inflete sobre o contrato o cometimento — ou reconhecimento — de desempenhar função que traspassa a esfera dos meros interesses individuais, atribuindo-se ao exercício do poder negocial também funções positivas e negativas.[96]

Tal raciocínio vem ratificado por *Fachin*, quando este afirma que "[...] a ideia de interesse social corresponde ao início da distribuição de cargas sociais, ou seja, da previsão de que ao direito subjetivo da apropriação também correspondem deveres".[97]

Com efeito. *Cortiano Junior* bem sintetiza o cenário:

> [...] a ideologia do código civil, ao tratar da família, da propriedade e do contrato, era marcadamente individualista. A superação dessa ideologia se dá a partir do momento em que o mundo deixa de ser um mundo de indivíduos isolados, verdadeiros átomos numa sociedade atomizada, e passa a ser pautado pela solidariedade, e pela ideia de proteção plena à pessoa humana. O direito civil descodificado e constitucionalizado é pautado por outros valores: o *ser* passa a valer mais que o *ter*. A dignidade da pessoa humana, fundamento da República, passa a ser o valor fundante de todo o sistema jurídico.[98]

---

(94) BARROS, Wellington Pacheco. *Contratos*: estudos sobre a moderna teoria geral. Porto Alegre: Livraria do Advogado, 2004. p. 36.

(95) REALE, *op. cit.*, 2007. p. 1.

(96) MARTINS-COSTA, Judith. *Diretrizes teóricas do novo Código Civil*. São Paulo: Saraiva, 2002. p. 157.

(97) FACHIN, Luiz Edson. *Teoria crítica do direito civil*. Rio de Janeiro: Renovar, 2003. p. 289.

(98) CORTIANO JUNIOR, Eroulths; DALLEGRAVE NETO, José Affonso (orgs.). *O impacto do novo Código Civil no direito do trabalho*. São Paulo: LTr, 2003. p. 13-14.

Em última análise, o fundamento de existência da função social do contrato é a promoção de uma sociedade solidária e a proteção da dignidade da pessoa humana, consubstanciando-se em mais um instrumento que intenta proporcionar justiça ao caso concreto. Isso se aperfeiçoa, na prática, porque o pressuposto da função social do contrato atua como condicionante da liberdade contratual.[99]

Sublinha-se, em tempo, ter sido justamente no Direito do Trabalho que a concepção da função social do contrato surgiu,[100] intervindo o Estado na relação entre o capital e o trabalho[101] para editar normas cogentes e irrenunciáveis, visando proteger a dignidade da pessoa de trabalhador contra a força do poder econômico.

Entretanto, essa função social do contrato de trabalho não pode ficar restrita ao âmbito do intervencionismo estatal, sendo imperioso que abarque, também, o relacionamento direto empregado-empregador.

Tal função, entretanto, também não deve se revelar apenas no plano individual, mas englobar os instrumentos que defluem da negociação coletiva. Com efeito, é por meio deste processo dialético de negociação que empregados e empregadores — em tese — discutem, analisam e acabam por criar as normas jurídicas e as condições de trabalho que nortearão suas relações no curso da avença, exercendo democraticamente a função social do contrato.

Nesse estado de coisas é que fatos econômicos e sociais supervenientes, que venham a romper o equilíbrio contratual, provocando onerosidade excessiva a uma das partes, por exemplo, poderão suscitar uma nova rodada de negociações, para que o equilíbrio seja recomposto e a paz social seja preservada, evitando greves desnecessárias e o esvaimento da riqueza da produção.

Assim, pode-se afirmar que, se em alguma seara do Direito o conceito de função social do contrato pode ter alguma aplicação prática, é precisamente no Direito do Trabalho.

---

(99) Segundo Silva. "A função social do contrato, por sua vez, é uma forma de concretização do objetivo constitucional da solidariedade social. Ela acaba por reconhecer a inserção do contrato no mundo econômico, percebendo seu valor para além da intenção volitiva das partes envolvidas, bem como minorando alguns efeitos da autonomia Nesta linha de raciocínio, os terceiros devem cooperar para o bom andamento da relações contratuais, seja abstendo-se de feri-las, seja assumindo obrigações originalmente fixadas *inter alios*. Com isto estarão sendo solidários com o projeto social do contrato e com o objetivo constitucional". SILVA, Luis Renato Ferreira da. A função social do contrato no novo código civil e sua conexão com a solidariedade social. In: SARLET, Ingo Wolfgang (org.). *O novo Código Civil e a Constituição*. Porto Alegre: Livraria do Advogado, 2003. p. 148-149.

(100) Nessa linha é a lição de Barros: "é possível retroagir-se na história para se sustentar que a sedimentação do princípio da função social do contratos teve origem como um efeito perverso produzido pela revolução industrial na Europa a partir de meados do século XIX, que levou milhares de pessoas ao desemprego ou ao subemprego. A rescisão imotivada nos contratos ou a submissão aviltada do trabalhador ao patrão gerou, no campo dos contratos, o pensamento de que inexistia, em verdade, autonomia de vontade para o trabalhador já que, tendo como único patrimônio o trabalho, não podia opor, em igualdade de condições, manifestação livre ao patrão detentor do capital e, portanto, de uma vontade bem superior. Entre nós, embora de forma não expressa e tendo como marco político o governo ditatorial de Getúlio Vargas, é possível estabelecer-se nesse período o ponto de introdução no direito positivo brasileiro do princípio da função social dos contratos, especificamente nos contratos de trabalho, estendido, tempos depois, para os contratos agrários, de locação, de consumo, de consórcio, de saúde, entre outros". BARROS, *op. cit.*, p. 36-37.

(101) *Vide*, por exemplo, o disposto no art. 444 da CLT, já citado em nota de rodapé (nota n. 49 do Cap. 2).

Este ramo do Direito aparece como o ramo jurídico em cujo âmago a função social do contrato de emprego deve alcançar o mais alto desenvolvimento, porquanto, nele, a proteção da parte economicamente mais fraca encontra sua mais ampla dimensão, seja por sua especial importância — em face do caráter infungível e contínuo dessa relação —, seja porque seu objeto reclama, como já se viu, uma garantia jurídica especial.

Desta forma, a função social do contrato levará os contratantes a abrandar a ganância pelo lucro sempre crescente, visualizando o contrato como veículo de justiça social, de dignidade, de solidariedade e de sociabilidade humana. Portanto, o contrato atingirá sua função social quando a obrigação de não lesar outrem estiver definitivamente incrustada no subconsciente coletivo.

Ora, como se percebe, a proteção do hipossuficiente no CDC, no ECA, na LDB, no EI e no CC demonstra que o sistema jurídico vem criando instrumental para a proteção da dignidade da pessoa humana.

Mas, então, por que a ideologia neoliberal está promovendo o desmonte do Direito do Trabalho, justamente o Direito que, por primeiro, promoveu a função social do contrato e a proteção do hipossuficiente? Por se tratar, acredita-se, de um Direito de resistência, o qual, historicamente, impôs limites ao capital, defendendo o trabalhador como sujeito de direitos e não como mero fator de produção.

A proteção do trabalhador impõe limites à lucratividade máxima, contrariando interesses dos grandes grupos econômicos nacionais e internacionais, razão pela qual a ideologia neoliberal prega a remoção da "barreira" do Direito do Trabalho, a qualquer custo, olvidando que por trás do trabalho há o "homem" que trabalha e que, por isso mesmo, deve ter sua dignidade afirmada, sob pena de subverter-se por completo a ordem do sistema jurídico-político, colocando o homem a serviço do capital, e não o contrário.

Nas palavras de *Barbagelata*:

> A mayor abundamiento, hay que recordar que no solo la protección del trabajo, el trabajador y sus organizaciones es el resultado del avance de la civilización hacia la dignificación de la vida humana, sino que además está salvaguardada por las normas de más alta jerarquía, que no pueden ser desnaturalizadas sin poner en crisis toto el sistema jurídico y comprometer seriamente la paz social.[102]

É importante mencionar, já se encaminhando para a finalização deste capítulo, no âmbito dessa zona de parco equilíbrio capital-trabalho, uma vertente híbrida da flexibilização que vem surgindo em alguns países da Europa. Reporta-se ao que se convencionou chamar de "flexissegurança", tida como um meio-termo entre a flexibilidade pura dos ingleses e a dos americanos. Os exemplos que brotam do Velho Continente, dignos de nota, são três: o espanhol, o holandês e o dinamarquês.

(102) Tradução livre: "Com mais abundância, há que se recordar que não só a proteção do trabalho, mas o trabalhador e suas organizações são o resultado do avanço da civilização para a dignificação da vida humana, esta salvaguardada por normas da mais alta hierarquia, que não podem ser desnaturalizadas sem pôr em crise todo o sistema jurídico e comprometer a paz social". BARBAGELATA, *op. cit.*, p. 118.

Quanto ao primeiro, que teve origem no "pacto confederal espanhol" de 1997, descreve *Pedreira*:

> O acordo de 1997 prevê na verdade uma ampliação das causas da dispensa por motivo econômico, reduzindo pois o custo da dispensa (o empregador deve pagar ao assalariado 20 dias por ano por antiguidade em vez de 45, sabendo que a contratação de pessoas de menos de 30 anos ou de desempregados de muito tempo reduz a indenização de dispensa para 33 dias por ano de antiguidade em vez de 45 dias). O acordo prevê também um enquadramento do trabalho temporário: o recurso para a criação de empresas ou lançamento de atividades foi suprimido; as partes signatárias se comprometem a fazer para moralizar este recurso. Alguns meses depois, uma nova regulamentação foi adotada, que visa garantir aos trabalhadores temporários um salário equivalente àquele praticado na empresa cliente (para um posto equivalente). [...] Pois a partir de 1997 a Espanha conheceu uma volta do crescimento como o conjunto da União Européia e de criações muito intensas de empregos — a taxa de desemprego baixando de 10,6% em 1997 para 13% em 2001 (*sic*).(103)

Mais adiante, em 1998, a Holanda daria vazão ao modelo que preconiza a coexistência de proteção e flexibilização, através da "lei de flexibilização e segurança". Em face dela, por exemplo, os contratos temporários, em certas hipóteses, são requalificados, automaticamente, em empregos permanentes. Repousa tal tratamento no reforço dos direitos dos assalariados que laboram mediante o cunho mais protetivo da lei holandesa. Sobre tal, assinala o já citado *Pedreira*:

> Esta disposição, que os holandeses chamam "presunção de contrato legal de trabalho", e que obriga o empregador a remunerar o assalariado concernido ainda que não tenha trabalho a lhe prestar, aplica-se também aos trabalhadores temporários. Quando a seqüência de missões atinge 26 semanas (pela lei, mas uma convenção coletiva elevou esse prazo a um ano), o assalariado temporário não mais está numa relação pontual de trabalho e entra na fase chamada II de sua relação contratual com a empresa de trabalho temporário (ETT). As duas partes podem ainda pôr fim livremente a qualquer momento à relação mas a ETT deve propor formações e o trabalhador temporário pode ter direito a pontos de aposentadoria.(104)

Não obstante, é da Dinamarca que surge o modelo de flexissegurança mais bem sucedido, calcado sobre o chamado "triângulo de ouro", a saber: (1) mercado de trabalho flexível, (2) políticas ativas de mercado de trabalho e (3) sistema indenizatório generoso. Para se ter uma ideia, as indenizações de seguro-desemprego correspondem a 90% da renda anterior, a contar do primeiro dia de desemprego e por uma duração máxima de quatro anos, inclusive durante os períodos de ativação. "Este sistema — como já foi

---

(103) PEDREIRA, Pinho. Um novo modelo social: a flexissegurança. *Revista LTr*. São Paulo, v. 69, n. 6, p. 645/647, jun. 2005. p. 646.

(104) *Idem*, p. 645.

assinalado — torna mais fácil para o empregador o ato de despedir e toma em melhor consideração o empregado, que se beneficia de uma formação e recebe indenizações de desemprego elevadas."[105]

No entanto, parecem ser as determinações de ordem educacional e de profissionalização as que mais influenciaram no sucesso do modelo escandinavo:

> A reforma do mercado de trabalho, introduzida em 1994, instaurou a obrigação de participar de programas de ativação para os desempregados adultos sem emprego por mais de doze meses e para os jovens de menos de 25 anos depois de seis meses de desemprego. Após o período chamado passivo, durante o qual o desempregado só faz receber indenizações de desemprego, inicia-se, por conseguinte, um período de ativação cuja duração máxima é de três anos e que pode compreender: formações profissionais privada e pública, uma formação para a procura de emprego e formações específicas enquadradas pelos serviços públicos de emprego. Se após o período de ativação em tempo integral a pessoa não achou emprego, ela perde seus direitos às indenizações de desemprego mas pode ainda se beneficiar de um auxílio social submetido a condições de recurso.[106]

A flexissegurança, em síntese, é um novo modelo social, que busca diminuir os pontos de tensão entre a flexibilização e o cunho protecionista do Direito do Trabalho. Em última análise, mormente, objetiva harmonizar a flexibilização com o princípio da proteção.

Seja como for, é preciso deixar afirmado que tal sistemática é possível, sim, em países pequenos e sem grandes diferenças sociais, como a Dinamarca — onde as desigualdades sociais e a pobreza são praticamente inexistentes. Aliás, é consenso que as baixas taxas de desigualdade social e de pobreza consubstanciam premissas autorizadoras desse molde.

Todavia, como se viu linhas atrás, este, com efeito, não é o caso do Brasil. Aqui, afora as dimensões territoriais serem imensas, há um gigantesco descompasso social, fruto de uma exclusão violenta da grande maioria da população e da perpetuação de um *status quo* manipulador, exercido por um reduzidíssimo grupo de pessoas que detém o poder econômico.

Encerrando este tópico — e ainda que no capítulo vindouro tais considerações sejam retomadas —, antes de se cogitar de um modelo que mescle proteção com flexibilidade, o que enseja um estágio mais avançado de consciência por parte de todos —, é necessário defender e garantir os direitos mínimos dos trabalhadores, consubstanciados nos princípios do Direito do Trabalho, já estudados no capítulo anterior, sob pena de, logo, não haver mais o que mesclar.

Afora, pois, o óbice representado pelos princípios trabalhistas, é preciso considerar que qualquer proposta de precarização de direitos insculpidos nos incisos do art. 7º da

---

(105) *Idem*, p. 646.

(106) *Idem*, p. 647.

Constituição, a teor do que prescreve o inciso IV do § 4º do art. 60 da mesma Carta, não pode ser objeto, sequer, de deliberação perante o Congresso Nacional (consideradas "cláusulas pétreas").(107)

Ainda assim, observa-se que o discurso daqueles que preconizam a retirada do Estado do intervencionismo da relação de emprego vem ganhando coro e espaço.

> O Direito do Trabalho na "modernidade", portanto, deve ter revitalizada a sua função primordial que é a de humanizar o capital e ser, efetivamente, rígido neste sentido, não fazendo concessões, pois a ética e a dignidade da pessoa humana não podem comportar transações. Além do mais, é bom ressaltar, não foi o Direito do Trabalho que provocou a crise econômica, e, conseqüentemente, não é a diminuição dos direitos dos trabalhadores que vai provocar a recuperação da economia.(108)

Desta forma, mais do que se falar em retirada, deve o Direito do Trabalho se submeter a uma evolução necessária, porquanto é ramo de uma ciência dinâmica, que sofre o impacto dos fatos sociais diuturnamente. Antes, pois, de extingui-lo, é mister redimensioná-lo ao novo, sem, contudo, perder de vista seus postulados fundantes, que devem ser reafirmados com ações concretas, pois foram concebidos no âmbito da proteção à dignidade do trabalhador.

Tudo o que foi dito até aqui tem por objetivo conscientizar, ou seja, "abrir os olhos" para este panorama que, antes de sinistro, é real.

No capítulo seguinte, que fecha este estudo, serão abordadas as chamadas "ações afirmativas da dignidade da pessoa humana", voltadas a estabelecer um movimento de resistência aos efeitos precarizantes da flexibilização do Direito do Trabalho, tese inédita e que constitui a contribuição desta pesquisa para a Ciência do Direito.

---

(107) A propósito, colaciona-se o inciso I do Enunciado n. 9, aprovado pela 1ª Jornada de Direito Material e Processual na Justiça do Trabalho, promovida pelo Tribunal Superior do Trabalho — TST, Escola Nacional de Magistrados do Trabalho — ENAMAT, Associação Nacional dos Magistrados da Justiça do Trabalho — ANAMATRA e Conselho de Escolas de Magistratura Trabalhista — CONEMATRA, ocorrida nos dias 21, 22 e 23 de novembro de 2007, disponível em <www.anamatra.org.br>. Acesso em: 6.2.08: "FLEXIBILIZAÇÃO: I — FLEXIBILIZAÇÃO DOS DIREITOS SOCIAIS. Impossibilidade de desregulamentação dos direitos sociais fundamentais, por se tratar de normas contidas na cláusula de intangibilidade prevista no art. 60, § 4º, inc. IV, da Constituição da República; II — [...]".

(108) SOUTO MAIOR, *op. cit.*, p. 157-158.

Capítulo IV

Ações Afirmativas da Dignidade da Pessoa Humana como Forma de Resistência

Recapitulando, a dignidade da pessoa humana, tratada no primeiro capítulo, constitui a teoria de base deste estudo, através da qual se pretende extrair elementos teórico-práticos para enfrentar a problemática da flexibilização precarizante dos direitos trabalhistas.

Para entender o fenômeno da flexibilização e suas implicações, estudou-se, no segundo capítulo, por imposição lógica antecedente, os princípios do Direito do Trabalho, posto que a flexibilização, tratada no terceiro capítulo, em última análise, opera seus efeitos deletérios justamente sob os aludidos princípios, gerando, com isso, efeitos nocivos ao trabalhador, como se pôde demonstrar ao longo da presente tese.

Agora, tendo presente essa problemática e os referenciais teóricos que sobre ela gravitam, é possível, então, adentrar o ponto culminante desta pesquisa, que é justamente o arremate da tese que se pretende defender, consistente na utilização de ações afirmativas da dignidade da pessoa humana como forma de opor resistência à flexibilização dos direitos trabalhistas.

4.1 A dignidade da pessoa humana como fundamento material e instrumental de resistência à flexibilização precarizante dos direitos trabalhistas

A Constituição brasileira determina, de forma muito clara, que o poder econômico deve *valorizar o trabalho humano*; e seu objetivo precípuo é *assegurar a todos existência digna* conforme *os ditames da justiça social.*[1]

(1) O art. 170 da CF assim dispõe: "A ordem econômica, fundada na valorização do trabalho humano e na livre iniciativa, tem por fim assegurar a todos existência digna, conforme os ditames da justiça social, observados os seguintes princípios:".

Por tal razão, não é difícil constatar que o capital (ou o poder econômico) é o *meio* para assegurar e promover a dignidade do ser humano, sendo ilegítimo e inconstitucional qualquer raciocínio que pretenda inverter esta ordem, ou seja, colocar o homem como *meio, como um mero fator de produção,* para fomentar o capital, sem dele participar ou se beneficiar.

Dessa lógica decorre que a dignidade da pessoa humana, já minudentemente tratada nos dois primeiros capítulos da presente pesquisa, constitui o fundamento material e instrumental para desencadear ações legítimas de resistência(2) contra a flexibilização nociva de direitos trabalhistas.

Com efeito, como se terá oportunidade de demonstrar, a afirmação dos direitos trabalhistas, cujo fundamento filosófico está calcado nos princípios juslaborais estudados no capítulo segundo desta investigação, constitui a forma mais adequada e eficaz de distribuição de riquezas e de benefícios, oriundos do capital, para a generalidade dos homens.(3)

E é justamente a afirmação da dignidade da pessoa humana, que fundamenta os direitos trabalhistas, que proporcionará a tão almejada justiça social em nosso país, diminuindo a absurda e inaceitável desigualdade social e regional que exclui a grande massa dos cidadãos brasileiros do acesso aos meios básicos de vida digna, como o trabalho, a educação e a saúde.

Então, por meio de ações de resistência,(4) legitimadas por aquilo que aqui se denominam *ações afirmativas da dignidade da pessoa humana*, é que o povo poderá afastar os efeitos deletérios da onda flexibilizante gerada pelo neoliberalismo econômico, que solapa ou precariza direitos trabalhistas conquistados pelos cidadãos ao longo da história. Essas ações afimativas visam à justiça social prometida pela Constituição, colocando o homem, e não o capital, no centro do sistema. É esta a tese que se pretende defender com ineditismo nesta pesquisa.

Por "ações afirmativas da dignidade da pessoa humana" deseja-se designar ações que "afirmem", ou seja, que tornem firme e eficaz o princípio constitucional da dignidade da pessoa humana.

---

(2) Bobbio, sustenta que "não há dúvida de que o velho problema da resistência à opressão voltou a se tornar atual graças à imprevista e geral explosão do movimento de contestação". Segundo o citado autor, contestação e resistência são conceitos distintos, já que "o contrário da resistência é a obediência, o contrário da contestação é a aceitação". Mais especificamente quanto à resistência, esclarece que "enquanto contrária à obediência, a resistência compreende todo o comportamento de ruptura contra a ordem constituída, que ponha em crise o sistema, pelo simples fato de produzir-se [...]". Todavia, o autor em questão pondera que "na prática, a distinção não é assim tão nítida: numa situação concreta, é difícil estabelecer onde termina a contestação e onde começa a resistência". BOBBIO, *op. cit.,* 2004. p. 152-153.

(3) De acordo com Delgado: "Enfatiza-se: se, na origem do Direito do Trabalho, o arsenal de princípios básicos era tido como eixo de orientação do ramo justrabalhista, a compreensão do Direito do Trabalho contemporâneo também deve perpassar os princípios cardeais. Inclusive, a moderna doutrina constitucional garante aos princípios caráter vinculante, com função normativa própria, o que somente ratifica sua importância no contexto da interpretação, aplicação e integração das normas jurídicas". DELGADO, *op. cit.,* 2003. p. 190.

(4) De acordo com Bobbio, Matteucci e Pasquino: "Como indica, do ponto de vista lexical, o próprio termo, trata-se mais de uma reação que de ação, de uma defesa que de uma ofensiva, de uma oposição que de uma revolução". BOBBIO, MATTEUCCI; PASQUINO, *op. cit.,* 2007. p. 1.114.

Tal ideia liga-se ao fato de que o princípio em tela tem figurado na Constituição brasileira mais como um apelo humanitário, sem aplicabilidade concreta. Daí por que as ações no sentido de reconhecer a sua força normativa e transformadora serem designadas, nesta pesquisa, como "afirmativas".

Cumpre deixar claro que a ideia de "ações afirmativas" que ora é empregada neste estudo não se confunde com a noção estrita, definida na doutrina, de "discriminação positiva",(5) de inclusão social de minorias discriminadas.

Na verdade, a noção de ações afirmativas que ora se adota tem pretensão mais ampla, já que se trata de afirmar o princípio constitucional da dignidade da pessoa humana e, pela via reflexa, proteger a generalidade dos trabalhadores (aí também incluídos segmentos de trabalhadores ainda mais vulneráveis e discriminados, como mulheres, envelhescentes e portadores de necessidades especiais) contra os efeitos precarizantes da flexibilização dos direitos trabalhistas.

Neste sentido, as ações afirmativas, no sentido da discriminação positiva (inclusão de minorias discriminadas mediante políticas públicas governamentais(6)), são apenas uma das facetas das "ações afirmativas da dignidade da pessoa humana" que ora se pretende defender, sendo esta última noção mais ampla e abrangente do que aquela primeira.

Tais ações, além de imprimirem força normativa ao princípio em foco, visam a preservar o conteúdo mínimo de proteção das normas trabalhistas, tais como originalmente concebidas, e, também, envolver, na sua prática efetiva, o Estado, a sociedade civil e os particulares, pois todos esses são responsáveis pela proteção e pela promoção da dignidade da pessoa humana.

Com efeito, o Estado, através de políticas públicas e da jurisdição, assim como a sociedade civil e os particulares, nas mais diversas formas de organização e de mobilização, devem reconhecer a força normativa do princípio constitucional da dignidade da pessoa humana, colocando-o em prática.(7)

É uma ideia nova, uma concepção positiva e transformadora, que pretende resgatar e afirmar a dignidade do homem e o seu verdadeiro lugar no processo civilizatório,

---

(5) A doutrina conhece duas formas de discriminação: a) a negativa, que diz respeito à discriminação ilícita, proibida por lei, *v.g.*, por motivo de sexo, idade e cor; b) positiva, que é considerada lícita, e tem por escopo criar uma desigualdade, via de regra temporária, visando igualar, juridicamente, pessoas que, materialmente, são desiguais. Essa desigualdade criada pode ser uma ação de inclusão ou um tratamento compensatório. Como acentua Cruz, a discriminiação positiva, ou as ações afirmativas, são atos de discriminação lícitos e necessários para o aperfeiçoamento da sociedade. Não são "esmolas" ou "clientelismos", mas elemento essencial à conformação do Estado Democrático de Direito, sendo exigência em Estados desenvolvidos, como os EUA, e em desenvolvimento, como o Brasil. CRUZ, *op. cit.*, p. 185-186.

(6) A título de exemplo, *vide* as ações da Secretaria Especial de Políticas Públicas para Mulheres — SPM, nos sítios <www.presidencia.gov.br/estrutura_presidencia/sepm/>. Acesso em: 13.2.08, bem como da Secretaria Especial de Políticas Públicas de Promoção de Igualdade Racial — SEPPIR <www.presidencia.gov.br/estrutura/seppir/>. Acesso em: 13.2.08.

(7) A respeito, Gomes assevera: "Não se pode mais reservar só ao Estado a responsabilidade pela solução dos problemas sociais. É mister que se desenvolvam a participação cidadã e o caráter institucional da empresa como *comunidade* capaz de realizar plenamente sua destinação econômica de um modo bem mais humano e solidário". GOMES, *op. cit.*, p. 232.

libertando-o e emancipando-o de sua condição de meio para os desígnios do capital, invertendo essa lógica hoje corrente, para fazer justamente o contrário: colocar o capital como meio para atingir os desígnios do homem e de sua dignidade.

Nessa esteira, o presente estudo pretende, ainda que humildemente, aceitar o desafio de *Coelho*, lançado nos seguintes termos:

> É um campo inexplorado, aguardando que inteligências jovens o descubram e realizem a revolução há muito aguardada no campo do direito. Nessa tarefa cabe aos juristas importantíssimo papel, pois a manutenção do monopólio dos tecnocratas poderá fazer com que a falta de perspectiva humanística, o desconhecimento dos princípios gerais em que o direito se apóia e a exclusiva subordinação a metas de natureza econômica — como se a riqueza a qualquer custo fosse a única opção válida — conduzam ao esquecimento progressivo da dignidade da pessoa humana.[8]

Para tanto, há de se dar força normativa e eficácia ao princípio da dignidade da pessoa humana, tanto na sua dimensão defensiva — objetivando proteger o trabalhador na sua esfera individual de personalidade —, como na sua dimensão prestacional, visando a alcançar os meios necessários para que o trabalhador viva dignamente.

Nesse sentido, bem acentua *Delgado*: "Ora, a concepção contemporânea de dignidade humana envolve, sem dúvida, a dimensão social do indivíduo, uma vez que é inviável supor-se a presença do respeito à dignidade de um ser humano radicalmente excluído de qualquer inserção socioeconômica da sociedade".[9]

Todavia, não basta apontar as mazelas e deixá-las como estão. É necessário apresentar soluções e agir. É de fundamental importância resistir a esse modelo pernicioso aos interesses do homem e da sociedade, que prestigia a concentração de capital na mão de uns poucos, em detrimento de um imenso contingente de excluídos e despossuídos. Como fazer? Entende-se ser possível três linhas de ações afirmativas conjuntas, a serem tomadas nos campos político, jurídico e social.

Nos tópicos que seguem serão estabelecidas as linhas gerais de tais ações, que nem de longe são exaustivas, mas meramente exemplificativas, contudo, suficientes para demonstrar que é possível não só resistir aos efeitos nocivos da flexibilização dos direitos trabalhistas, mas também promover novos direitos, visando melhorar a condição social dos trabalhadores.

4.2 O papel do Estado na afirmação da dignidade da pessoa humana: políticas públicas e jurisdição

No terceiro capítulo desta pesquisa evidenciaram-se os efeitos nocivos que a flexibilização dos direitos trabalhistas imprime ao trabalhador, reduzindo ou, até mesmo, suprimindo seu patrimônio jurídico e social, bem como empurrando-o para a informalidade e para a miséria. Essa situação acentua ainda mais a chaga da desigualdade social, empobrecendo a sociedade e o país, para satisfazer a opulência de alguns poucos.

---

(8) COELHO, *op. cit.*, p. 166.

(9) DELGADO, *op. cit.*, 2003. p. 91.

Esse processo deletério e deprimente não pode seguir sem limites. Impõem-se ações de resistência, principalmente do Estado, a quem compete garantir e proporcionar dignidade humana aos seus cidadãos, através da justa distribuição de direitos e de riquezas, implantando uma agenda positiva de ações concretas e efetivas com esse norte, como forma de cumprir o seu fim precípuo: a garantia do bem comum e da paz social.

Somente trilhando esse caminho é que o Estado cumprirá o desiderato para o qual foi criado; do contrário, figurará como ente decorativo e simbólico, bem ao sabor da ideologia neoliberal. Ideologia esta que quer justamente isto: seguir livre no afã de acumular o capital, cada vez mais, na mão de alguns poucos, em detrimento da esmagadora maioria da população brasileira que, em que pese moverem as engrenagens do capitalismo, não usufruem das riquezas daí oriundas, vivendo à margem, excluídos por essa lógica perversa e reduzidos a condições indignas de vida.

Sobre esta problemática, *Pochmann* observa:

> Nesse sentido, o neoliberalismo constitui um projeto de modernização conservadora que se tornou incompatível com a perspectiva humanitária e de redução das diferenças na sociedade. A sua negação pelos mais distintos atores sociais deve vir acompanhada de um projeto alternativo, construído por meio da reação abrangente e organizada dos fracos e mais penalizados pelas conseqüências inquestionáveis do neoliberalismo. Para isto, há necessidade de construção de novo projeto de sociedade, que se destaque por centralizar na agenda dos principais atores sociais o enfrentamento dos amplos problemas do conjunto da sociedade em questão de ordem política e de razão de solidariedade.[10]

Para reverter esse quadro nefasto, o Estado tem de intervir na relação entre o capital e o trabalho, afirmando a base principiológica do Direito do Trabalho — abordada no capítulo segundo deste estudo —, tendo em vista que se trata de diretivas absolutamente atuais e eficazes para garantir a justa distribuição de riqueza no país: inclusão de mais trabalhadores na formalidade do emprego, gerando renda a estes e impostos ao Estado, e impulsionando a economia para uma espiral positiva de crescimento; incremento do consumo interno, proporcionado pelos salários pagos aos trabalhadores que, em última análise, são também consumidores; e garantindo as obras de infraestrutura tão desejadas pelos empresários como forma de crescimento, o que só é possível com o incremento dos impostos.

É válido salientar que as políticas públicas que visam o incremento de empregos formais são, numa visão macroeconômica, as melhores e mais efetivas ações afirmativas da dignidade da pessoa humana. Graças a elas, passam para a formalidade e conquistam os meios do bem-estar social (saúde, previdência, FGTS para moradia, por exemplo) uma grande massa de trabalhadores até então excluídos e marginalizados, proporcionando-lhes dignidade pelo trabalho,[11] viabilizando que eles mesmos busquem os bens do mundo da vida, com suas próprias forças, sem assistencialismos.

---

(10) POCHMANN, Marcio. *Relações de trabalho e padrões de organização sindical no Brasil*. São Paulo: LTr, 2003. p. 14.

(11) Como bem aponta Delgado: "[...] a Constituição de 1988 entrelaçou as noções de *dignidade* e de *trabalho*, fixando neste um marco para a afirmação social daquela". DELGADO, *op. cit.*, 2003. p. 91.

Adiante, passar-se-á ao estudo da ação concreta do Estado, por meio de políticas públicas.

4.2.1 *Políticas públicas*

O discurso neoliberal, que propugna pela flexibilização dos direitos trabalhistas, prega o contrário, aduzindo que o contrato de emprego é um modelo ultrapassado, engessado, pesado e oneroso, gerando custos para as empresas e impedindo o crescimento do país e sua inserção no mercado internacional competitivo.

Todavia, estudos recentes rechaçam tal discurso, demonstrando uma realidade oposta, provando que as políticas públicas de inclusão do trabalhador no regime do contrato de emprego, com a manutenção dos direitos trabalhistas tal e como previstos na Consolidação das Leis do Trabalho, constituem a forma mais efetiva para se obter uma melhor distribuição de riqueza e para construir uma economia mais sólida, sem perda de competitividade interna ou externa.

Nessa linha, *Delgado* constata:

> A afirmação do *valor-trabalho* nas principais economias capitalistas ocidentais desenvolvidas despontou com um dos mais notáveis marcos de estruturação da democracia social no mundo contemporâneo. Por meio dessa afirmação, o sistema capitalista, essencialmente desigual, passou a incorporar as grandes massas populacionais à sua dinâmica operativa, segundo um padrão relativamente racional de desenvolvimento econômico e distribuição de riquezas.(12)

Efetivamente, as economias ocidentais mais desenvolvidas do mundo, tais como a da Dinamarca, da Suíça e da Alemanha, ao contrário de relativizar ou suprimir direitos sociais, entre os quais os trabalhistas, os afirmam cada vez mais, através de leis, jurisprudência e políticas públicas, sem que, com isso, tais países percam em competitividade e em riquezas.

Ao contrário, tais países apresentam baixos índices de desigualdade social, proporcionando aos seus cidadãos um maior índice de bem-estar social, pela afirmação do *valor-trabalho*.

Nesse sentido, *Delgado*, por meio de um comparativo do valor do salário, dos encargos sociais e custos totais despendidos com a contratação do trabalho entre países ocidentais mais desenvolvidos (*v.g.*, Dinamarca, Alemanha, Noruega e Suíça), constata que:

> O elevado nível dos salários e do próprio custo total do trabalho não se constitui, como se percebe, em obstáculo ao desenvolvimento de tais países — ao contrário do que propaga certo tipo de discurso dominante. Ao invés, a densidade e o vigor dessas economias e sociedades muito devem à consistente retribuição que tendem a deferir ao valor-trabalho dentro de suas fronteiras.(13)

---

(12) DELGADO, *op. cit.*, 2006. p. 121.

(13) DELGADO, *op. cit.*, 2006. p. 124-125.

A afirmação do trabalho, principalmente do trabalho formal, constitui, pois, elemento fundamental para a inclusão social e a melhor distribuição de renda. Em outras palavras, as políticas públicas de emprego e a regulação do trabalho formal, papéis esses afetos ao Estado, são necessárias não só para afirmar a dignidade da pessoa humana, mas também para assegurar o desenvolvimento firme e consistente da economia do país, numa espiral positiva e crescente, redundando em benefícios para todos os envolvidos: trabalhadores, empresas e Estado.

> Deve caber ao Estado a sistematização de normas gerais de ordenamento das relações de trabalho, cujo papel determinante concentra-se na fiscalização do seu cumprimento. A permanência do direito público como fundamentação das relações capital-trabalho, bem como para incorporação de outras formas de trabalho não subordinadas de ocupações (autônoma, cooperativada e coletivos de trabalhadores) e em setores de baixa cobertura negocial, é imperativo da busca de uma sociedade menos desigual.[14]

A atuação efetiva do Estado na promoção de um marco regulatório positivo que inclua os trabalhadores no mercado formal e que impeça a flexibilização inconsequente das normas trabalhistas, na mesma linha do entendimento de *Delgado*, é defendida por *Pochmann*:

> As formas de organização e regulação do trabalho encontram-se associadas a padrões de desenvolvimento econômico, que juntos influenciam a dinâmica do mercado de trabalho. Entre vários fatores, as instituições e o marco regulador do mercado de trabalho mostraram ser essenciais para evitar a generalização das tendências deletérias que decorrem do livre funcionamento das economias de mercado, tais como o desemprego em larga escala, o rebaixamento constante de salários e a desorganização dos trabalhadores.[15]

Neste sentido, a afirmação dos direitos trabalhistas, que são calcados na dignidade da pessoa humana, constitui uma forma de resistir aos efeitos precarizantes da flexibilização, constituindo um contraponto necessário e urgente, como meio de resgatar a centralidade do homem nesse sistema econômico perverso, que privilegia o capital em detrimento do trabalho, transgredindo frontalmente a Constituição do nosso país, que reza justamente o contrário.[16]

A propósito, *Delgado* observa com serenidade:

> É por isso que as propostas de desregulamentação e de flexibilização trabalhistas, fenômenos típicos do Estado Poiético, com vistas a atender às exigências de merca-

(14) POCHMANN, *op. cit.*, p. 167.

(15) *Idem*, p. 31.

(16) De fato, o art. 170 da Constituição, que inaugura o título "Da ordem econômica e financeira", diz que o capital tem por fim assegurar a todos "existência digna", conforme os "ditames da justiça social". Vale dizer, o capital está a serviço do homem, e não o contrário.

do, além de romperem com a diretriz protetiva do Direito do Trabalho, também fragilizam o sentido da dignidade que deve ser inerente a qualquer tipo de prestação de serviços, eis que é valor nuclear para a humanidade. [...] *O objetivo, portanto, é o de centralizar o homem em seu valor superior, que é a sua própria condição humana.* E é claro que o Direito do Trabalho deve desconsiderar as distorções do caráter instrumental alçado ao trabalhador, principalmente nas últimas décadas do século XX e no início do XXI, para reconhecê-lo, em essência, como fim em si mesmo.[17]

Diante disso, compete ao Estado dar força normativa à Constituição implementando ações concretas que incentivem a contratação formal dos trabalhadores, retirando-lhes do desemprego ou do subemprego. Paralelamente, deve estancar a flexibilização que precariza direitos trabalhistas, que diminui ou retira vantagens arduamente conquistadas pela massa trabalhadora sem nada dar em troca, posto que isso implica negar a dignidade da pessoa humana e a justiça social, empobrecendo a população e enfraquecendo a economia do país.

Sobre o caráter constitucional da proteção do trabalhador e sobre os necessários limites à flexibilização, *Barbagelata* leciona:

> El critério de la protección del trabajo consta, en efecto, en forma expressa, o está implícito, en muchos textos constitucionales. A su vez, está solemnemente consagrado en el preâmbulo original de la Constitución de la O.I.T. y en la Declaración de Filadélfia que lo complementa. Asimismo, el derecho "a condiciones eqüitativas y satisfactorias de trabajo" y a "la satisfacción de los derechos econômicos, sociales y culturales" está consagrado por la Declaración Universal de Derechos Econômicos, Sociales y Culturales (especialmente en sus arts. 7, 8 y 9). Es obvio entonces, que más allá de ciertos limites, la flexibilidad atentaria contra princípios y normas constitucionales y entrañaria simultáneamente, en la mayoría de los casos, un agravio a preceptos aceptados por la conciencia jurídica universal y sancionados por instrumentos internacionales.[18]

Por seu turno, *Delgado*[19] adverte que o grande erro da política estatal brasileira foi justamente negar, de forma sistemática, a generalização do Direito do Trabalho para a população, impedindo a justa distribuição de riquezas e o fortalecimento da nação.

---

(17) DELGADO, *op. cit.*, 2006. p. 240, grifos da autora.

(18) Tradução livre: "O critério da proteção do trabalho consta, de efeito, de forma expressa, ou está implícito, em muitos textos constitucionais. Por sua vez, está solenemente consagrado no preâmbulo da Constituição da OIT e na Declaração da Filadélfia que o complementa. Assim mesmo, o direito 'a condições equitativas e satisfatórias de trabalho' e a 'satisfação dos direitos econômicos, sociais e culturais' está consagrado pela Declaração Universal de Direitos Econômicos, Sociais e Culturais (especialmente em seus arts. 7, 8 e 9). É óbvio, então, que para além de certos limites, a flexibilidade atentaria contra princípios e normas constitucionais e traria, na maioria dos casos, um agravo a preceitos aceitos pela consciência jurídica universal e sancionados por instrumentos internacionais". BARBAGELATA, *op. cit.*, p. 100-101.

(19) DELGADO, *op. cit.*, 2006. p. 129-133.

Nessa linha, ilustra com as políticas "ultraliberalizantes" colocadas em prática a partir de 1990, com a crescente e desenfreada flexibilização dos direitos trabalhistas que, em linhas gerais, já foram estudadas no terceiro capítulo dessa pesquisa.

Na mesma esteira, *Camino* assevera com propriedade:

> O Estado brasileiro omite-se acintosamente de prover os instrumentos legais de garantia no emprego que a soberania popular insculpiu na Constituição Federal, na mesma linha em que orientadas as legislações de outros povos. Fruto de uma visão economicista do valor do trabalho, a política de emprego no Brasil, já desde os anos setenta do século passado, tem sido desastrosa, com notória tendência de considerar o trabalho humano mero fator de produção, de oferta abundante e escassa procura.[20]

Assim, somente trilhando o caminho oposto, consistente na resistência à flexibilização dos direitos trabalhistas e no incremento de novos direitos tendentes à melhoria da condição social do trabalhador,[21] como políticas públicas de inclusão ao mercado formal de trabalho e a generalização dos direitos sociais aos trabalhadores, é que se poderá caminhar para um quadro mais promissor, em que o capital seja empregado para garantir e prestacionar a dignidade da pessoa humana, alcançando a tão almejada justiça social.

Nessa esteira, vale a pena citar, mais uma vez, *Delgado*:

> É chegado o momento de conferir-se ao Direito do Trabalho, no Brasil, seu papel fundamental, histórico, seu *papel promocional da cidadania.* Afinal, este ramo jurídico é um dos principais instrumentos de exercício das denominadas *ações afirmativas de combate à exclusão social,* com a virtude de também incentivar o próprio crescimento da economia do País. A generalização do Direito do Trabalho é o veículo para afirmação do caminho do *desenvolvimento econômico com justiça social.* A principal das ações afirmativas de combate á exclusão social no Brasil, desse modo, é a própria *efetividade do Direito do Trabalho.*[22]

Com efeito, a efetividade do Direito do Trabalho, principalmente das normas constitucionais atinentes, algumas citadas e comentadas nas notas de rodapé desta pesquisa, é medida que se impõe ao Estado, não só em sua função executiva, como também em sua função jurisdicional, através de aplicação e da interpretação responsável do Direito, em sintonia com a realidade concreta da vida dos trabalhadores.

Por isso é que, como bem considera *Dallegrave Neto*, citando *Souto Maior*:

> O desemprego não pode ser visto de forma simplista — menor custo do trabalho, menor desemprego — pois que isso "representa um engodo, não elimina o proble-

---

(20) CAMINO, *op. cit.*, 2003. p. 586.

(21) É justamente isto o que prega o *caput* do art. 7º da Constituição, ou seja, a implementação de outros direitos sociais que visem "à melhoria da condição social do trabalhador". Como visto, a flexibilização não implementa novos direitos, mas sim reduz ou retira direitos trabalhistas, infringindo a Constituição.

(22) DELGADO, *op. cit.*, 2006. p. 143, grifos do autor.

ma e, por causa da precarização das relações de trabalho, gera outro problema, qual seja, o aumento do fosso entre ricos e pobres, aumentando a cada dia o número de pobres".[23]

Nessa linha, *Delgado* não discrepa: "A exclusão social, pela negativa de implemento do Direito do Trabalho, consubstancia forma enfática de *discriminação das grandes maiorias,* essa chaga gritante da exclusão social, que nos coloca em posição constrangedora no rol dos piores países e sociedades em termos de distribuição de renda em redor do mundo".[24]

Tudo o que até aqui se falou diz respeito a uma grande maioria de trabalhadores excluídos, que estão e permanecem na informalidade. Todavia, há sérios problemas de alguns "segmentos" de trabalhadores que, por sua condição de raça, sexo ou idade, são penalizados com uma exclusão social ainda mais agressiva, marcada pela *discriminação.*

É o caso dos negros e dos índios,[25] historicamente discriminados pela cor e pela raça, afastados, por isso mesmo, dos postos formais de trabalho. Quando raramente conseguem emprego, em geral são admitidos para postos subalternos, reproduzindo um ciclo permanente de pobreza, que os impede de se emancipar.

Também, vale apontar, apenas para exemplificar, o caso dos trabalhadores que, com quarenta anos ou mais de idade, já são considerados "velhos"[26] pelo mercado de trabalho. Assim, quando em situação desemprego, dificilmente conseguem nova colocação formal, sendo discriminados.

Mas, para que o Estado cumpra seu papel precípuo e fundamental, inclusive implantando ações afirmativas da dignidade da pessoa humana pela via legislativa e pela via das políticas públicas, corrigindo as citadas discriminações,[27] é necessário que os trabalhadores exerçam sua cidadania, vale dizer, que reivindiquem e lutem por seus direitos tão sofridamente conquistados ao longo da história, exigindo o cumprimento da Constituição, principalmente na afirmação e promoção da dignidade da pessoa humana.

---

(23) DALLEGRAVE NETO, *op. cit.*, p. 21.

(24) DELGADO, *op. cit.*, 2006. p. 143, grifos do autor.

(25) Em se desejando aprofundar o tema, *vide* os artigos intitulados "Os 'novos' direitos indígenas" e o "O 'novo direito velho: racismo & Direito" inseridos no Livro *Os Novos Direitos no Brasil*, organizado por Antonio Carlos Wolkmer e José Rubens Morato Leite, cujas referências constam na bibliografia desta pesquisa.

(26) A respeito, CHAVES, Daniela Lustosa Marques de Souza. *Mercado de trabalho e discriminação etária:* a vulnerabilidade dos trabalhadores "envelhescentes". São Paulo: LTr, 2006.

(27) A propósito, vale citar Nascimento: "Como entender *ações afirmativas*? Por se tratar de ações, o seu plano é o sociológico e não o normativo, embora possam neste ser previstas. Mesmo que não o sejam, podem ter existência própria, independentemente de uma fonte legal, uma vez que por serem ações se configuram como realizações. Podem caracterizar-se tanto como ações públicas, quando a sua iniciativa e consecução competem ao Poder Público, quanto como ações privadas, quando surgem por obra de uma iniciativa particular desenvolvida por uma entidade que resolve promove-las, como as ações afirmativas de iniciativa de uma organização não governamental. Segundo o glossário do Ministério do Trabalho e Emprego, ação afirmativa é uma estratégia de política social ou institucional voltada para alcançar a igualdade de oportunidades entre as pessoas, distinguindo e beneficiando grupos afetados por mecanismos discriminatórios com ações empreendidas em tempo determinado, com o objetivo de mudar positivamente a situação de desvantagem desses grupos". NASCIMENTO, *op. cit.*, p. 381, grifo do original.

Nessa esteira, urge o exercício da chamada "cidadania ativa". De fato, o que se observa é que o povo em geral exerce tão-somente a "cidadania passiva", ou seja, exerce o direito de voto nas eleições e, ao retornar para os seus lares, assiste passivo e de braços cruzados à atividade (ou à omissão) política dos candidatos eleitos, sem cobrar deles resultados.

Ora, a cidadania ativa é aquela em que o cidadão exerce, de fato, os seus direitos, exigindo, individualmente, ou organizado em grupos, ações concretas do Poder Público, com políticas públicas de inclusão e elaboração de leis que atendam aos anseios sociais. O cidadão participativo denuncia irregularidades, cobra resultados e, se necessário for, exige a saída do político inoperante. Como instrumentos de ação, por exemplo, o cidadão pode formular denúncias às autoridades competentes; participar de mobilizações, de greves e de passeatas; acompanhar votações na Câmara de Vereadores, na Assembléia Legislativa e no Congresso Nacional, bem como participar de referendos e plebiscitos.

Nesta linha é a lição do professor *Vieira*:

> A cidadania, definida pelos princípios da democracia, constitui-se na criação de espaços sociais de luta (movimentos sociais) e na definição de instituições permanentes para a expressão política (partidos, órgãos públicos), significando necessariamente conquista e consolidação social e política. A cidadania passiva, outorgada pelo Estado, se diferencia da cidadania ativa, na qual o cidadão, portador de direitos e deveres, é essencialmente criador de direitos para abrir novos espaços de participação política.[28]

Trazendo esta diretriz para o mundo do trabalho, o cidadão ativo, consciente dos efeitos nefastos da flexibilização, irá contra ela se rebelar, exigindo do Estado uma ação concreta e direta na manutenção dos direitos trabalhistas, que são, em sua maioria, direitos fundamentais sociais, que visam a proteger e promover a dignidade da pessoa humana. Mais do que isso, irá exigir a regulamentação das normas constitucionais que preveem novos direitos, como o aviso prévio proporcional ao tempo de serviço e a proteção em face da automação.

Neste ponto, são oportunas as palavras de *Barbagelata*:

> [...] cada sociedad puede estar abierta, en mayor o menor medida, según sus próprias condicionantes culturales y econômicas, a eliminar rigideces del mercado de trabajo, no es verosímil suponer que — fuera de circunstancias excepcionales — pueda implantarse uma cultura de la flexibilidad; ni que sea tolerado el restabelecimiento de un mercado en la forma que funcionaba hasta que la legislación social introdujo un sistema de normas inderogables.[29]

---

(28) VIEIRA, *op. cit.*, 1998. p. 40.

(29) Tradução livre: "[...] cada sociedade pode estar aberta, em maior ou menor medida, segundo suas próprias condicionantes culturais e econômicas, a eliminar rigidezes do mercado de trabalho, não é verossímil supor que — fora de circunstâncias excepcionais — possa implantar-se uma cultura de flexibilidade; nem que seja tolerado o restabelecimento de um mercado de trabalho na forma que funcionava antes que a legislação social introduzisse um sistema de normas inderrogáveis". BARBAGELATA, *op. cit.*, p. 96.

Ainda, o cidadão ativo irá se organizar em grupos e sindicatos para não permitir que, pela via "negociada", sejam suprimidos ou precarizados os direitos trabalhistas conquistados. Irá além, exigindo a melhoria dos direitos trabalhistas, uma vez que o Direito está a serviço do homem e não o contrário.

Nas palavras de *Vieira*: "A sociedade civil cria grupos e pressiona em direção a determinadas opções políticas, produzindo, conseqüentemente, estruturas institucionais que favorecem a cidadania. Uma sociedade civil fraca, por outro lado, será normalmente dominada pelas esferas do Estado ou do mercado".(30)

É válido dizer que, na seara pública e social, urge a implementação das chamadas "ações afirmativas da dignidade da pessoa humana". De fato, é necessário que o Estado e a sociedade civil idealizem e ponham em prática políticas públicas que superem as mazelas sociais, combatendo, com ações solidárias, o chamado "darwinismo social".

São ações que promovem o acesso do trabalhador ao ensino, à saúde e à previdência. Que lhe garantem o direito à moradia e à pequena propriedade. Que geram renda e emprego. Que erradicam o trabalho escravo, o trabalho do menor e todas as formas de discriminação no emprego.

Tendo em mente que o Estado é um ente fictício, criado pela cultura humana, fruto da racionalidade do homem e idealizado para executar ações que o homem, individualmente ou em grupo (ante a pluralidade de ideias, não raro divergentes), não conseguiria executar, não se concebe possa perpetrar, ou dar vazão, a um conjunto de ações que contrariem o interesse da generalidade das pessoas. Isso seria contrário à sua finalidade precípua, que é servir aos interesses do homem e da coletividade.

Dessa forma, compete ao Estado pôr em prática ações de resistência quanto aos efeitos precarizantes da flexibilização dos direitos trabalhistas, já que tal missão lhe é atribuída pelo povo.

Isto assentado, o Estado é formado e integrado por pessoas, as quais lhe dão viabilidade e curso às suas ações políticas. Mister, pois, que as pessoas que o integram tenham sensibilidade para aquilatar a realidade social sobre a qual devem voltar sua atenção e suas ações políticas.

Ter sensibilidade, neste contexto, é perceber que ações concretas devem executar para proporcionar justiça social ao povo, distribuindo melhor a riqueza gerada pela produção, garantindo acesso aos direitos sociais para a generalidade das pessoas que integram o corpo social que legitima a existência e finalidade do Estado.

Daí por que o povo deve se conscientizar para não só exercer a cidadania passiva, que consiste meramente no exercício do direito de voto, mas também a cidadania ativa, que é o acompanhamento ativo dos agentes políticos, cobrando deles as ações concretas que se comprometeram a implementar, uma vez que ao assumir seus cargos públicos ou funções de poder prometeram cumprir a Constituição da República e, por decorrência, a defesa e promoção incondicional da dignidade da pessoa humana.

---

(30) VIEIRA, *op. cit.*, 2001. p. 37.

De fato, é na Carta Política que a dignidade da pessoa humana é elevada a fundamento da República,[31] a tal ponto que toda a racionalidade e o aparelho do Estado a ela se submetem.

Vale dizer, o Estado só age legitimamente e coloca suas ações de acordo com o fim a que se destina quando põe em prática ações que visam a não só proteger, mas, também, promover a dignidade humana.

Os defensores do liberalismo econômico vão dizer que, na esfera privada das relações humanas, principalmente no comércio e nas trocas econômicas, não compete ao Estado intervir, posto que isso implicaria desvio de sua finalidade.

Tem-se, no entanto, que esta não é a melhor linha de pensamento, pois, é justamente na esfera econômica e no disciplinamento das trocas mercantis que o Estado deve intervir, para garantir a justa e proporcional distribuição de riquezas, alcançando um mínimo de bens do mundo da vida às pessoas que, direta ou indiretamente, contribuíram para a geração de ditas riquezas.[32]

É o caso, meramente, de aplicar o que determina a Constituição, a qual coloca o poder econômico a serviço da proteção e promoção da dignidade humana.[33]

Os neoliberais não se dão conta (ou não querem se dar conta) de que a injusta distribuição de riquezas, que gera a exclusão social, é algo perverso até mesmo para os interesses do capital. Isto porque gera e perpetua uma grande massa de despossuídos, que não têm poder de compra e de consumo, estagnando a economia, já que não podem adquirir, nem mesmo, os bens essenciais do mundo da vida, paralisando as engrenagens da produção e, consequentemente, diminuindo a lucratividade dos capitalistas.

Mais do que isso, como se teve oportunidade de ver no terceiro capítulo desta pesquisa, essa lógica é justamente aquela que fomenta o desemprego, o subemprego, a terceirização e a precarização generalizada dos direitos trabalhistas, já que o capitalismo quer minimizar a perda da lucratividade, gerada pela estagnação da produção, pela diminuição dos encargos sociais e trabalhistas, como forma de compensação dos supostos prejuízos.

E, assim, essa visão perversa piora cada vez mais as condições de vida do trabalhador, posto que, além de achatar salários, precariza, gradativamente, os direitos sociais dos trabalhadores, tornando-os cada vez mais pobres e despossuídos, acentuando o desequilíbrio social e promovendo, largamente, a injustiça social.

Com efeito, a exclusão social empurra os trabalhadores para a informalidade e para a criminalidade, gerando consequências sociais nefastas, inclusive sob o ponto de vista

---

(31) *Vide* art. 1º, III, da CF.

(32) A respeito, Gomes leciona: "Orienta-se modernamente o Direito das Obrigações no sentido de realizar melhor equilíbrio social, imbuídos seus preceitos, não somente da preocupação moral de impedir a exploração do fraco pelo forte, senão, também, de sobrepor o interesse coletivo, em que se inclui a harmonia social, aos interesses individuais de cunho meramente egoístico. Corrige situações injustas a que conduziu, quando imperava na órbita política e econômica o liberalismo, dando-lhes conteúdo mais humano, social e ético". GOMES, Orlando. *Transformações gerais do direito das obrigações*. São Paulo: Revista dos Tribunais, 1967. p. 2-3.

(33) *Vide* art. 170, *caput*, da CF.

econômico, com o aumento de gastos em programas sociais de transferência de renda e em programas de segurança pública, aumentando os impostos que, paradoxalmente, acabam sendo suportados pela já espoliada massa trabalhadora.

Diante disso, é imperativa a intervenção do Estado nas relações entre o capital e o trabalho, justamente para paralisar e inverter a lógica do liberalismo econômico, que é, notadamente, prejudicial à grande massa de cidadãos (não só estritamente aos trabalhadores).

Essas ações são possíveis e já foram ou vêm sendo implantadas, todavia, de forma ainda muito tímida e, por isso mesmo, paliativa e insuficientemente. Como exemplo, pode-se apontar a Lei do Seguro-Desemprego,(34) que visa auxiliar o empregado na hipótese de desemprego involuntário, durante um período de três a cinco meses (proporcional ao tempo de emprego) enquanto procura uma nova colocação no mercado de trabalho.

Infelizmente, o seguro-desemprego, previsto inclusive na Constituição,(35) por vezes vem sendo utilizado de forma fraudulenta ou desvirtuada por parte de alguns trabalhadores, até mesmo com o conhecimento e a anuência dos empregadores.(36)

Com efeito, são comuns casos em que o trabalhador, percebendo o seguro-desemprego, emprega-se informalmente (sem registro na carteira de trabalho) em outra empresa, recebendo salário (dito salário "por fora", não contabilizado pela empresa) e, concomitantemente, o benefício previdenciário.

Tal constitui um triplo prejuízo: para o Estado, que paga sem causa; para a sociedade, que financia o benefício do seguro-desemprego; e para o próprio trabalhador, que permanece em condição precária, sem computar tempo de serviço para futura aposentadoria e sem recolher para a conta vinculada do Fundo de Garantia do Tempo de Serviço (FGTS).

O trabalhador age assim na expectativa de ter um incremento nos seus ganhos; uma forma de contornar o baixo salário que recebe, com o qual sequer é possível adquirir os bens essenciais do mundo da vida. Todavia, o preço que paga por isso é a prática de um ilícito e a precarização, ou mesmo ausência de acesso aos direitos sociais (pela não-formalização de sua nova relação de emprego).

---

(34) Lei n. 8.900 de 30 de junho de 1994, que dispõe sobre o benefício do seguro-desemprego, altera dispositivo da Lei n. 7.998, de 11 de janeiro de 1990, e dá outras providências.

(35) Art. 7º, inciso II, da Constituição que assim dispõe: "Art. 7º São direitos dos trabalhadores urbanos e rurais, além de outros que visem à melhoria de sua condição social: [...] II — seguro desemprego, em caso de desemprego involuntário;".

(36) Nesta ementa foi determinada a expedição de ofício ao Órgão do Ministério Público Estadual para tomar medias contra fraude na habilitação do seguro-desemprego: SEGURO DESEMPREGO. FRAUDE NA HABILITAÇÃO E PERCEPÇÃO DO BENEFÍCIO. Demonstrados no processo atos comissivos e omissivos de fraude e de violação na habilitação e na percepção dos benefícios instituídos pela Lei 7.998/09, impõe-se a expedição de ofício ao Órgão do Ministério Público Estadual para a responsabilização criminal, em atendimento ao disposto no art. 40 do CPP, além da Delegacia Regional do Trabalho, da Caixa Econômica Federal e do INSS. (Proc. 00996-2002-002-12-00-0. Acórdão 4765/2003. Juíza Águeda M. L. Pereira — Publicado no DJ/SC em 23.5.03, p. 208). Disponível em: <http://www3.trt12.gov.br/juris/scripts/ juris.asp?seguro+desemprego+fraude&cb-em=S&dt1_dia=>. Acesso em: 29.5.07.

É um contexto triste, mas decorrente da lógica da exclusão social impressa pelo neoliberalismo econômico, que impulsiona o trabalhador não só para a informalidade, mas também, como é o caso, para a ilegalidade.

Outra política pública implementada pelo governo brasileiro foi a chamada Lei do Primeiro Emprego,(37) que visa incentivar os empresários a contratarem jovens que ainda não ingressaram no mercado de trabalho formal, para que tenham renda e, também, experiência técnica e profissional suficiente para continuar na empresa contratante ou em outras empresas, no futuro.

Tal lei cria incentivos aos empresários, mediante a subvenção de recursos por parte do Governo Federal.(38) É uma lei de inclusão social, que deve ser aprimorada e ampliada para contemplar desempregados em geral.

Neste mesmo ponto, cabe apontar a recente inclusão do art. 442-A na Consolidação das Leis do Trabalho,(39) que veda às empresas exigir tempo superior a seis meses de experiência para a mesma função, como condição para contratar novos empregados. Tal dispositivo visa, numa primeira análise, justamente facilitar o ingresso dos jovens no mercado de trabalho.

Também, merecem ser apontadas as leis que determinam às empresas a contratação de um determinado percentual de portadores de necessidades especiais.(40)

Tais leis, assim como a Lei do Primeiro Emprego, veiculam políticas públicas de inclusão social, de ação afirmativa da dignidade da pessoa humana, colocando na formalidade um grande contingente de trabalhadores que, por serem portadores de alguma necessidade especial, são discriminados e excluídos dos postos de trabalho.

Essa exclusão gera prejuízo à sociedade, já que esses sujeitos consomem recursos da seguridade social(41) quando, em verdade, podiam trabalhar em ativida-

(37) Lei n. 10.748 de 22 de outubro de 2003, que cria o Programa Nacional de Estímulo ao Primeiro Emprego para os Jovens — PNPE, acrescenta dispositivo à Lei n. 9.608, de 18 de fevereiro de 1998, e dá outras providências.

(38) O art. 5º da Lei n. 10.748/2003 assim dispõe: "Fica o Poder Executivo autorizado a conceder subvenção econômica à geração de empregos destinados a jovens que atendam aos requisitos fixados no art. 2º desta Lei. § 1º Os empregadores que atenderem ao disposto no art. 4º-A desta Lei terão acesso à subvenção econômica de que trata este artigo, no valor de 6 (seis) parcelas bimestrais de R$ 250, 00 (duzentos e cinqüenta reais), por emprego gerado. § 2º No vaso de contratação de empregado sob o regime de tempo parcial, o valor das parcelas referidas no § 1º será proporcional à respectiva jornada. § 3º Revogado. § 4º A concessão da subvenção econômica prevista neste artigo fica condicionada à disponibilidade dos recursos financeiros, que serão distribuídos na forma definida pelo Ministério do Trabalho e Emprego".

(39) Eis o teor do art. 442-A da CLT: "Para fins de contratação, o empregador não exigirá do candidato a emprego comprovação de experiência prévia por tempo superior a 6 (seis) meses no mesmo tipo de atividade. (Redação dada pela Lei n. 11.644, de 2008)".

(40) Lei n. 7.853 de 24 de outubro de 1989, que dispõe, entre outros temas, sobre o apoio às pessoa portadoras de deficiência e sua integração social. Decreto n. 3.298 de 20 de dezembro de 1999 que regulamenta a Lei n. 7.853/89 e Lei n. 8.213 de 24 de julho de 2001 que, no seu art. 93, obriga as empresas com 100 empregados ou mais a preencher de 2% a 5% dos seus cargos com beneficiários reabilitados ou pessoas portadoras de deficiência.

(41) De acordo com o art. 194 da Constituição "A seguridade social compreende um conjunto integrado de ações de iniciativa dos Poderes Públicos e da sociedade, destinadas a assegurar os direitos relativos à saúde, à previdência e à assistência social".

des produtivas formais, adaptadas às suas necessidades, buscando, eles mesmos (os portadores de necessidades especiais) a própria sobrevivência, com dignidade e sem assistencialismos.

É inegável que a seguridade social, nesses casos, seja necessária. De fato, ela é essencial para a manutenção da vida e da dignidade do portador de necessidade especial, inserindo-o, ante o princípio da solidariedade, no convívio social minimamente digno.

Todavia, em razão da própria dignidade da pessoa humana, a assistência e a previdência social devem funcionar como medidas supletivas, devendo o homem, o quanto possível, "ser" digno por seus próprios meios. Ou seja, é preferível que a inclusão social do portador de necessidade especial se dê, primeiramente, pelo emprego formal e, de forma secundária, pela seguridade social.

Mas, afora essas políticas públicas já implantadas — que aqui são referidas apenas para exemplificar que tais políticas são possíveis e que, mesmo com suas imperfeições, tentam reduzir a exclusão social —, outras tantas são cabíveis, basta ver que são sinalizadas pela Constituição, em que pese até hoje não terem sido colocadas em prática (ou regulamentadas). É o caso da proteção do trabalho humano em face da automação[42] e da proteção do mercado de trabalho da mulher.[43]

Com efeito, o acelerado avanço tecnológico verificado a partir da década de oitenta do século passado teve o condão de ir substituindo a mão-de-obra pela automação em vários segmentos da economia.

Tal fenômeno trouxe como efeito imediato o desemprego a inúmeros trabalhadores, figurando como exemplo paradigmático a categoria dos bancários, substituída que foi, em sua generalidade, pela máquina.

O efeito mediato do avanço tecnológico foi a defasagem na qualificação técnica dos trabalhadores, os quais, sem jamais terem mantido contato com as novas tecnologias, restaram impotentes diante dos novos processos implementados com o mundo da informática.

Desse modo, mesmo os empregados mais antigos e mais treinados quedaram-se sem perspectivas diante da revolução dos meios eletrônicos e autômatos de processamento e informação de dados, sendo pressionados inexoravelmente a "aderir" aos cada vez mais correntes planos de demissão incentivada (PDIs). Amealharam, então, indenizações resilitórias simbólicas e paliativas, por suster o empregado e sua família por pouco tempo. O trabalhador com quarenta anos ou mais foi colocado no mercado de trabalho, agora "velho" demais para pleitear novos postos de trabalho.

É uma situação deprimente, para não dizer trágica, muito bem abordada por *Chaves*, que delineia tecnicamente a categoria dos trabalhadores "envelhescentes", os quais, tendo entre quarenta anos e mais, são vergonhosamente discriminados no mercado de trabalho, por serem considerados "ultrapassados" ou "jurássicos" e não possuírem mais a "necessária" *flexibilidade* para se amoldar às novas exigências do mercado. Este,

(42) Art. 7º, inciso XXVII, da CF.

(43) Art. 7º, inciso XX, da CF.

propugna por trabalhadores "versáteis" e "flexíveis" para assimilar as novas exigências tecnológicas e para colocar a integralidade do tempo de suas vidas a serviço da concorrência sem limites, imposta pelo modelo neoliberal do mercado de trabalho.(44)

Assim, *Chaves* sintetiza:

> Trata-se de um processo discriminatório cujo fator originário é a idade, desqualificando o empregado com mais de 40 anos para assumir determinada função ou mesmo mantê-la, preferindo-se aos mais jovens. O novo perfil estabelecido pelo mercado de trabalho determina que os trabalhadores, ao atingirem essa idade, podem ser classificados como "velhos", precisando ceder seu espaço aos que iniciam sua jornada nesse mercado.(45)

Por trás desse discurso, há também um interesse estratégico na despedida dos trabalhadores envelhescentes. É que ditos trabalhadores, no auge de sua experiência e do discernimento, passam a ser mais "críticos" e "reivindicadores", questionando os supostos resultados dos "novos" processos produtivos e se insurgindo quanto à exploração do trabalho humano, com exigência de sobretrabalho sem a equivalente contraprestação.

Assim, esses trabalhadores envelhescentes, aos olhos do empregador, passam a ser um "incômodo", para não dizer um "perigo", devendo ser afastados do trabalho produtivo o quanto antes para não "contaminarem" com suas ideias "insurgentes" os "novos" trabalhadores que irão impulsionar, sem maiores questionamentos, as engrenagens da empresa.

Dejours denomina esta prática "apagamento dos vestígios", descrevendo-a do seguinte modo:

> O apagamento dos vestígios não consiste apenas em omitir os fracassos, em encobrir os acidentes do trabalho, pressionando os empregados a não os denunciarem, em sonegar informações sobre os acidentes que afetem a segurança das instalações ou em disfarçá-los sucessivamente. Consiste também, ao que parece, em apagar a lembrança de práticas do passado que possam servir de referência à comparação crítica com a época atual. Muitas são as fórmulas empregadas, mas parece que o maior obstáculo ao apagamento dos vestígios é a presença dos "antigos", que possuem uma experiência de trabalho acumulada ao longo de muitos anos. Em regra, a estratégia consiste em afastar esses atores das áreas críticas da organização, em privá-los de responsabilidades e até mesmo demiti-los.(46)

Por outro lado, os "novos" e "tecnológicos" trabalhadores irão se submeter a tudo o que lhes for determinado, considerando-se que sabem da dificuldade em obter emprego, ante o grande contingente de desempregados que aguardam "sedentos" por uma oportunidade de emprego idêntica.

---

(44) CHAVES, *op. cit.*, p. 97.

(45) *Idem*, p. 103.

(46) DEJOURS, Christophe. *A banalização da injustiça social*. Tradução de Luiz Alberto Monjardim. 5. ed. Rio de Janeiro: FGV, 2003. p. 66-67.

Chaves aponta o problema:

> O menor custo do trabalho dos jovens constitui um atrativo para o uso da sua força de trabalho, incorporando menos investimentos em treinamento, assim como os jovens possuem menor capacidade de organização e pressão reivindicatória, afastando a proteção da legislação trabalhista.[47]

A tragédia é que esses jovens empregados se submetem a trabalhar pela metade ou menos do salário que percebia o trabalhador envelhescente, fato que evidencia a precarização revoltante e deprimente do emprego e dos direitos trabalhistas, concorrendo para aquele círculo vicioso de empobrecimento do povo, de estagnação da economia, de redução de direitos trabalhistas e de concentração de riqueza na mão de uns poucos, conforme já denunciado e demonstrado nas linhas anteriores.

Dejours apanha a realidade acima explanada, denunciando a problemática do desemprego e da precarização dos direitos trabalhistas por esse discurso flexibilizante do avanço tecnológico e das novas exigências do mercado de trabalho, que necessita, inapelavelmente, de trabalhadores com "sangue novo":

> [...] quando se contratam jovens, obviamente é para preparar a substituição dos operários veteranos que trabalham na linha de montagem. Desejosos de aprender e de mostrar seu empenho, os jovens aceitam todas as tarefas polivalentes, sem regatear. Passado algum tempo, porém, eles compreendem: não há outro futuro para eles que não a linha de montagem. Então, progressivamente, seu ponto de vista evolui. O trabalhador torna-se pouco a pouco um infortúnio. Após a decepção vem a macabra impressão de que o trabalho e a empresa estão lhes tirando sua substância vital, seu elã e, mesmo, seu sangue: de que estão sendo "consumidos", "espoliados", "sugados". Pois, como lhes disseram no estágio após a contratação: "Vocês são o sangue novo da empresa".[48]

Nada obstante toda essa realidade, o Estado não cumpriu a promessa constitucional de proteger o trabalho humano em face da automação e, em decorrência dessa omissão estrutural, vê-se acentuar o desemprego, a informalidade e a precarização de direitos trabalhistas.

Nessa ordem de ideias, e seguindo o objetivo traçado pela presente pesquisa, urge que o Estado regulamente o preceito constitucional que determina a proteção do trabalho humano, criando, *v.g.*, cotas de emprego ou salvaguarda de direitos trabalhistas e sociais que coloquem a salvo a dignidade da pessoa humana do trabalhador, garantindo os meios para lhe assegurar a própria subsistência e de sua família.

---

(47) CHAVES, *op. cit.*, p. 101.

(48) DEJOURS, *op. cit.*, p. 48.

Tal não implica "obstar" ou "impedir" o avanço tecnológico, até porque isso seria impossível diante do poder criativo que marca a condição humana.(49) Todavia, cumpre proteger o ser humano da tecnologia que ele mesmo criou.

A necessidade de tal proteção, para além do que prevê a Constituição, é reconhecida até mesmo pela ficção científica, sintetizada nas três leis da robótica de *Isaac Asimov*(50), como bem lembra *Gusmão*.(51)

Assim, há que se editar leis e implantar políticas públicas que afirmem a dignidade da pessoa humana do trabalhador, colocando a tecnologia a serviço do homem, e não o contrário, preservando os empregos e proporcionando adaptações e treinamentos aos trabalhadores para que, gradativamente, possam dominar as novas tecnologias e, diante da experiência acumulada, sugerir novas possibilidades e melhorias no desenvolvimento do trabalho e do processo produtivo, em benefício da própria empresa. Uma espiral positiva e ascendente, calcada na valorização do trabalho humano, secundada e potencializada pelas novas tecnologias, como de resto determinam os arts. 1º, III, e 170, ambos da Constituição.

Tais políticas públicas são possíveis, e nada mais são do que a prática daquilo que a própria Constituição promete: proteger e promover a dignidade da pessoa humana. Nessa linha, *Sarlet*(52) observa: "[...] o princípio da dignidade da pessoa humana não apenas impõe um dever de abstenção (respeito), mas também condutas positivas tendentes a efetivar e proteger a dignidade dos indivíduos". Prova de que tais políticas são possíveis é a edição do recente Estatuto do Idoso, que manda o Poder Público criar e estimular programas de inclusão de trabalhadores idosos no mercado de trabalho, observadas as suas realidades específicas.(53)

Dignas de nota, também, são algumas ações do Poder Público visando reparar contratações discriminatórias que afastam os trabalhadores envelhescentes do mercado

---

(49) Nas palavras de Comparato: "Enfatiza-se, porém, que a mundialização humanista não significa, de forma alguma, desprezo pelo saber tecnológico, ou o não-reconhecimento do seu papel insubstituível no processo evolutivo da espécie humana. Técnica e ética complementam-se, necessariamente, para impulsionar os povos e as civilizações a se unirem. A tecnologia, divorciada da ética, conduz à inevitável fratura da humanidade. A ética, ignorante do saber tecnológico, é ineficiente e vazia.". COMPARATO, *op. cit.*, p. 435.

(50) Segundo Asimov as três leis da robótica são as seguintes: 1. Um robô não pode prejudicar um ser humano ou, por omissão, permitir que o ser humano sofra dano; 2. Um robô tem de obedecer às ordens recebidas dos seres humanos, a menos que contradigam a Primeira Lei; 3. Um robô tem de proteger sua própria existência, desde que essa proteção não entre em conflito com a Primeira e Segunda Leis. ASIMOV, Isaac. *O homem bicentenário*. Tradução de Milton Person. Porto Alegre: L&PM, 1999. p. 9.

(51) GUSMÃO, Paulo Dourado de. *Introdução ao estudo do direito*. 19. ed. Rio de Janeiro: Forense, 1996. p. 388.

(52) SARLET, *op. cit.*, 2003. p. 111.

(53) *Vide* Lei n. 10.741 de 1º.10.03 que institui o Estatuto do Idoso. Eis os artigos do referido estatuto que versam sobre proteção do trabalho e políticas públicas de inclusão: "Art. 26. O idoso tem direito ao exercício de atividade profissional, respeitadas suas condições físicas, intelectuais e psíquicas. Art. 27. Na admissão do idoso em qualquer trabalho ou emprego, é vedada a discriminação e a fixação de limite máximo de idade, inclusive para concursos, ressalvados os casos em que a natureza do cargo o exigir. Parágrafo único. O primeiro critério de desempate em concurso público será a idade, dando-se preferência ao de idade mais elevada. Art. 28. O Poder Público criará e estimulará programas de: I — profissionalização especializada para os idosos, aproveitando seus potenciais e habilidades para atividades regulares e remuneradas; II — preparação dos trabalhadores para a aposentadoria, com antecedência mínima de 1 (um) ano, por meio de estímulo a novos projetos sociais, conforme seus interesses, e de esclarecimento sobre os direitos sociais e de cidadania; III — estímulo às empresas privadas para admissão de idosos ao trabalho".

de trabalho,[54] contudo, ainda insuficientes. É necessário, pois, estender políticas semelhantes a todos os trabalhadores que, direta ou indiretamente, por força da automação, ficaram desempregados ou tiveram os seus contratos de trabalho precarizados.

No que tange à proteção do mercado de trabalho da mulher, do mesmo modo, o Estado omitiu-se de regulamentar o disposto no inciso XX do art. 7º da Constituição,[55] e esta inação reproduz uma odiosa discriminação em face da mulher, tanto no que se refere à igualdade de acesso ao emprego, quanto à igualdade de direitos no contrato de trabalho.

Essa realidade tem raízes históricas mais remotas do que a flexibilização em si, já que provém do modelo patriarcal e patrimonialista do sistema jurídico-político brasileiro, que sempre relegou a mulher a um segundo plano, considerando-a, até pouco tempo, relativamente capaz, alijando-a do mercado de trabalho, reservando-lhe, tão-somente, os afazeres domésticos. Como bem salienta *Gomes*:

> Somente na década de 1960, com a promulgação de Lei n. 4.121, de 27 de agosto de 1962 — conhecida como Estatuto da Mulher Casada — foram extirpadas do Código Civil algumas das normas mais aberrantes no tocante à condição de esposas, mãe, e sobretudo de cidadã, como a incapacidade relativa. A mulher conquista finalmente o direito a trabalhar sem necessitar da autorização marital e o direito de ficar com a guarda dos filhos. É, entretanto, mantida a preponderância do marido como cabeça do casal, ressalvando que tal autoridade deve ser exercida em benefício da família.[56]

Todavia, os tempos mudaram, o sistema jurídico-político declarou a igualdade de direitos entre homens e mulheres[57] e a Constituição prometeu, para efetivar tal direito, proteger o mercado de trabalho da mulher, conforme foi visto anteriormente.

---

(54) A propósito, vale citar trecho da matéria publicada na *Revista Tribuna 12*: "Contratação Reparatória. Se na contratação de executivos a discriminação por faixa etária pode aparecer de forma mais velada, nos anúncios dos classificados a limitação por idade é escancarada. Foi o que constatou o Núcleo Igualdade no Trabalho da Delegacia Regional do Trabalho (DRT) do Rio Grande do Sul, que há três anos vem fiscalizando ofertas de empregos publicadas nos jornais. 'Encontramos restrição nos anúncios inclusive para pessoa acima de 35 anos de idade', conta a coordenadora do núcleo, a auditora-fiscal do trabalho Ana Maria Costa. Ao invés de simplesmente punir as empresas, a DRT gaúcha optou por uma solução pedagógica: a contratação reparatória. As empresas fiscalizadas assumem um termo de compromisso com o órgão estatal que prevê a contratação de uma pessoa acima de 50 anos para cada anúncio restritivo. 'Os pré-requisitos para essas contratações são os mesmos elencados no anúncio, só que sem a limitação de idade', explica a auditora. Só em 2006, forma firmados 56 termos de compromisso e realizadas 309 contratações reparatórias. Em razão dessa iniciativa, a DRT teve que autuar apenas cinco empresas no mesmo ano". WOSGRAU, Clayton Haviaras, CEMIM, Letícia e RICKEN, Vanderlei. Obstáculo do tempo. *Revista Tribuna 12*. Florianópolis, n. 5, p. 10-12, out-dez. 2007.

(55) Art. 7º "São direitos dos trabalhadores urbanos e rurais, além de outros que visem à melhoria de sua condição social: [...]; XX — proteção do mercado de trabalho da mulher, mediante incentivos específicos, nos termos da lei;".

(56) GOMES, Renata Raup P. Os "novos" direitos na perspectiva feminina: A constitucionalização dos direitos das mulheres. In: WOLKMER, Antonio Carlos; LEITE, José Rubens Morato (orgs.). *Os "novos" direitos no Brasil*: natureza e perspectivas. São Paulo: Saraiva, 2003. p. 58.

(57) O art. 5º, inciso I, da CF assim dispõe: "Art. 5º — Todos são iguais perante a lei, sem distinção de qualquer natureza, garantindo-se aos brasileiros e aos estrangeiros residentes no País a inviolabilidade do direito à vida, à liberdade, à igualdade, à segurança e à propriedade, nos termos seguintes: I — homens e mulheres são iguais em direitos e obrigações, nos termos desta Constituição;".

Nada obstante, passados mais de dezoito anos da entrada em vigor da Constituição, tendo esta adquirido a sua "maior idade", o Estado, infelizmente, não regulamentou o preceito constitucional. A mulher permaneceu nessa sociedade "moderna", "global", "flexível" e "neoliberal" sendo sistematicamente discriminada e desrespeitada em seus direitos sociais fundamentais mínimos.

Nessa esteira, *Gomes* registra: "A título de inovação, a Constituição define como direito a 'proteção do mercado de trabalho da mulher, mediante incentivos específicos nos termos da lei'. Por tratar-se de norma programática, carece até hoje de regulamentação, pois, por enquanto, nenhum dos projetos existentes no Congresso nesse sentido logrou êxito".(58)

Diante desse quadro, urge que o Estado regulamente a Constituição e implemente políticas públicas que afirmem a dignidade da mulher trabalhadora, criando novos postos de trabalho para ela, protegendo-a no acesso ao mercado de trabalho e na permanência no emprego, igualando-a, material e efetivamente, ao homem trabalhador, porque este é o desejo da sociedade, estampado na Constituição.

Assim agindo, o Estado estará reparando uma injustiça histórica e estará resistindo aos efeitos nocivos da flexibilização, que também estende seus tentáculos nesse segmento, discriminando a mulher ante sua condição de vulnerabilidade, para reduzir salários e precarizar direitos.

Em que pese não se tratar de típico "incentivo" voltado ao aumento de postos de trabalho para a mulher, o Estado baixou leis protegendo seu acesso e permanência no emprego, tipificando o assédio sexual como crime(59) e proibindo discriminação no que diz respeito aos critérios para admissão no emprego.(60)

---

(58) GOMES, *op. cit.*, 2003. p. 70.

(59) *Vide* Lei n. 10.224 de 15 de maio de 2001, que altera o Decreto-lei n. 2.848 de 7 de dezembro de 1940 — Código Penal, para dispor sobre o crime de assédio sexual e dá outras providências. A respeito, vide a seguinte ementa de acórdão, que versa sobre assédio sexual: "APELAÇÕES CÍVEIS. RESPONSABILIDADE CIVIL. ASSÉDIO SEXUAL. DANO MORAL. 1. ATO ILÍCITO. Atuação inconveniente do réu no ambiente de trabalho, constrangendo trabalhadora com piadas e comentários de conotação sexual, chegando a intentar contato corporal com a autora, acariciando-a à força, configura ato ilícito. 2. ÔNUS DA PROVA. Autora se desincumbiu satisfatoriamente do ônus de comprovar que o réu realmente comportou-se do modo como narrado na inicial, atuando, assim, ilicitamente, de modo a causar-lhe sentimentos de constrangimento e humilhação capazes de ensejar dano moral. Configurada, então, a responsabilidade civil. 3. *QUANTUM* DA INDENIZAÇÃO. O prudente arbítrio do juiz deve examinar a tríplice função do dano moral — reparatória, punitiva e pedagógica —, de modo a sopesar, com razoabilidade, as peculiaridades do caso concreto e a realidade econômica das partes, com o fito de chegar a um valor que compense o sofrimento da vítima sem implicar enriquecimento sem causa, ao mesmo tempo em que puna o infrator. Aumento da verba indenizatória em face da consideração dos vetores da hipótese vertente. Voto vencido, majorando em maior extensão. 4. HONORÁRIOS DE SUCUMBÊNCIA. Majoração da verba honorária, com suporte nos parâmetros do art. 20, § 3º, do CPC. DESPROVIDO O APELO DO RÉU E PROVIDO O RECURSO DA AUTORA" (Apelação Cível n. 70009761255, Sexta Câmara Cível, Tribunal de Justiça do RS, Relator Vencido: Ubirajara Mach de Oliveira, Redator para Acordão: Antônio Corrêa Palmeiro da Fontoura, Julgado em 8.3.07, publicado no Diário da Justiça do Rio Grande do Sul em 30.3.07).

(60) A propósito, o art. 373-A da CLT assim dispõe: "Art. 373-A Ressalvadas as disposições legais destinadas a corrigir as distorções que afetam o acesso da mulher ao mercado de trabalho e certas especificidades estabe-

Todavia, tais medidas são tímidas e paliativas, cumprindo ao Estado ser mais efetivo e ousado na implementação de ações afirmativas da dignidade da pessoa humana, voltadas à proteção efetiva do mercado de trabalho da mulher, até porque está legitimado constitucionalmente para tanto.

De todo o exposto, resta claro que a finalidade do Estado é buscar o bem comum. Resta claro, também, que para atingir tal objetivo o Estado está legitimado formal e materialmente pela Constituição para criar leis e implementar políticas públicas voltadas à manutenção e promoção da dignidade da pessoa humana, como forma de opor resistência à flexibilização dos direitos trabalhistas, o que se defende, com ineditismo, nesta pesquisa.

Com esses temas superados, cumpre agora adentrar a análise de uma outra faceta do Estado, que é a Jurisdição, verificando-se de que forma o Poder Judiciário pode contribuir com as mencionadas ações afirmativas da dignidade da pessoa humana voltadas à resistência contra a flexibilização dos direitos trabalhistas.

4.2.2 Jurisdição

Jurisdição[61] é uma função do Estado que tem por finalidade dizer, diante de um conflito intersubjetivo, a qual dos sujeitos envolvidos compete o Direito.

De acordo com o pensamento clássico,[62] a Jurisdição é inerte, isto é, só age se for provocada para tanto, por um sujeito que pretende recompor um direito que entende lesado, ou que pretende constituir um novo direito ou, ainda, ver declarada a certeza de um determinado direito.

---

lecidas nos acordos trabalhistas, é vedado: I — publicar ou fazer publicar anúncio de emprego no qual haja referência ao sexo, à idade, à cor ou situação familiar, salvo quando a natureza da atividade a ser exercida, pública e notoriamente, assim o exigir; II — recusar emprego, promoção ou motivar a dispensa do trabalho em razão de sexo, idade, cor, situação familiar ou estado de gravidez, salvo quando a natureza da atividade seja notória e publicamente incompatível; III — considerar o sexo, a idade, a cor ou situação familiar como variável determinante para fins de remuneração, formação profissional e oportunidades de ascenção profissional; IV — exigir atestado ou exame, de qualquer natureza, para comprovação de esterilidade ou gravidez, na admissão ou permanência no emprego; V — impedir o acesso ou adotar critérios subjetivos para deferimento de inscrição ou aprovação em concursos, em empresas privadas, em razão de sexo, idade, cor, situação familiar ou estado de gravidez; VI — proceder o empregador ou preposto a revistas íntimas nas empregadas ou funcionárias. Parágrafo único. O disposto neste artigo não obsta a adoção de medidas temporárias que visem ao estabelecimento das políticas de igualdade entre homens e mulheres, em particular as que se destinam a corrigir as distorções que afetam a formação profissional, o acesso ao emprego e as condições gerais de trabalho da mulher".

(61) De acordo com Santos, a jurisdição "é uma das funções da soberania do Estado. Função de poder, do Poder Judiciário. Consiste no poder de atuar o direito objetivo, que o próprio Estado elaborou, compondo os conflitos de interesse e dessa forma resguardando a ordem jurídica e a autoridade da lei". SANTOS, Moacyr Amaral. *Primeiras linhas de direito processual civil.* v.1. São Paulo: Saraiva, 1995. p. 67.

(62) Nessa linha, Miranda: "Ao juiz só excepcionalmente, isto é, com permissão pela lei, é dado julgar sem que haja iniciativa do interessado". MIRANDA, Pontes de. *Comentários ao Código de Processo Civil.* Tomo I. 2 ed. Rio de Janeiro: Forense, 1979. p. 70.

Mais do que isso, mesmo que provocada, a Jurisdição não é livre para agir, posto que sua ação fica restrita aos limites do pedido formulado pelo sujeito, não podendo dizer menos, mais ou diferentemente do que foi solicitado pelo autor da ação.[63]

Como se pode perceber, essa noção clássica de Jurisdição está defasada e ultrapassada diante da realidade do Brasil. A injustiça social, que aqui grassa, e a profunda desigualdade social que marcam o país somente poderão ser minimizadas, ou até mesmo superadas, através de um Poder Judiciário efetivamente atuante, que transcenda a noção clássica de poder inerte para ser um poder de ação transformadora.

Essa nova concepção de Jurisdição, voltada às reais necessidades do povo brasileiro, foi muito bem delineada por *Cintra*, *Grinover* e *Dinamarco*: "O Estado moderno repudia as bases da filosofia política liberal e pretende ser, embora sem atitudes paternalistas, 'a providência de seu povo', no sentido de assumir para si certas funções essenciais ligadas à vida e ao desenvolvimento da nação e dos indivíduos que a compõe".[64]

Ditos autores, consagrados pela doutrina do direito processual brasileiro, realizam uma leitura modernizante e potencializadora da Jurisdição, pondo em foco os princípios da instrumentalidade e da efetividade do processo.

Com efeito, de acordo com o princípio da instrumentalidade, o processo nada mais é do que um instrumento criado pela cultura humana para viabilizar a aplicação do Direito a um dado caso concreto, com justiça e adequação à realidade social.[65]

Diante disso, atentando-se à realidade brasileira, marcada por desigualdades sociais e por uma imensa maioria de pobres e excluídos, não se pode mais conceber instrumentos que contenham solenidades e formalismos exagerados, de linguagem técnica e de difícil compreensão. Tal ritualística apenas procrastina a solução do processo, além de se apresentar, por sua complexidade, muitas vezes ininteligível para a parte que procura, no Judiciário, a solução do seu problema.

Logo, o princípio da instrumentalidade deseja um processo simples e ágil, que viabilize a aplicação do Direito de forma mais pronta e clara ao cidadão, pacificando as relações sociais, com realização de justiça social.

De outra parte, de acordo com o princípio da efetividade, a Jurisdição só atinge seu objetivo se realiza, com presteza e adequação, a justiça ao caso concreto.

---

(63) A respeito, o art. 128 do Código de Processo Civil assim estabelece: "O Juiz decidirá a lide nos limites em que foi proposta, sendo-lhe defeso conhecer de questões não suscitadas, a cujo respeito a lei exige a iniciativa da parte".

(64) CINTRA, Antonio Carlos de Araújo; GRINOVER, Ada Pelegrini; DINAMARCO, Cândido Rangel. *Teoria geral do processo*. 15. ed. São Paulo: Malheiros, 1999. p. 37.

(65) De acordo com Dinamarco: "A instrumentalidade é o núcleo e a síntese dos movimentos pelo aprimoramento do sistema processual, sendo consciente ou inconscientemente tomada como premissa pelos que defendem o alargamento da via de acesso ao Judiciário e eliminação das diferenças de oportunidades em função da situação econômica dos sujeitos, nos estudos e propostas pela inafastabilidade do controle jurisdicional e efetividade do processo, nas preocupações pela garantia da ampla defesa no processo criminal ou pela igualdade em qualquer processo, no aumento da participação do Juiz na instrução da causa e da sua liberdade na apreciação do resultado da instrução". DINAMARCO, Cândido Rangel. *A instrumentalidade do processo*. 4. ed. São Paulo: Malheiros, 1994. p. 23.

Vale dizer, a Jurisdição tem de fazer corresponder o Direito às necessidades e aos anseios sociais, posto que, do contrário, não será efetiva, já que entregará uma solução anacrônica ou distante daquilo que necessita e deseja a sociedade.[66]

Ora, como foi visto nos tópicos anteriores, o Brasil é marcado por profundas desigualdades sociais e regionais. A esmagadora maioria das pessoas está excluída dos direitos sociais fundamentais, como educação, saúde e trabalho. Diante desse quadro, não há mais como manter a noção clássica de uma Justiça inerte, marcada por formalismos e solenidades exageradas.

Necessita-se, nessa esteira de entendimento, de uma nova concepção de Jurisdição, proativa, positiva, ágil e efetiva, que exerça uma atividade transformadora, aproximando o Direito aos reais anseios e necessidades da sociedade.

Não se quer com isso dizer que o Poder Judiciário possa agir sem quaisquer limites. Não é disso que se trata. O que se quer dizer é que a Jurisdição deve efetivamente cumprir a sua missão constitucional, que é aplicar, com justiça, o Direito ao caso concreto.

Só que, para atingir esse objetivo, tendo em vista a injustiça social que marca nosso país, a Jurisdição tem de se libertar das amarras do formalismo, ainda exagerado, que as normas processuais impõem, para ficar mais próximo do povo e, aí então, promover as mudanças que este almeja e espera.

Os limites da Jurisdição estão estampados na própria Constituição. De fato, a Constituição determina que as decisões tomadas pelo Judiciário devam ser fundamentadas,[67] justamente para se poder aquilatar se ditas decisões são justas ou não.

Além disso, também como controle, a Constituição prevê o duplo grau de jurisdição,[68] para que as decisões possam passar por uma revisão de justiça de um Órgão Jurisdicional superior, figurando o Supremo Tribunal Federal, em última instância, como órgão que avalia a constitucionalidade ou não da decisão tomada.

A Constituição, além de estabelecer limites à Jurisdição, em verdade, legitima-a a sair de sua inércia conceitual para ser mais pronta e efetiva na redução das desigualdades e injustiças sociais.

É que a Constituição consagra a dignidade da pessoa humana como fundamento da República e instrumentaliza todas as suas normas constitucionais para dar efetividade

---

(66) A respeito, Bobbio assevera "que o problema grave do nosso tempo, com relação aos direitos do homem, não era mais o de fundamentá-los, e sim de protegê-los". Daí porque, de acordo com o referido autor, "não se trata de saber quais e quantos são esses direitos, qual é sua natureza e seu fundamento, se são direitos naturais ou históricos, absolutos ou relativos, mas sim qual é o modo mais seguro para garanti-los, para impedir que, apesar de solenes declarações, eles sejam continuamente violados". BOBBIO, *op. cit.*, 2004. p. 45.

(67) O inciso IX do art. 93 da Constituição assim dispõe: "todos os julgamentos dos órgãos do Poder Judiciário serão públicos e fundamentadas todas as decisões, sob pena de nulidade, podendo a lei limitar a presença, em determinados atos, às próprias partes e a seus advogados, ou somente a estes, em casos nos quais a preservação do direito à intimidade do interessado no sigilo não prejudique o interesse público à informação".

(68) A propósito, o inciso LV do art. 5º da Constituição estabelece: "aos litigantes, em processo judicial ou administrativo, e aos acusados em geral são assegurados o contraditório e a ampla defesa, com os meios e recursos a ela inerentes".

a esse fundamento. Vale dizer, a Jurisdição está legitimada, por força da própria Constituição, para agir (leia-se: decidir) de forma concreta e efetiva, não só para proteger, mas também para promover a dignidade da pessoa humana.

Mas não se trata apenas de legitimação, uma vez que a Constituição determina que a Jurisdição paute suas ações na afirmação da dignidade da pessoa humana, já que tal é o fundamento, a razão de existir da própria Jurisdição.

Isso tudo demonstra que a proteção e a promoção da dignidade da pessoa humana não só autorizam como legitimam toda uma nova concepção de jurisdição, mais ativa e mais efetiva, voltada à promoção da justiça social, emitindo decisões que reduzam as desigualdades sociais, protegendo e promovendo os direitos sociais, nomeadamente em face dos efeitos precarizantes do fenômeno da flexibilização dos direitos trabalhistas.(69)

E para cumprir tal missão constitucional, não basta apenas alterar as normas processuais para criar um instrumento mais claro, rápido e efetivo; é necessário também exercer o que aqui se denomina "hermenêutica responsável". Trata-se da interpretação do Direito adequada aos reais anseios e desejos sociais. Constitui-se numa interpretação transformadora do Direito, que o liberta dos seus rigorismos conceituais.

Em última análise, a hermenêutica responsável é aquela que pretende aproximar a Constituição Formal da Constituição Real, ou seja, que instrumentalize a Constituição formal para atingir as reais necessidades do povo.

Nas palavras de *Dworkin*:

> A atitude do direito é construtiva: sua finalidade, no espírito interpretativo, é colocar o princípio acima da prática para mostrar o melhor caminho para um futuro melhor, mantendo a boa-fé com relação ao passado. É, por último, uma atitude fraterna, uma expressão de como somos unidos pela comunidade apesar de divididos por nossos projetos, interesses e convicções. Isto é, de qualquer forma, o que o direito representa para nós: para as pessoas que queremos ser e para a comunidade que pretendemos ter.(70)

(69) Para ilustar a ideia que aqui se defende, cita-se o teor do Enunciado n. 11, aprovado pela 1ª Jornada de Direito Material e Processual na Justiça do Trabalho, promovida pelo Tribunal Superior do Trabalho — TST, Escola Nacional de Magistrados do Trabalho — ENAMAT, Associação Nacional dos Magistrados da Justiça do Trabalho — ANAMATRA e Conselho de Escolas de Magistratura Trabalhista — CONEMATRA, ocorrida nos dias 21, 22 e 23 de novembro de 2007, disponível em <www.anamatra.org.br>. Acesso em: 6.2.08: "AÇÕES CIVIS PÚBLICAS. TRABALHO ESCRAVO. REVERSÃO DA CONDENAÇÃO ÀS COMUNIDADES LESADAS. Ações civis públicas em que se discute o tema do trabalho escravo. Existência de espaço para que o magistrado reverta os montantes condenatórios às comunidades diretamente lesadas, por via de benfeitorias sociais tais como a construção de escolas, postos de saúde e áreas de lazer. Prática que não malfere o art. 13 da Lei 7.347/85, que deve ser interpretado à luz dos princípios constitucionais fundamentais, de modo a viabilizar a promoção de políticas públicas de inclusão dos que estão à margem, que sejam capazes de romper o círculo vicioso de alienação e opressão que conduz o trabalhador brasileiro a conviver com a mácula do labor degradante. Possibilidade de edificação de uma Justiça do Trabalho ainda mais democrática e despida de dogmas, na qual a responsabilidade para com a construção da sociedade livre, justa e solidária delineada na Constituição seja um compromisso palpável e inarredável".

(70) DWORKIN, Ronald. *O império do direito*. Tradução Jefferson Luiz Camargo. São Paulo: Martins Fontes, 1999. p. 492.

Se necessário for, o Judiciário deve fazer uso alternativo do Direito, fazendo prevalecer a justiça no caso concreto, em detrimento do texto frio das leis, das súmulas ou dos instrumentos coletivos, num exercício de resistência e de responsabilidade social para com o país e o seu povo.[71]

O juiz deve se empenhar na fundamentação de suas sentenças, para criar fonte jurídica sólida, que dê subsídios para a proteção e o aprimoramento dos direitos trabalhistas, por meio da afirmação do princípio constitucional da dignidade da pessoa humana.[72]

Nada mais justo e claro do que isso, já que é o povo quem dá legitimidade à Constituição, não podendo esta voltar-se contra as pessoas que lhe deram existência e sentido.[73]

Reitera-se que, assim agindo, a Jurisdição não atuará de forma arbitrária ou insurgente; muito pelo contrário, atuará de forma legítima, controlada pela própria Constituição, pelos mesmos mecanismos antes mencionados (fundamentação das decisões e duplo grau de jurisdição).

Nesse diapasão, é importante ressaltar que o Poder Judiciário não é o único protagonista da Jurisdição. De fato, outros atores sociais são essenciais para que a Jurisdição atinja seus objetivos antes delineados, quais sejam: a proteção e a promoção da dignidade da pessoa humana e, consequentemente, a realização da justiça social.

Entre esses atores está o Ministério Público, a quem compete zelar pela ordem jurídica, não só fiscalizando as ações das pessoas, grupos sociais e órgãos estatais, mas também promovendo ajustamento de condutas e demandas judiciais que defendam os direitos de pessoas ou grupos de pessoas consideradas, lato senso, vulneráveis.[74]

---

(71) Nessa linha, são as lições do professor de Carvalho: 1 — "Diz-se, pois, que o Juiz é neutro como se isso possível fosse. A única forma de uma pessoa ser neutra é estar fora do mundo, como se as coisas acontecessem abaixo dela. Na verdade ninguém, nem mesmo o cientista, pode ser neutro. Já se disse antes que o ato sentencial é fruto da ideologia do julgador (mesmo o da lavra dos positivistas — Dennis Lloyd, *op. cit.*, p. 183) e todos sabemos que a visão de mundo que temos é comprometida com a nossa história. Ao decidir, ou se está aplicando uma lei que não é neutra, ou se está aplicando uma justiça que também não o é". 2 — "O jurista, desde que orgânico, contribuirá para o avanço social. Sua missão fundamental é buscar utopicamente uma sociedade dirigida à solução dos problemas da maioria (ou seja, mais justa). Seu instrumento de trabalho (o direito) é arma para consagrar conquistas populares e para instrumentalizar conquistas futuras. Então, o direito não é necessariamente conservador. Só o será, como mero instrumento que é, se a ideologia-fim do jurista que com ele manipule for conservadora". CARVALHO, Amilton Bueno de. *Magistratura e direito alternativo*. 6. ed. Rio de Janeiro: Lumem Juris, 2003. p. 41 e 75, respectivamente.

(72) A respeito, Santos assevera: "Decisões judiciais mais humanas e com visão aberta são capazes de impulsionar políticas públicas. Com exemplo, podemos citar que, graças a juízes corajosos e justos, milhares de jovens estão estudando em universidades públicas e particulares, favorecidos pela isenção de taxa do vestibular e do Exame Nacional do Ensino Médico — ENEM —, que garante vaga para o Prouni". OFM, Frei David Santos. Ações afirmativas e o judiciário: o papel da magistratura nas demandas sociais. *Revista da Escola Nacional da Magistratura*. Ano II, n. 3. Brasília: Escola Nacional da Magistratura, 2007. p. 113.

(73) Cabe, aqui, a lição de Perelman: "[...] nos campos jurídico, político, filosófico, os valores intervêm como base de argumentação ao longo de todo o desenvolvimento. Recorre-se a eles para motivar o ouvinte a fazer certas escolhas em vez de outras e, sobretudo, para justificar essas, de modo que se tornem aceitáveis e aprovados por outrem". PERELMAN, Chaïm. *Tratado da argumentação*. Tradução de Maria Ermantina Galvão G. Pereira. São Paulo: Martins Fontes, 1996. p. 84-85.

(74) A propósito, o art. 127 da Constituição dispõe: "O Ministério Público é instituição permanente, essencial à função jurisdicional do Estado, incumbindo-lhe a defesa da ordem jurídica, do regime democrático e dos

Assim como o Poder Judiciário, o Ministério Público deve contribuir para a construção de uma nova noção de Jurisdição, mais pronta e efetiva, que exerça a já preconizada hermenêutica responsável.

É que, assim como acontece com o Poder Judiciário, o Ministério Público tem o dever constitucional de implementar ações afirmativas da dignidade da pessoa humana que resistam à flexibilização dos direitos sociais.

Agindo dessa forma, além de legitimar-se constitucionalmente, o Ministério Público figurará como agente transformador da sociedade, contribuindo para diminuir as desigualdades sociais. Mais do que isso, viabilizando que o Poder Judiciário crie jurisprudência forte e consistente, que passe a servir como fonte de Direito, alimentando positiva e qualitativamente o sistema jurídico, podendo ser utilizado para fundamentar novas ações afirmativas da dignidade da pessoa humana, numa espiral ascendente, promovendo, gradativamente, uma sociedade mais justa e solidária.

Os outros atores sociais essenciais para a Jurisdição são os defensores públicos(75) e os advogados,(76) sem os quais não é possível que a Jurisdição esteja presente e seja efetiva à generalidade da população.

A esses atores sociais, assim como ao Poder Judiciário e ao Ministério Público, compete contribuir para a efetividade da jurisdição, zelando por processos mais ágeis e eficazes, além de construir teses que colaborem com a hermenêutica responsável do Direito. Teses que tenham por objetivo colocar a Constituição Formal, de maneira efetiva e concreta, a serviço do povo, que clama por justiça social.

Logo, aos defensores e aos advogados que promovem os interesses dos trabalhadores cumpre também resistir aos efeitos precarizantes da flexibilização dos direitos trabalhistas, aprimorando a argumentação jurídica voltada à defesa da dignidade da pessoa

---

interesses sociais e individuais indisponíveis". De acordo com Silva: "O Ministério Público vem ocupando lugar cada vez mais destacado na organização do Estado, dado o alargamento de suas funções de proteção de direitos indisponíveis e de interesses coletivos". SILVA, José Afonso da. *Curso de direito constitucional positivo*. 9. ed. São Paulo: Malheiros, 1994. p. 510.

(75) O art. 134 da Constituição assim prescreve: "A Defensoria Pública é instituição essencial à função jurisdicional do Estado, incumbindo-lhe a orientação jurídica e a defesa, em todos os graus, dos necessitados, na forma do art. 5º, LXXIV". Silva, no ponto, observa: "Os pobres ainda têm acesso muito precário à justiça. Carecem de recursos para contratar advogados. O *patrocínio gratuito* tem-se revelado de deficiência alarmante. [...] Nesse sentido, é justo reconhecer que a Constituição deu um passo importante, prevendo, em seu art. 134, a *Defensoria Pública* como *instituição* essencial à função jurisidicional [...]". SILVA, *op. cit.*, 1994. p. 516.

(76) O art. 133 da CF dispõe: "O advogado é indispensável à administração da justiça, sendo inviolável por seus atos e manifestações no exercício da profissão, nos limites da lei". Sobre a advocacia como profissão, Silva assevera: "A advocacia não é apenas uma profissão, é também um múnus e 'uma árdua fatiga posta a serviço da justiça', como servidor ou auxiliar da Justiça. É um dos elementos da administração democrática da Justiça Por isso, sempre mereceu o ódio e a ameaça dos poderosos". SILVA, *op. cit.*, 1994. p. 509. Ainda, vale registrar a ressalva de Moraes: "O princípio constitucional da indispensabilidade da intervenção do advogado, previsto no art. 133 da Carta Maior, não é absoluto. Assim, apesar de constituir-se fator importantíssimo a presença do advogado no processo, para garantia dos direitos e liberdades públicas previstos na Constituição Federal e em todo o ordenamento jurídico, continua existindo a possibilidade excepcional da lei outorgar o *ius postulandi* a qualquer pessoa, como já ocorre no *habeas corpus* e na revisão criminal". MORAES, *op. cit.*, p. 516.

humana preconizada na Constituição. Assim, o Poder Judiciário poderá, como foi dito, formar jurisprudência sólida, fonte viva do Direito, que fortalecerá o sistema e sua pedra fundamental, que é, justamente, a própria Constituição.

Colocado o papel do Estado, nas suas dimensões política e jurisdicional, cumpre agora abordar de que forma a sociedade civil e os particulares podem, promovendo ações afirmativas da dignidade da pessoa humana, resistir aos efeitos nocivos da flexibilização dos direitos trabalhistas.

4.3 O papel da sociedade civil e dos particulares na afirmação da dignidade da pessoa humana

Como já foi referido nesta pesquisa, o Estado é um ente cultural idealizado e criado pela sociedade para executar obras e tarefas voltadas ao bem comum. Todavia, o Estado não é o único e exclusivo ente responsável por tal atribuição, já que a própria sociedade civil reserva para si a possibilidade de agir, organizada de múltiplas formas.

De acordo com *Vieira*:

> A sociedade civil representa apenas uma dimensão do mundo sociológico de normas, práticas, papéis, relações, competências, ou um âmago particular de olhar este mundo do ponto de vista da construção de associações conscientes, vida associativa, auto-organização e comunicação organizada. A sociedade civil tem, assim, um âmbito limitado, é parte da categoria mais ampla do "social" ou do "mundo da vida".(77)

Com efeito, o próprio sistema constitucional reconhece e autoriza a formação de associações de pessoas para, juntas, atingirem um determinado objetivo que, individualmente, teriam dificuldade ou, até mesmo, impossibilidade de conseguir.

Exemplo disso é a liberdade de associação para fins lícitos e pacíficos,(78) a liberdade de formação de sindicatos(79) e a liberdade de formação de empresas.(80)

Nessa linha, a sociedade civil pode se manifestar autônoma e diretamente, por meio de associações, sociedades, sindicatos e empresas.(81)

A propósito, *Arnaud* afirma que "[...] o retorno da sociedade civil se manifesta de forma crescente" nos tempos atuais. "Isto ocorre", segundo o referido autor, "de maneira

---

(77) VIEIRA, *op. cit.*, 1998. p. 46.

(78) O inciso XVII do art. 5º da CF dispõe: "é plena a liberdade de associação para fins lícitos, vedada a de caráter paramilitar".

(79) O art. 8º da CF dispõe: "É livre a associação profissional ou sindical, observado o seguinte:".

(80) O parágrafo único do art. 170 da CF disciplina: "É assegurado a todos o livre exercício de qualquer atividade econômica, independentemente de autorização de órgãos públicos, salvo os casos previstos em lei".

(81) No ponto, Vieira leciona: "Em meio a inúmeras ambigüidades de sentido relacionadas ao emprego da sociedade civil, a concepção que adotamos assume uma defesa à sociedade civil moderna capaz de preservar sua autonomia e formas de solidariedade em face do Estado e da economia. Esse 'terceiro caminho' busca, em outras palavras, garantir a autonomia da economia e do Estado moderno, ao mesmo tempo em que protege a sociedade civil da penetração destrutiva realizada por aquelas duas esferas". VIEIRA, *op. cit.*, 1998. p. 47.

muito visível, nas contestações recorrentes, sobre os assuntos mais diversos, do Estado, do qual justamente se espera que elas emanem, para reivindicar uma participação na elaboração da regulação social, ou até mesmo na elaboração das regras de direito".[82]

Tal realidade é designada pela doutrina como "pluralismo",[83] que pode ser dividido em pluralismo político[84] e pluralismo jurídico.[85][86]

O pluralismo político reconhece a existência de grupos de pessoas que professam uma mesma linha ideológica que propugna por uma determinada linha de organização e atuação do Estado. Exemplos disso são os partidos políticos que, em linhas gerais, se dividem em torno de concepções sociais ou liberais do Estado.

Já o pluralismo jurídico parte da ideia de que existem vários níveis de produção do Direito em uma dada sociedade. Nesse sentido, o Estado seria o maior produtor de fontes jurídicas, por intermédio das leis e da jurisprudência. Todavia, o Estado não é o único e exclusivo ente a produzir o Direito; a sociedade civil, por intermédio de suas associações, sindicatos e empresas, também está autorizada a produzir normas estatutárias, convenções coletivas e contratos, instrumentos esses que também possuem força normativa e que sofrem um controle mais ou menos rígido do Estado, de acordo com sua conformação social ou liberal.

Feita esta contextualização inicial, necessária para divisar a possibilidade de atuação tanto do Estado como da sociedade civil, cumpre delimitar, ante as inúmeras possibilidades de organização social, alguns organismos sociais que possuem um potencial mais expressivo de atuação nessa área, verificando-se de que forma os mesmos, ao lado ou em conjunto com o Estado, podem atuar nas aqui chamadas, de forma inédita, ações afirmativas da dignidade da pessoa humana, voltadas à resistência contra os efeitos precarizantes da flexibilização dos direitos trabalhistas.

Nessa esteira, o primeiro organismo social que será abordado é o sindicato.

---

(82) ARNAUD, *op. cit.*, p. 187.

(83) Segundo Wolkmer, pluralismo, ao contrário do monismo, "designa a existência de mais de uma realidade, de múltiplas formas de ação prática e da diversidade de campos sociais com particularidade própria, ou seja, envolve o conjunto de elementos autônomos e elementos heterogêneos que não se reduzem entre si". WOLKMER, Antônio Carlos. *Pluralismo jurídico*: fundamentos de uma nova cultura no direito. 2. ed. São Paulo: Alfa-Omega, 1997. p. 158.

(84) Para Wolkmer, pluralismo político pode ser "entendido como variedade de partidos e movimentos políticos que 'disputam entre si, através do voto ou de outros meios, o poder na sociedade e no Estado'". *Idem*, p. 159.

(85) De acordo com Wolkmer, várias são as acepções de pluralismo jurídico, mas a que o autor defende, e a qual esta pesquisa se alia, é um pluralismo jurídico de "teor comunitário-participativo destinado a se contrapor e a responder às insuficiências do monismo legal, produzido e monopolizado pelos órgãos do Estado moderno. Este pluralismo ampliado e de novo tipo, além de possuir certos pressupostos fundantes de existência material e formal, encontra a força de sua legitimidade em cidadanias coletivas insurgentes e participativas. Estas cidadanias são, por sua vez, fontes por excelência de uma nova forma de produção dos direitos, direitos relacionados à satisfação das necessidades humanas desejadas". *Idem*, p. 311.

(86) Em relação a isso, o art. 17 da CF assim dispõe: "É livre a criação, fusão, incorporação e extinção de partidos políticos, resguardados a soberania nacional, o regime democrático, o pluripartidarismo, os direitos fundamentais da pessoa humana e observados os seguintes preceitos".

Adverte-se, desde logo, que dada a importância do papel dos sindicatos nas ações de resistência, é necessário dedicar algumas linhas para estabelecer o conceito, as espécies e as formas dessas organizações sociais, bem como para comentar alguns aspectos da chamada "reforma sindical".

Com efeito, ainda que tal temática não constitua o ponto central desta pesquisa, a atualidade e a pertinência da matéria em foco não podem ser desconsideradas, uma vez que é justamente pela negociação coletiva, levada a cabo pelos sindicatos, que se opera de forma mais significativa a flexibilização dos direitos trabalhistas.

A Constituição brasileira consagra a liberdade de associação (art. 5º, XVII, da CF) e, no art. 8º de seu texto, lança as bases principiológicas da organização sindical, cuja regulação mais detalhada está contemplada a partir do art. 511 da Consolidação das Leis do Trabalho.

Entende-se, pois, por sindicato a associação de empregados ou de empregadores que visa, no âmbito de suas respectivas categorias, proteger e promover seus particulares interesses na relação entre o capital e o trabalho.

Martins conceitua sindicato como "A associação de pessoas físicas ou jurídicas que têm atividades econômicas ou profissionais, visando à defesa dos interesses coletivos e individuais de seus membros ou da categoria".(87)

Já *Gomes* e *Gottschalk* aduzem que "Sindicato é o agrupamento estável de várias pessoas de uma profissão, que convencionam colocar, por meio de uma organização interna, suas atividades e parte de seus recursos em comum, para assegurar a defesa e a representação da respectiva profissão, com vistas a melhorar suas condições de vida e trabalho".(88)

O conceito de *Martins*, mesmo que mais sintético, não esqueceu que os sindicatos podem ser de empregados (profissional) e de empregadores (econômico). Todavia, a definição de *Gomes* e *Gottschalk* tem o mérito de pôr em evidência a finalidade da organização sindical profissional, que é a conjugação de recursos e esforços dos trabalhadores para "melhorar suas condições de vida e trabalho".

O sindicato profissional, especificamente, pode formar-se tendo em vista a atividade fim da empresa, *v.g.*, sindicato dos bancários, se a empresa for um banco, ou os interesses específicos de uma determinada categoria, ainda que a atividade empresarial seja mais ampla, como é o caso, por exemplo, do sindicato dos vigilantes, muito embora alguns deles sejam empregados de empresa bancária. Trata-se daquilo que a lei e a doutrina chamam de "categoria diferenciada".(89)

---

(87) MARTINS, Sérgio Pinto. *Direito do trabalho*. 11. ed. São Paulo: Atlas, 2000. p. 621.

(88) GOMES, Orlando; GOTTSCHALK. *Curso de direito do trabalho*. 4. ed. Rio de Janeiro: Forense, 1995. p. 54.

(89) O § 3º do art. 511 da CLT dispõe: "Categoria profissional diferenciada é a que se forma dos empregados que exerçam profissões ou funções diferenciadas por força de estatuto profissional especial ou em conseqüência de condições de vida singulares".

Martins esclarece este último ponto, observando que:

> Na categoria diferenciada, o que ocorre é a formação de um sindicato por profissão, segundo leciona *Amauri Mascaro Nascimento* (1991:325), que evidentemente só poderá ser de empregados e não de empregadores. Temos como exemplos de categorias diferenciadas, de acordo com o quadro anexo mencionado pelo art. 577 da CLT, a dos condutores de veículos rodoviários (motoristas); cabineiros de elevadores (ascensoristas); secretárias etc.[(90)]

Há, ainda, a possibilidade de o sindicato formar-se a partir de atividades similares ou correlatas,[(91)] com o que passa a integrar determinadas categorias profissionais que possuem condições de vida e de trabalho comuns.

Ainda, dentro da organização sindical brasileira, os sindicatos (tanto o profissional como o econômico) podem ser classificados em sindicatos de base, federações, confederações e centrais sindicais.

Os sindicatos de base[(92)] são as formações mais básicas de trabalhadores e empregadores, com abrangência não inferior a um município e que, teoricamente, por estarem mais próximos da realidade laboral dos trabalhadores, possuem melhores condições de detectar os reais interesses da categoria e lutar para realizar tais interesses.

As federações[(93)] são entidades sindicais de grau superior organizadas nos Estados-Membros, podendo o Ministro do Trabalho[(94)] autorizar a constituição de federações interestaduais ou nacionais.

Já as confederações,[(95)] na lição de *Martins*, "são entidades sindicais de grau superior de âmbito nacional. São constituídas de no mínimo três federações, tendo sede em Brasília".[(96)]

---

(90) MARTINS, *op. cit.*, 2000. p. 629.

(91) O § 2º do art. 511 da CLT assim estabelece: "A similitude de condições de vida oriunda da profissão ou trabalho em comum, em situação de emprego na mesma atividade econômica ou em atividades econômicas similares ou conexas, compõe a expressão social elementar compreendida como categoria profissional".

(92) O inciso II do art. 8º da CF dispõe: "é vedada a criação de mais de uma organização sindical, em qualquer grau, representativa de categoria profissional ou econômica, na mesma base territorial, que será definida pelos trabalhadores ou empregadores interessados, não podendo ser inferior à área de um Município".

(93) O art. 534 da CLT dispõe: "É facultado aos sindicatos, quando em número não inferior a 5 (cinco), desde que representem a maioria absoluta de um grupo de atividades ou profissões idênticas, similares ou conexas, organizarem-se em federação".

(94) O § 2º do art. 534 da CLT dispõe: "As federações serão constituídas por Estados, podendo o Ministro do Trabalho autorizar a constituição de federações interestaduais ou nacionais".

(95) O art. 535 da CLT disciplina: "As confederações organizar-se-ão com o mínimo de três federações e terão sede na Capital da República".

(96) MARTINS, *op. cit.*, 2000. p. 639.

As centrais sindicais, por seu turno, até pouco tempo, não eram regulamentadas pela Consolidação das Leis do Trabalho,[97] mas reconhecidas por leis esparsas[98] e constituem a cúpula da organização sindical brasileira.

Recentemente, a Lei n. 11.648 de 31 de março de 2008 passou a reconhecer formalmente as Centrais Sindicais, conceituando-as e regulando o seu funcionamento.[99]

As centrais são responsáveis pela formalização de acordos e convenções coletivas de ampla aplicação, justamente por estenderem seus efeitos a uma parcela maior de trabalhadores.

O problema dessa modalidade de organização é que as cláusulas coletivas que estabelece são muito amplas e genéricas, não contemplando, muitas vezes, os interesses e as necessidades específicas de uma dada categoria de trabalhadores.

Nesse diapasão, é imperioso deixar registrado que tramita no Congresso Nacional uma proposta de Emenda Constitucional[100] e de um Anteprojeto de Lei de Relações Sindicais[101] genericamente chamadas de "reforma sindical", normas estas que, se aprovadas, alterarão significativamente as bases da organização sindical brasileira.

Com efeito, a primeira modificação significativa da reforma está no art. 40 do citado Anteprojeto de Lei. De acordo com este, havendo modificação no âmbito da representação, é possível existir mais de um sindicato, na mesma base territorial, com personalidade sindical. Isso relativiza o princípio da unicidade sindical vigente no atual sistema sindical brasileiro, podendo surtir prejuízos para a classe trabalhadora, ante a fragmentação da sua representação na mesma base territorial, fato que, em tese, lhe retira o poder de coesão e de pressão.

Outra modificação consta no art. 100 do aludido Anteprojeto, que legaliza uma prática hoje corrente, já visto linhas atrás, de concentração de poderes na cúpula da organização sindical. O artigo estabelece que o contrato coletivo de nível superior poderá indicar cláu-

(97) Pinto Martins observa que: "As centrais sindicais são entidades que existem na prática, mas não há regulamentação legal que trata de sua organização ou do âmbito de sua atuação: Exemplo: CUT (Central Única dos Trabalhadores), CGT (Confederação Geral dos Trabalhadores) e USI (União Sindical Independente)". *Idem*, p. 640.

(98) O § 3º, do art. 18 da Lei n. 7.998/90 (que trata do seguro-desemprego) assim dispõe: "Os representantes dos trabalhadores serão indicados pelas centrais sindicais e confederações de trabalhadores; e os representantes dos empregadores, pelas respectivas confederações". Por seu turno, o § 3º do art. 3º da Lei n. 8.036/90 (FGTS) disciplina: "Os representantes dos trabalhadores e dos empregadores e seus respectivos suplentes serão indicados pelas respectivas centrais sindicais e confederações nacionais e nomeados pelo Ministro do Trabalho e da Previdência Social, e terão mandato de 2 anos, podendo ser reconduzidos uma única vez".

(99) O parágrafo único do art. 1º da Lei n. 11.648 de 31 de março de 2008 dá o conceito legal de central sindical, assim dispondo: "art. 1º [...]. Parágrafo único. Considera-se central sindical, para os efeitos do disposto nesta Lei, a entidade associativa de direito privado composta por organizações sindicais de trabalhadores."

(100) Proposta de Emenda à Constituição n. 369/2005, que pretende dar nova redação aos arts. 8º, 11, 37, e 114 da Constituição. Disponível em: <www.camara.gov.br/sileg/integras/280671.htm>. Acesso em: 17.11.05.

(101) Por ser anteprojeto não possui um número especifico. Todavia, foi encaminhado ao Sr. Presidente da República, pelo então Ministro de Estado do Trabalho e do Emprego, Exmo. Sr. Ricardo José Ribeiro Berzoini, em novembro de 2004. O Anteprojeto denomina-se "Anteprojeto de Lei de Relações Sindicais". O texto completo pode ser encontrado no sítio <www.contratuh.org.br/agencia/anteprojeto_novo.htm>. Acesso em: 17.11.05.

sulas que não serão objeto de modificação nos níveis inferiores. Como se pode perceber, prevaleceria a negociação da cúpula, em detrimento das necessidades e das peculiaridades dos sindicatos de base, estes mais próximos da realidade dos trabalhadores.

Ainda, a PEC 369/05 e o Anteprojeto de Lei de Relações Sindicais criam instrumentos que atrelam a criação do sindicato à autorização do Estado. De fato, de acordo com o inciso II do art. 8º da PEC, compete ao Estado atribuir "personalidade sindical" às entidades que, na forma da lei, "[...] atenderem a requisitos de representatividade, de participação democrática dos representados e de agregação que assegurem a compatibilidade de representação em todos os níveis e âmbitos da negociação coletiva".

De acordo com a redação supra, há um elevado grau de "subjetivismo" por parte do Estado, no que tange à análise de requisitos para atribuição de personalidade sindical, tais como "representatividade" e "participação democrática". Ora, isso pode implicar uma odiosa intervenção do Estado na liberdade sindical, já que o sindicato fica atrelado àquele, com critérios que não são objetivos, mas sim extremamente subjetivos, o que pode descambar para o mero arbítrio do Estado.

Por fim, é relevante pontuar que o Anteprojeto de Lei afeta, significativamente, o direito de greve, já que, de acordo com o seu art. 113, permite que empregador contrate, durante o período de greve, serviços mínimos para o funcionamento da empresa, desde que observado o critério da razoabilidade, sob pena de conduta antissindical. Ora, fica evidente o elevado grau de subjetivismo da norma, já que a lei não define o que são "serviços mínimos", sem olvidar que o critério de "razoabilidade" é do empregador, sem o crivo, *a priori*, do Poder Judiciário. Tal implica a possibilidade de o empregador "esvaziar" a greve, retirando da categoria o poder de pressão, que é justamente o objetivo da paralisação.

Todos esses preceitos mostram, de forma nítida, uma facilitação para a flexibilização precarizante dos direitos trabalhistas, posto que, num primeiro olhar, em vez de fortalecer enfraquece a organização sindical, reduzindo seu poder de pressão e de barganha na negociação coletiva.

Feito esse rápido e necessário registro, e nada obstante, os sindicatos (notadamente os profissionais, voltados à defesa dos trabalhadores) com maior expressão no âmbito do mundo do trabalho, possuem fundamental importância na implementação de ações afirmativas da dignidade da pessoa humana, voltadas à neutralização dos efeitos nefastos da flexibilização dos direitos trabalhistas.

Nessa linha, *Barbagelata* assevera:

> Es obvio entonces que la resistência a la flexibilidad de parte de los sindicatos depende de varios factores, pero que en toda situación en que exista libertad sindical y un mínimo de organización de los trabajadores, la acción de los sindicatos estará marcando un limite a la flexibilidad que pretendan imponer los gobiernos y los empresarios.(102)

(102) Tradução livre: "É óbvio, então, que a resistência à flexibilidade de parte dos sindicatos depende de vários fatores, posto que em toda situação em que exista liberdade sindical e um mínimo de organização dos trabalhadores, a ação dos sindicatos estará marcando um limite à flexibilidade que pretendem impor os governos e os empresários". BARBAGELATA, *op. cit.*, p. 98.

Efetivamente, na esfera administrativa e política de sua atuação, o sindicato profissional pode tomar inúmeras ações afirmativas, tais como a conscientização da classe trabalhadora a respeito da importância da organização coletiva como forma de tornar mais forte a categoria e, por decorrência, obter um maior poder de barganha nas negociações coletivas com as empresas e com os sindicatos econômicos.

Nessa mesma linha, e paralelamente, outra ação pode ser a de promover campanhas para angariar novos associados, não só para dar mais expressão coletiva à categoria, mas também para amealhar mais recursos econômicos ao sindicato, fortalecendo-o estruturalmente. Com isso, é possível ampliar seu leque de atuação, não só na linha reivindicatória de novos direitos e de resistência quanto à precarização dos já existentes, mas também para proporcionar assistência social aos seus associados, como atendimento médico-odontológico, previdência privada, convênios diversos e atividades de lazer.

Nessa perspectiva, o sindicato estará cumprindo o disposto no art. 7º da Constituição, que manda não só o Estado, mas também a sociedade civil, implementar ações positivas que visem à melhoria das condições sociais dos trabalhadores.

Além disso, na esfera política, os sindicatos profissionais devem buscar representatividade junto aos órgãos de gestão e fiscalização estatal, bem como propor projetos de lei e políticas públicas, visando aprimorar as condições de trabalho.

De fato, o sindicato constitui força viva da sociedade, sendo a expressão coletiva dos trabalhadores por excelência. Desse modo, a participação direta e ativa dos sindicatos na definição de políticas públicas voltadas à ampliação de empregos formais, reposições salariais, expansão dos direitos sociais e combate à precarização dos direitos trabalhistas representa ações afirmativas da dignidade da pessoa humana. Implementáveis ainda no plano macroestrutural da economia, voltam-se ao resgate da centralidade do homem na relação entre o capital e o trabalho.

Cumpre registrar que o cenário político atual do Brasil vem privilegiando a participação das centrais sindicais nas reuniões governamentais de cúpula, dirigidas à definição das políticas públicas voltadas à promoção dos direitos sociais, notadamente do Direito do Trabalho.[103]

Dessa forma, é de fundamental importância o resgate da consciência coletiva de organização dos trabalhadores, com o fortalecimento dos sindicatos profissionais, já que, somente assim, ditos sindicatos se revestirão de legitimidade e de um maior poder de determinação e barganha, capaz de efetivamente resistir aos efeitos precarizantes da flexibilização de direitos trabalhistas e ir além, para implementar melhores condições sociais aos trabalhadores.

---

(103) Nesse sentido, cita-se o caso do "Fórum Nacional do Trabalho", integrado, entre outros, por representantes das Centrais Sindicais. Segundo o sítio oficial <http://www.mte.gov.fnt/default.asp>. Acesso em: 10.10.07, o Fórum Nacional do Trabalho tem por objetivo "promover a democratização das relações de trabalho por meio da adoção de um modelo de organização sindical baseado em liberdade e autonomia. Atualizar a legislação do trabalho e torná-la mais compatível com as novas exigências do desenvolvimento nacional, de maneira a criar um ambiente propício à geração de emprego e renda". Sobre as entidades que compõem o Fórum, consulte, no mesmo sítio, o regimento interno.

Todavia, é importante ter-se em mente que as cúpulas sindicais devem estar em perfeita sintonia com os interesses sociais dos trabalhadores que representam, promovendo a defesa incansável de tais interesses na definição de políticas públicas. Se assim não atuarem, as cúpuluas figurarão como meros instrumentos de manobra, legitimando os interesses neoliberais, dando vazão à flexibilização precarizante dos direitos trabalhistas, num verdadeiro retrocesso social e desvio de finalidade.

Daí por que o trabalhador, também nessa seara, deve exercer a cidadania ativa, participando efetivamente das reuniões e assembleias do sindicato, exercendo, pessoalmente, a fiscalização e o controle direto das ações de seus representantes, para que esses não se desviem dos rumos definidos pela classe trabalhadora, servindo como instrumento para legitimar políticas públicas espúrias, que descumprem o art. 7º da Constituição, precarizando, em vez de melhorar, as condições de vida dos trabalhadores.

Ainda dentro da esfera político-administrativa de atuação, compete ao sindicato profissional entabular acordos ou convenções coletivas de trabalho, defendendo e promovendo os interesses da classe trabalhadora.

Essa seara de atuação, talvez a mais importante atribuída ao sindicato profissional, é o meio mais profícuo de implementar ações afirmativas da dignidade humana, voltadas não só ao combate da precarização dos direitos trabalhistas mas, também, à inclusão social de trabalhadores discriminados, como o envelhescente e a mulher, além de promover melhores condições de trabalho à generalidade dos obreiros.

Antes de se adentrar esse debate, cumpre esclarecer que o acordo[104] e a convenção coletiva de trabalho[105] constituem instrumentos jurídicos que formalizam a negociação coletiva, constituindo fonte autônoma[106] do Direito do Trabalho, já que oriunda da vontade das partes contratantes.

Inicialmente, tudo o que foi dito linhas atrás sobre a necessidade de consciência coletiva de organização e fortalecimento do sindicato vale nessa esfera de atuação da

(104) O § 1º do art. 611 da CLT assim dispõe: "É facultado aos sindicatos representativos de categorias profissionais celebrar Acordos Coletivos com um ou mais empresas da correspondente categoria econômica, que estipulem condições de trabalho, aplicáveis no âmbito da empresa ou das empresas acordantes às respectivas relações de trabalho". Logo, como se pode perceber, acordo coletivo é aquele que se estabelece entre o sindicato profissional e uma ou mais empresas, regendo os contratos dos empregados destas.

(105) O *caput* do art. 611 da CLT reza: "Convenção Coletiva de Trabalho é o acordo de caráter normativo pelo qual dois ou mais sindicatos representativos de categorias econômicas e profissionais estipulam condições de trabalho aplicáveis, no âmbito das respectivas representações, às relações individuais de trabalho". Então, convenção coletiva é aquela entabulada entre o sindicato profissional e o sindicato econômico, regendo os contratos individuais de trabalho dos empregados que se inserem no âmbito da representação de ditos sindicatos.

(106) "Fonte autônoma" é aquela que deriva da vontade dos sujeitos contratantes, *v. g.*, o acordo, o contrato; ao passo que "fonte heterônoma" é aquela originária de um ente estranho aos sujeitos envolvidos, p. ex., a lei e a jurisprudência. Camino leciona: "As fontes heterônomas são fruto da atividade do Estado. Revestem-se de positividade originária e imediata. São a lei em sentido amplo (abarcados aqui a própria Constituição, as leis ordinária, complementar, delegada e as medidas provisórias, os regulamentos e as portarias) e, também, as sentenças normativas, estas específicas e peculiares ao direito do trabalho, oriundas do poder normativo da Justiça do Trabalho. As fones autônomas são de origem não-estatal. Nascem da autodisciplina dos próprios destinatários, através dos contratos, das convenções e dos acordos coletivos de trabalho". CAMINO, *op. cit.*, 2003. p. 132.

organização profissional, posto que somente um sindicato forte e combativo, legitimado por sua base constitutiva, terá condições de resistir à flexibilização deletéria dos direitos trabalhistas.

Desse modo, poderá firmar bons acordos ou convenções coletivas que servirão de fonte do Direito do Trabalho, inclusive prevalecendo, se mais benéfica, a própria lei estatal (fonte heterônoma), ante o princípio da proteção, já estudado no segundo capítulo desta pesquisa.

Em regra, os acordos e as convenções coletivas são divididos por capítulos, que agrupam cláusulas que versam sobre um determinado tema. Assim, em tais instrumentos coletivos encontram-se cláusulas gerais que definem a abrangência e a vigência do acordo; as cláusulas econômicas, que versam sobre parcelas salariais; as cláusulas sociais, que abrangem direitos não estritamente salariais, *v.g.*, estabilidade no emprego, direito à bolsa de estudo e à creche e, por fim, as cláusulas finais, que estabelecem procedimentos de negociações futuras, multas e foro.

É justamente na negociação e na formalização das cláusulas salariais e sociais desses instrumentos coletivos que o sindicato profissional pode contribuir decisivamente contra a flexibilização precarizante dos direitos trabalhistas.

Com efeito, como já foi estudado, o *caput* do art. 7º da Constituição representa uma cláusula aberta de direitos sociais, pois permite, pela via da negociação coletiva, ampliar direitos trabalhistas. Todavia, de forma contraditória, alguns incisos deste mesmo artigo constitucional, como o que se refere ao salário[(107)] e à jornada de trabalho,[(108)] justamente as colunas mestras do contrato individual de trabalho, permitem, também, pela via negociada, flexibilizar, para pior, tais institutos do Direito do Trabalho, já que autorizam a redução de salário e a ampliação de jornada pela via da negociação coletiva.

Assim, a representatividade, a coesão e a combatividade do sindicato profissional são determinantes para não deixar que, pela via negociada, se flexibilizem direitos trabalhistas, suprimindo-os ou precarizando-os.

Dessa forma, é essencial que o sindicato profissional realize ações afirmativas da dignidade da pessoa humana, defendendo a manutenção dos direitos trabalhistas mínimos previstos na Constituição e, indo além, promovendo a ampliação de novos direitos, dentro das múltiplas peculiaridades e necessidades da categoria que representa.

Como visto no capítulo anterior, é justamente pela via da negociação coletiva que os empresários pretendem flexibilizar, para menos, os direitos trabalhistas, justamente por saber que os sindicatos profissionais se encontram, atualmente, desarticulados e enfraquecidos.

---

(107) O inciso VI do art. 7º da CF dispõe: "irredutibilidade do salário, ***salvo o disposto em convenção ou acordo coletivo***" (grifou-se). Note-se, por acordo ou convenção coletiva de trabalho é possível haver redução salarial, sem a proporcional redução da jornada de trabalho.

(108) O inciso XIII do art. 7º da CF estabelece: "duração do trabalho normal não superior a oito horas diárias e quarenta e quatro semanais, ***facultada a compensação de horários e a redução de jornada, mediante acordo ou convenção coletiva de trabalho***". (grifou-se). Por acordo ou convenção coletiva de trabalho é possível laborar em horas excedentes aos limites legais, mediante compensação com folga em outro dia da semana, sem que isso implique pagamento de horas extras.

Nessa linha, vale a pena transcrever a lúcida advertência de *Camino*:

Falaciosamente, difunde-se a ideia de volta às origens, ao plano coletivo das relações de trabalho, no intuito de obviar soluções para as múltiplas e complexas questões sociais que envolvem tais relações nos dias de hoje, quando, em verdade, essas relações travam-se em cenário diverso: enquanto os trabalhadores do séculos XIX protagonizaram movimento de conquista do direito do trabalho, forçando a negociação com o capital e obtendo daí as primeiras normas de proteção, posteriormente consagradas na ordem estatal, hoje a pressão para negociar parte do capital, em busca da reversão do direito tutelar.(109)

Ainda, no ponto, *Barbagelata* registra:

En cambio, el estabelecimiento de límite a la flexibilidad por la acción sindical en relación con el vasto proceso de precarización, característico del mundo subdesarrollado, aparece, por el momento, como poco factible. No sólo por la debilidad que en esas regiones suele tener el movimiento sindical, sino también por las dificultades que enfrenta el tercer mundo, pero también en los restantes, para integrar al sector informal e incluso para comprender su problemática y orientar sus reivindicaciones.(110)

Então, urge que os trabalhadores voltem a ocupar os espaços públicos, em especial, ingressando nos sindicatos de sua categoria, para fortalecê-los e legitimá-los, do contrário, será pouco alvissareiro o futuro de seus direitos sociais, precarizados que serão pela via da negociação coletiva, autorizada pela própria Constituição.

Nessa esteira, tendo em vista o princípio da liberdade sindical, que veda a intervenção estatal nesse tipo de organização, cumpre ao Estado intervir mais na relação entre o capital e o trabalho, reduzindo as possibilidades de flexibilização dos direitos trabalhistas, pela via negociada.(111)

---

(109) CAMINO, *op. cit.*, 2003. p. 40.

(110) Tradução livre: "Por outro lado, o estabelecimento de limite à flexibilidade pela ação do sindicato em relação ao vasto processo de precarização, característico do mundo subdesenvolvido, aparece, neste momento, pouco factível. Não só pela debilidade do movimento sindical nessas regiões, como também pelas dificuldades que enfrenta o terceiro mundo, assim como os restantes, para se integrar ao setor formal e inclusive para compreender sua problemática e orientar suas reinvindicações". BARBAGELATA, *op. cit.*, p. 98-99.

(111) A propósito, cita-se o teor do Enunciado n. 33 aprovado pela 1ª Jornada de Direito Material e Processual na Justiça do Trabalho, promovido pelo Tribunal Superior do Trabalho — TST, Escola Nacional de Magistrados do Trabalho — ENAMAT, Associação Nacional dos Magistrados da Justiça do Trabalho — ANAMATRA e Conselho de Escolas de Magistratura Trabalhista — CONEMATRA, ocorrida nos dias 21, 22 e 23 de novembro de 2007, disponível em <www.anamatra.org.br>. Acesso em: 6.2.08: "NEGOCIAÇÃO COLETIVA. SUPRESSÃO DE DIREITOS. NECESSIDADE DE CONTRAPARTIDA. A negociação coletiva não pode ser utilizada somente como um instrumento para supressão de direitos, devendo sempre indicar a contrapartida concedida em troca do direito transacionado, cabendo ao magistrado a análise da adequação da negociação coletiva realizada quando o trabalhador pleiteia em ação individual a nulidade de cláusula convencional".

Isso, pelo menos, até o momento em que se diminuam as desigualdades sociais a um ponto aceitável, quando, então, poderá restringir sua intervenção, deixando que as partes negociem mais amplamente suas relações. Do contrário, será difícil o sindicato profissional se fortalecer diante da tão combalida condição social e econômica da classe trabalhadora.

Finalizando-se, com isso, a abordagem a respeito da atuação política e administrativa do sindicato, faz-se a seguir breves considerações sobre o papel deste no exercício do direito de greve.

A bem da verdade, a origem da greve se confunde com a origem do sindicato, uma vez que o movimento paredista revelou-se o principal instrumento de luta da organização coletiva de trabalhadores na busca de melhores condições de trabalho. Entendida como a paralisação total ou parcial das atividades laborais, a greve tem o fito de pressionar o empregador a atender alguma determinada reivindicação da classe trabalhadora.

De acordo com *Uriarte* a "greve — principal manifestação e instrumento de conflito — é um direito, uma faculdade, um poder *equilibrador* ou *compensatório*, um dos instrumentos de *proteção* ou de tutela — nesse caso *autotutela* — do Direito do Trabalho". Segundo dito autor, "a greve é o instituto mais atípico, da parte mais atípica do ramo mais atípico do direito".(112)

Por seu turno, *Gomes* e *Gottschalk* sustentam que "[...] greve é uma declaração sindical que condiciona o exercício individual de um direito coletivo de suspensão temporária de trabalho, visando à satisfação de um interesse profissional".(113)

O direito de greve está consagrado no art. 9º da Constituição(114) e regulamentado pela Lei n. 7.783 de 28 de junho de 1989. De acordo com a definição legal contida no art. 2º da Lei em questão, considera-se greve a "[...] suspensão coletiva, temporária e pacífica, total ou parcial, de prestação pessoa de serviços a empregador".

Pela regra, o direito de greve poder ser exercido em todos os ramos da atividade privada. Todavia, há determinados serviços(115) que, por serem imprescindíveis e de necessidade contínua, não podem sofrer paralisações, restringindo-se, consequentemente, o direito de greve em tais setores da atividade laboral.

---

(112) URIARTE, Oscar Ermida. *A flexibilidade da greve*. Tradução de Edilson Alkmin. São Paulo: LTr, 2000. p. 10, (grifo do autor).

(113) GOMES, Orlando; GOTTSCHALK, *op. cit.*, p. 629.

(114) O art. 9º da CF dispõe: "É assegurado o direito de greve, competindo aos trabalhadores decidir sobre a oportunidade de exercê-lo e sobre os interesses que devam por meio dele defender".

(115) O art. 10 da Lei n. 7.783/89 dispõe: "São considerados serviços ou atividades essenciais: I — tratamento de abastecimento de água, produção e distribuição de energia elétrica, gás e combustíveis: II — assistência médica e hospitalar; III — distribuição e comercialização de medicamentos e alimentos; IV — funerários; V — transporte coletivo; VI — captação e tratamento de esgoto e lixo; VII — telecomunicações; VIII — guarda, uso e controle de substâncias radioativas, equipamentos e materiais nucleares; IX — processamento de dados ligados a serviços essenciais; X — controle de tráfego aéreo; XI compensação bancária".

Neste e em outros aspectos,[116] a Lei que regulamenta o direito de greve é muito criticada, porque restringe, sensivelmente, o poder de pressão que tal instrumento possui, afetando, diretamente, a adequada defesa e promoção dos direitos trabalhistas.

De fato, apesar de existirem outras formas de atuação político-administrativa, a greve, sem dúvida nenhuma, constitui-se no mais poderoso instrumento afirmativo da dignidade da pessoa humana e de resistência contra a flexibilização precarizante dos direitos trabalhistas. A paralisação da atividade produtiva desencadeia forte pressão sob o poder econômico, obrigando-o a rever sua posição opressiva, levando-o à negociação ou à implementação de condições de trabalho mais dignas.

Não se quer com isso dizer que o direito de greve pode ser exercido indiscriminadamente, até porque a paralisação da atividade produtiva é medida excepcional que afeta o curso da economia e desencadeia efeitos colaterais perigosos, *v.g.*, desabastecimento e inflação. Por isso é que tal direito, como qualquer outro, passa pelo crivo do Poder Judiciário, a quem compete analisar a legalidade e a justiça da greve instaurada.

Todavia, as restrições ao direito de greve devem submeter-se ao princípio da proporcionalidade,[117] posto que liberá-lo demais pode trazer efeitos ruins para a economia, atingindo terceiros e os próprios trabalhadores. Porém, restringi-lo demais pode esvaziar o poder de pressão que a greve possui, tornando-a um instrumento inócuo para os fins a que se destina.

Nessa perspectiva, assim como se fala de flexibilização dos direitos trabalhistas, já se preconiza, também, a flexibilização do direito de greve. Sobre esta temática, *Uriarte* assevera: "Na prática, o exercício do direito de greve cada vez mais se 'atipifica' tanto em nosso país como no mundo inteiro. E não só como estratégia de maximização do dano e minimização do 'custo', mas também como estratégia de adaptação flexível do exercício da greve à flexibilização empresarial e produtiva".[118]

Dito autor revela formas interessantes de flexibilização do direito de greve; por exemplo:

> A denominada *cibergreve* dos trabalhadores da Elf, em 1999, na França, é um dos conflitos nos quais se fez uso bem-sucedido da informática, de um lado, obstruída

---

(116) Como é o caso da possibilidade de o empregador contratar novos empregados com o propósito genérico de "assegurar os serviços cuja paralisação resulte em prejuízo irreparável, pela deterioração irreversível de bens, máquinas e equipamentos, bem como a manutenção daqueles essenciais à retomada das atividades da empresa quando da cessão do movimento", conforme faculta o parágrafo único do art. 9º da Lei n. 7.783/89, que também enfraquece o poder de pressão da greve, pela possibilidade de novas contratações no período do movimento paredista.

(117) Barros, ao mesmo tempo que define, explica a funcionalidade do princípio da proporcionalidade, nos seguintes termos: "A exigência de uma ponderação de interesses em conflito, como demonstrar-se-á, requer do legislador uma tarefa de *concordância prática* entre os direitos em jogo, de maneira a impedir o sacrifício de um relação ao outro. Nesse delicado procedimento, o *princípio da proporcionalidade* funciona como um parâmetro técnico: por meio dele verifica-se se os fatores de restrição tomados em consideração são adequados à realização ótima dos direitos colidentes ou concorrentes. Afinal, o que se busca é a garantia aos indivíduos de uma esfera composta de alguns direitos, tidos por fundamentais, que não possam ser menosprezados a qualquer título". BARROS, Suzana de Toledo. *O princípio da proporcionalidade e o controle de constitucionalidade das leis restritivas de direitos fundamentais*. 2. ed. Brasília: Brasília Jurídica, 2000.

(118) URIARTE, *op. cit.*, 2000. p. 48.

como fator de produção, e, de outro, utilizada como instrumento de difusão do conflito. A greve foi desencadeada pela classe operária contra um programa de redução de 1500 postos de trabalho no ramo de exploração e produção da petroquímica Elf. Em determinado momento do conflito, o pessoal técnico, altamente qualificado, reunido em outro sindicato, entrou em greve parcial de duas horas de duração e, além disso, bloqueou todo o sistema informático de gestão da empresa. Esta, de fato parou literalmente. De modo paralelo, porém, criou-se um sítio *web*, denominado "Elf-resistence", destinado às filiais do grupo econômico, à imprensa e aos demais interessados no conflito.(119)

O fato é que o direito constitucional de greve deve ser preservado, não podendo sofrer restrições indevidas, uma vez que constitui poderoso instrumento de resistência contra os efeitos nocivos da flexibilização dos direitos trabalhistas.

Inegavelmente, a greve constitui uma ação afirmativa da dignidade da pessoa humana, já que é, por excelência, um instrumento de libertação da classe trabalhadora contra políticas e ações empresariais de cunho opressivo, que degradam e corroem os direitos trabalhistas duramente conquistados pela força coletiva dos trabalhadores.

Feitas essas breves considerações sobre o direito de greve, cumpre agora dar um passo adiante na pesquisa, passando pelo papel das organizações não-governamentais na tomada de ações afirmativas da dignidade da pessoa humana e de resistência à flexibilização dos direitos trabalhistas.

As organizações não-governamentais são associações civis cujo objetivo é defender e representar os interesses de um determinado segmento da sociedade civil. Como a própria designação expressa, não possuem feitio governamental; todavia, isto não impede que ditas organizações atuem em parceria com o Estado na implementação de ações e políticas públicas voltadas à defesa ou à promoção dos interesses das pessoas que a ONG congrega.

Nessa linha, *Vieira* esclarece: "Em muitos países, as ONG's ajudam a formular políticas públicas. Em outros, seu papel é importante para fiscalizar projetos, bem como para denunciar arbitrariedades do governo, desde violações de direitos humanos até omissão no cumprimento de compromissos públicos, nacionais ou internacionais".(120)

Com a intensificação da globalização da economia e com a formação de blocos regionais, as ONG's multiplicaram-se.

De fato, a transnacionalização das empresas e a constituição de blocos econômicos criaram espaços de interação, onde entes tradicionais como o Estado e o sindicato não conseguiram atuar com efetividade na defesa dos interesses de uma dada categoria de trabalhadores.

Para ocupar esses espaços, a sociedade civil passou a se expressar através de organizações não-governamentais, justamente para defender e promover os interesses de um determinado segmento da sociedade, em geral marcado pelo estado de vulnerabilidade pela não-atuação eficiente do Estado ou de um bloco de Estados.

---

(119) *Idem*, p. 35.

(120) VIEIRA, *op. cit.*, 1997. p. 68.

Segundo *Arnaud*,

> Reclamava-se do Estado uma proteção: e já que ele não consegue assegurá-la, procura-se um "outro lugar", procura-se de "outra maneira". É assim que os movimentos de cidadão assumem amplitude por toda a parte. É dessa forma que se desenvolvem as Organizações não-governamentais; por intermédio das quais as forças sociais organizadas tencionam se elevar até o nível onde são tomas decisões intergovernamentais.[121]

O fenômeno, também conhecido como "terceira via" ou "terceiro setor", está consagrado no mundo contemporâneo, revelando-se em determinados segmentos como a forma mais eficaz de proteção e promoção da dignidade humana.[122]

Nessa esteira, *Cardoso* sustenta que "é preciso incorporar a noção de parceria e implementar políticas públicas descentralizadoras. Em um movimento de pinças, cabe atuar para que a sociedade civil se responsabilize crescentemente, junto com o Estado, pela implementação das políticas públicas, ajudando-o e controlando o gasto público".[123]

No que se refere aos trabalhadores, mais especificamente, o sindicato constitui a expressão coletiva desta categoria, competindo-lhe, por força da própria Constituição, a defesa dos interesses destes.

Sucede, todavia, que o sindicato atua na generalidade dos interesses da categoria profissional e, diante disso, nem sempre consegue agir com a efetividade desejada e esperada em prol de um determinado segmento de trabalhadores, de regra, mais vulnerável e, por isso mesmo, mais necessitado de proteção.

> Transformações históricas recentes indicam a ruptura com o padrão homogeneizador de ação coletiva, típico do populismo latino-americano, e o aumento considerável do número de associações civis no continente. Tais mudanças mostram a indiscutível redução da influência da vida sindical na vida coletiva, bem como o conseqüente fortalecimento de outros movimentos formadores de opinião, como direitos humanos, por exemplo. O associativismo comunitário se fortalece, proliferam organizações não-governamentais de classe média, ocupando um espaço diferenciado e plural, ao mesmo tempo que se desenvolvem as associações temáticas de terceiro tipo, os chamados movimentos sociais.[124]

---

(121) ARNAUD, *op, cit.*, p. 187.

(122) A respeito, Nascimento, secundado por Jeremy Rifkin (autor da obra *The end of work — 1994)*, assevera: "um terceiro setor abre caminho na sociedade: as atividades comunitárias, que vão desde os serviços sociais de atendimento à saúde, educação, pesquisa, artes, religião e advocacia até as organizações de serviços comunitários, que ajudam idosos, deficientes físicos, doentes, desamparados, desabrigados e indigentes, com voluntários que dão colaboração e assistência a creches e programas de reforço escolar, ampliam-se numa sociedade cujo problema de exclusão de uma grande parcela das pessoas é preocupante. O serviço comunitário, alternativa para as formas tradicionais de trabalho, em grande parte voluntário, é também, paralelamente, muitas vezes, uma atividade com expectativa de ganho material, e para esse setor devem voltar-se as atenções maiores do governo". NASCIMENTO, *op. cit.*, p. 44.

(123) CARDOSO, Fernando Henrique. *A arte da política*: a história que vivi. 3. ed. Rio de Janeiro: Civilização Brasileira, 2006. p. 512.

(124) VIEIRA, *op. cit.*, 2001. p. 75.

É justamente na defesa desses trabalhadores mais expostos que as ONGs assumem papel de relevância, constituindo-se uma via muito interessante de atuação da sociedade civil contra a flexibilização precarizante.

Nessa linha, destacando a importância das ONGs na reivindicação e promoção de justiça social, *Vieira* assevera:

> Em face dos impasses criados pelo modelo econômico predominante no mundo, predatório ecologicamente e injusto socialmente, entendemos que essas entidades estão sendo chamadas a desempenhar um papel de crucial importância, ou seja, buscar alternativas, do ponto de vista da sociedade civil, para a crise ecológica e social que, pela degradação ambiental, ameaça o planeta e, pela globalização da pobreza, flagela a humanidade.[(125)]

Exemplificando as possíveis atuações das ONG's no mundo do trabalho, toma-se o caso das operárias mulheres que, além de serem vulneráveis pela sua própria condição feminina, o são, também, pela discriminação que sofrem no mercado de trabalho,[(126)] conforme já se teve oportunidade de verificar nos tópicos anteriores.

Dessa forma, para a promoção e a defesa de seus interesses específicos, nada mais apropriado do que essas trabalhadoras constituírem ONGs, que passariam a atuar paralelamente aos sindicatos e ao próprio Estado, na implementação de ações de melhoria das condições de trabalho das mulheres; atuando, também, na defesa da dignidade destas ante as agressões discriminatórias[(127)] que sofrem.

Outro exemplo cabal é o caso dos trabalhadores envelhescentes, discriminados que são por serem indevidamente considerados "velhos" para o mercado de trabalho e, assim, precocemente despedidos.

A constituição de ONGs por este segmento de trabalhadores, e por terceiros engajados em tais causas, é uma linha de ação afirmativa da dignidade humana, voltada à defesa da manutenção do emprego e dos direitos trabalhistas desta específica categoria vulnerável de obreiros.

Mais do que isso, tal hipotética organização poderia ser uma grande parceira do sindicato profissional e da própria empresa, auxiliando na implementação de ações de atualização profissional, treinamentos, planos de saúde e de previdência privadas, com vistas a manter o emprego e a dignidade do trabalhador envelhescente.

---

(125) VIEIRA, *op. cit.*, 1997. p. 68.

(126) Uma das manifestações mais preocupantes e contemporâneas de discriminação no trabalho é o caso do assédio moral, o qual, segundo Hirigoyen "começa freqüentemente pela recusa de uma diferença. Ela se manifesta por um comportamento no limite da discriminação — propostas sexistas para desencorajar uma mulher a aceitar uma função tipicamente masculina, brincadeiras grosseiras a respeito de um homossexual... Provavelmente, da discriminação chegou-se ao assédio moral, mais sutil e menos identificável, a fim de não correr o risco de receber uma sanção". HIRIGOYEN, Marie-France. *Mal-estar no trabalho:* redefinindo o assédio moral. Tradução de Rejane Janowitzer. 2. ed. Rio de Janeiro: Bertrand Brasil, 2005. p. 37-38.

(127) Entre ditas agressões, podem-se citar: a) o assédio sexual no trabalho, quando a mulher é alvo da ação libidinosa de seu superior hierárquico, b) revistas íntimas, quando a mulher é exposta à humilhação no trabalho por revistas desairosas, que atingem sua honra e intimidade, c) percepção de salários mais baixos do que os homens, nada obstante possuírem a mesma responsabilidade e produção.

Exemplifica-se, ainda, com o caso dos trabalhadores que sofrem o impacto da automação, bem como com os trabalhadores que sofrem discriminação por cor ou raça,[128] para os quais a constituição de ONGs específicas seria de salutar importância para a defesa dos seus peculiares interesses, sem prejuízo à atividade primordial do Estado e do sindicato.

Para não se ficar apenas no plano das ideias, a título ilustrativo e informativo, apontam-se, abaixo, algumas organizações não-governamentais (das quais algumas agregam o trabalho voluntário, objeto do tópico seguinte) que atuam na defesa e promoção da dignidade dos trabalhadores com suas respectivas linhas de ação:

1) Organização Internacional do Trabalho — Escritório Brasil — OIT-Brasil:[129] Por meio do Programa *In Focus* atua na: a) promoção da declaração da OIT sobre os princípios e direitos fundamentais do trabalho, b) erradicação do trabalho infantil, c) erradicação do trabalho escravo, d) investimentos em conhecimentos teóricos e práticos de empregabilidade;

2) Associação Nacional dos Magistrados da Justiça do Trabalho — ANAMATRA:[130] a) defesa da sociedade, em especial a valorização do trabalho humano, b) implementação da justiça social, c) preservação da moralidade pública e dignidade da pessoa humana, d) erradicação do trabalho escravo, e) erradicação do trabalho infantil;

3) Fundação Abrinq:[131] a) erradicação do trabalho infantil, b) trabalho voluntário;

4) Instituto Pró-Cidadania de Desenvolvimento e Capacitação para Pessoas Especiais — IPC:[132] a) qualificação de pessoas com deficiência (seja esta deficiência física, visual, auditiva, mental ou múltipla) e promoção da integração dessas pessoas no mercado de trabalho, b) trabalho voluntário;

5) Centro de Voluntariado de São Paulo — CVSP:[133] a) incentivar e consolidar a cultura e o trabalho voluntário em São Paulo, b) promover a educação para o exercício consciente da solidariedade e cidadania, c) trabalho voluntário.

Os exemplos aqui colocados são suficientes para demonstrar o potencial que as ONGs possuem de implementação de ações afirmativas da dignidade da pessoa humana, voltadas à resistência contra os efeitos precarizantes da flexibilização dos direitos trabalhistas.

---

(128) A respeito, é válido consultar-se o livro intitulado *Cabeça de turco:* uma viagem aos porões da sociedade alemã, de autoria de Günter Wallraff (os dados completos da obra constam na referência bibliográfica desta pesquisa). No livro em questão há minucioso relato da discrimiação que o operário estrangeiro, nomeadamente de nacionalidade turca, sofre no mercado de trabalho alemão, recebendo baixíssimo salário, sem cobertura previdenciária, para exercer atividades braçais, insalubres ou perigosas.

(129) Sítio: <www.oitbrasil.org.br>. Acesso em: 25.1.08.

(130) Sítio: <www.anamatra.org.br>. Acesso em: 25.1.08.

(131) Sítio: <www.fundabrinq.org.br>. Acesso em: 25.1.08.

(132) Sítio: <www.institutoprocidadania.org.br>. Acesso em: 25.1.08.

(133) Sítio: <www.cvsp. org.br>. Acesso em: 25.1.08.

Como bem acentua *Vieira*:

> Preenchendo o vazio deixado pelo Estado e buscando compensar as desigualdades econômicas e sociais agravadas pelo processo de produção das empresas de mercado, o setor público não-estatal tende a cumprir um papel de crescente importância. Para isso, bastará manter suas vantagens comparativas de terceiro setor em relação ao Estado, isto é, flexibilidade de ação, estratégia participativa e maior contato com a população.[134]

Os mecanismos estão aí, à espera de suas adoções. Compete aos trabalhadores conscientizarem-se da importância da atuação coletiva e, a partir daí, exercer seus direitos constitucionais de associação e, de fato, organizarem-se para a defesa e a promoção de seus direitos trabalhistas legítimos.

Isso tudo colocado, cumpre agora abordar a temática do trabalho voluntário, outro instrumento poderoso para implantar ações afirmativas da dignidade da pessoa humana voltadas à resistência contra a flexibilização dos direitos trabalhistas.

Como já se referiu ao longo deste capítulo, o Estado não consegue satisfazer uma série de necessidades sociais, e não consegue atender a contento outras tantas. Diante dessa realidade, a sociedade civil organiza-se e atua de distintas formas, ora constituindo empresas, ora associações, ora sindicatos, para tentar satisfazer uma determinada necessidade que o Estado, sozinho, não consegue.

Uma dessas formas de organização e atuação é o trabalho voluntário.[135]

O trabalho voluntário é aquele prestado espontaneamente, sem almejar contraprestação pecuniária e com um marcado cunho de benemerência. É a antítese do trabalho remunerado, aquele em que o trabalhador fornece seu trabalho mediante o pagamento de uma contraprestação em dinheiro ou *in natura*, com o qual manterá sua subsistência e de sua família.

Todavia, são ressarcíveis as despesas efetuadas pelo trabalhador para executar o trabalho voluntário em si, *v.g.*, transporte, alimentação, hospedagem e material didático, sempre com cunho indenizatório.

Nessa esteira, *Hinz* esclarece:

> O serviço voluntário deverá ser exercido mediante a celebração de termo de adesão entre a entidade, pública ou privada, e o prestador do serviço voluntário, dele devendo constar o objeto e as condições de seu exercício. O prestador do serviço voluntário poderá ser ressarcido pelas despesas que comprovadamente realizar no desempenho das atividades voluntárias.[136]

Assim como as ONGs, o trabalho voluntário experimentou um significativo crescimento com a intensificação da globalização e a expansão do modelo neoliberal, isso

---

(134) VIEIRA, *op. cit.*, 2001. p. 81-82.

(135) Sobre trabalho voluntário, *vide* o disposto na Lei n. 9.608/98.

(136) HINZ, Henrique Macedo. *Direito individual do trabalho*. São Paulo: Saraiva, 2006. p. 17.

porque o Estado passou a ser menos intervencionista e atuante em várias atividades que lhe eram precípuas, criando "espaços vazios" que passaram a ser preenchidos pela atuação da sociedade civil.

Diante disso, *Capella* assevera:

> Uma das novidades surgidas no seio da sociedade civil no curso da *grande transformação* foi o que se passou a chamar o *voluntarismo social* (laico) e as *Organizações Não Governamentais* (ONG's), que desempenham tarefas expressivas da sociedade civil que tratam de se responsabilizar pelas necessidades surgidas nas *zonas obscuras* do mundo atual. Neste sentido são a novidade social mais valiosa da época contemporânea.(137)

Dessa forma, desde que o Estado passou a não atuar ou atuar de forma deficitária em certas atividades que lhe eram inerentes, a sociedade civil passou a idealizar formas de superar a defasagem estatal, e uma delas foi, justamente, o trabalho voluntário.

São múltiplas as atividades que podem ser supridas mediante a prestação de serviços voluntários. Em geral, a pessoa que quer prestar esse tipo de serviço procura uma instituição ou um ramo de atividade com o qual se identifica e com o qual deseja, de alguma forma, contribuir para melhorar a situação das pessoas que dependem daquela prestação de serviços.(138)

De outra forma, quando voluntários não encontram uma instituição atuante na atividade que desejam desempenhar, surge o espaço para a criação de novas associações ou de ONGs.

Dessa realidade já é possível vislumbrar o grande potencial que o trabalho voluntário possui para implementar ações afirmativas da dignidade da pessoa humana, voltadas à resistência contra os efeitos precarizantes da flexibilização dos direitos trabalhistas.

De fato, são múltiplas as formas de engajamento e de atuação de pessoas que desejam prestar serviços voluntários, sendo perfeitamente possível o direcionamento de suas atividades para a proteção e promoção dos direitos dos trabalhadores, em especial para aqueles mais vulneráveis.

Desse modo, o trabalho voluntário pode contribuir de várias formas para a melhoria das condições de trabalho dos obreiros, através de uma atuação mais ampla no campo

---

(137) Todavia, o próprio autor adverte que o trabalho voluntário e as ONGs também surgiram como instrumento para flexibilizar e desregulamentar o Direito do Trabalho, posto que passaram a assumir certas atividades sociais que eram atribuições do Estado. Nessa linha, são as palavras de Capella: "Um das estratégias desreguladoras no âmbito laboral consiste em substituir as funções assistenciais até agora prestadas por instituições públicas por uma utilização do voluntariado social e de certas ONG's com estes fins. Se trata, em definitivo, de reduzir o custo da assistência social publicamente garantida substituindo o trabalho caro dos funcionários públicos pelo trabalho praticamente gratuito dos voluntários. Isso conduz, em definitivo, a uma diminuição das prestações assistenciais totais. ONG's e voluntariado surgiram precisamente como resposta ao crescimento de tais necessidades assistenciais." CAPELLA, *op. cit.*, 2002. p. 276.

(138) A propósito, *vide* na citação da p. 191, a linha de atuação do Centro de Voluntariado de São Paulo.

do acesso ao emprego, à educação geral e profissionalizante, à saúde, à previdência, bem como através de uma atuação mais específica, v.g., na erradicação do trabalho escravo e no combate ao trabalho infantil.

Tudo depende, em verdade, da criatividade e do engajamento da pessoa que deseja prestar serviços voluntários, na busca de um mundo melhor e mais justo, posto que, como foi dito, as possibilidades de atuação são as mais variadas possíveis.

Para exemplificar, no campo da educação é possível que alunos do curso de Direito, em atividade de extensão universitária, prestem serviços voluntários junto às associações de bairro de sua cidade, dando noções de cidadania e esclarecendo aos trabalhadores locais seus direitos sociais fundamentais, em especial aqueles voltados ao mundo do trabalho, explicando desde como se faz para obter uma carteira de trabalho até como se deve proceder para se organizarem em sindicatos ou em ONGs.

Outro exemplo é o engajamento do trabalhador voluntário em ONGs ou sindicatos que implementam ações para a erradicação do trabalho infantil, através de atuação concreta junto à população mais afetada, inclusive no meio rural, com atividades de esclarecimento e ações que permitam aos pais obterem emprego e renda suficientes para não necessitarem do trabalho de seus filhos, colocando-os na escola e proporcionando-lhes uma infância digna.[139]

Há ainda, a luta pela erradicação do trabalho escravo, que é um mal que vem afetando o país, em pleno século XXI, e necessita de toda a sorte de contribuição, em especial do trabalho voluntário. Faz-se imprescindível que pessoas se disponham a se engajar nessa luta, criando e pondo em prática ações eficazes para estirpar, em definitivo, essa vergonhosa realidade.[140]

Essas ações são múltiplas, partem da inclusão social pela educação e pelo trabalho, até a punição dos que exploram o trabalho escravo, com a perda da propriedade, a conversão desta em assentamentos e formação de cooperativas de trabalhadores para produzir e comercializar o produto oriundo da terra, ações que podem ser acompanhadas e promovidas por trabalhadores voluntários.

Isso tudo pode ser implementado direta ou indiretamente pela via do trabalho espontâneo. Constituem-se ações afirmativas da dignidade da pessoa humana e eficaz resistência à flexibilização precarizante dos direitos trabalhistas, confirmando a hipótese desta pesquisa, além de constituir uma forma de crescimento pessoal e de participação ativa na melhoria do país.

As atividades voluntárias, em última análise, estão voltadas à prática da solidariedade humana, valor fundamental da nossa Constituição[141] e, sem dúvida, a mais poderosa arma contra o individualismo e o "darwinismo social".

---

(139) A propósito, vide a linha de atuação da Fundação Abrinq, citada nas linhas pretéritas.

(140) Confira, a respeito, a atuação da OIT-Brasil e da ANAMATRA, acima apontadas.

(141) O art. 3º, I, da Constituição assim estabelece: "Art. 3º Constituem objetivos fundamentais da República Federativa do Brasil: I — construir uma sociedade livre, justa e solidária;".

O voluntariado configura-se uma nova perspectiva de atuação no mundo do trabalho; demonstra o desprendimento, a criatividade, a solidariedade e o engajamento de pessoas comprometidas com a melhoria das condições de trabalho dos cidadãos, e resistência aos efeitos debilitantes da flexibilização dos direitos trabalhistas.

Abordadas as formas de atuação da sociedade civil e dos particulares nas ações afirmativas da dignidade da pessoa humana voltadas ao enfrentamento da flexibilização precarizante do Direito do Trabalho, no derradeiro tópico que segue, faz-se um exercício prognóstico, aquilatando os possíveis efeitos (in)exitosos das ações de resistência propostas nesta pesquisa.

4.4 Perspectivas de uma resistência (in)exitosa: o futuro do Direito do Trabalho e do homem trabalhador

Como acentua *Uriarte*,(142) o Direito do Trabalho sempre se apresentou flexível, dada a particularidade do seu objeto, visto que o trabalho, para além de ser alvo da proteção do Direito, constitui-se numa categoria essencial para a Sociologia, a Economia e a Política, sofrendo e imprimindo influências em todos esses setores.

Todavia, por ser o trabalho um fenômeno indissociável do homem que o presta, o Direito preocupou-se, ao menos no plano formal, em imprimir-lhe uma especial proteção, principalmente após passada a experiência da Revolução Industrial, em que o homem era tratado como mero fator de produção, uma peça da engrenagem da indústria, e não como sujeito de direitos.

Nesse sentido, a flexibilidade que o Direito do Trabalho, desde sua origem, permitiu foi no sentido ascendente ou positivo, vale dizer, para agregar melhores condições sociais ao trabalhador, como exatamente dispõe o art. 7º, *caput*, da Constituição, já visto e abordado nesta pesquisa.

Desse modo, como já se teve oportunidade de ver no segundo capítulo deste estudo, o Direito do Trabalho consagra, entre outros, os princípios da proteção e da proibição do retrocesso social, os quais constituem o núcleo do artigo constitucional antes mencionado.

Do primeiro princípio decorrem três comandos jurídicos: a) havendo duas ou mais normas que incidam no caso concreto, deve ser aplicada aquela mais favorável ao trabalhador; b) havendo duas ou mais interpretações possíveis de uma dada norma jurídica, deve ser escolhida aquela mais benéfica ao operário; c) surgindo uma condição mais favorável ao empregado, a mesma passa a integrar seu contrato de trabalho (patrimônio jurídico trabalhista), não podendo o trabalhador retornar à condição anterior, menos favorável (rebaixamento).

O segundo princípio preconiza que uma vez tendo o Direito consagrado uma melhor condição social para os cidadãos, não pode dali para a frente retroceder, tornando ineficaz ou suprimindo tal conquista social. A esse respeito, vale a pena transcrever as pertinentes considerações de *Sarlet*:

> Nesse mesmo contexto — ou seja, no âmbito de uma "função protetiva" (e, portanto, defensiva) da dignidade — situa-se a noção de que a dignidade da pessoa humana

(142) URIARTE, *op. cit.*, 2000. p. 09.

constitui um dos critérios materiais para a aferição da incidência de uma proibição de retrocesso em matéria de direitos fundamentais, notadamente (mas não exclusivamente) na esfera dos direitos fundamentais sociais de cunho prestacional. A ideia nuclear — que aqui não poderá ser desenvolvida — é a de que eventuais medidas supressivas ou restritivas de prestações sociais implementadas (e, portanto, retrocessivas em matéria de conquistas sociais) pelo legislador haverá de ser considerada inconstitucional por violação do princípio da proibição do retrocesso, sempre que com isso restar afetado o núcleo essencial legislativamente concretizado dos direitos fundamentais, especialmente e acima de tudo nas hipóteses em que resultar uma afetação da dignidade da pessoa humana (já que também aqui não há identidade necessária entre as noções de conteúdo essencial e conteúdo em dignidade) no sentido de um comprometimento das condições materiais indispensáveis para uma vida com dignidade, no contexto daquilo que tem sido batizado como mínimo existencial.(143)

Ditos princípios bem demonstram que a flexibilidade permitida pelo Direito do Trabalho é aquela que agrega mais direitos aos trabalhadores, melhorando a condição social dos mesmos. Nesta linha é a lição de *Vecchi*:

> Conforme já assinalado, o art. 7º, *caput*, da CF de 1988 é explícito em fixar que os direitos ali previstos são mínimos, impondo como somente possível, legitimamente, a previsão de outros direitos que venham a melhorar a condição de vida dos trabalhadores, ficando reforçado o princípio da proibição de retrocesso social. Ora, a cláusula de proibição de retrocesso social, somada à positivação do princípio da norma mais favorável, é uma clara demonstração do sentido que se deu aos direitos fundamentais dos trabalhadores, não cabendo ao legislador infraconstitucional alterar tal direção.(144)

É válido dizer: a flexibilidade que o Direito do Trabalho consagra é aquela que protege e promove a dignidade do trabalhador,(145) colocando as riquezas geradas pela produção humana a seu serviço, e não o contrário (a riqueza como instrumento do homem, e não o homem como instrumento da riqueza).

Todavia, hodiernamente, o que se vislumbra é uma realidade diametralmente oposta, uma vez que a flexibilização que vem sendo colocada em prática é aquela que vai gradativamente corroendo os princípios do Direito do Trabalho, minando a proteção que os mesmos imprimem ao trabalhador, piorando sua condição social.

---

(143) SARLET, *op. cit.*, 2004. p. 121.

(144) VECCHI, *op. cit.*, 2003. p. 47.

(145) A propósito, cita-se o teor do inciso II do Enunciado n. 9 aprovado pela 1ª Jornada de Direito Material e Processual na Justiça do Trabalho, promovido pelo Tribunal Superior do Trabalho — TST, Escola Nacional de Magistrados do Trabalho — ENAMAT, Associação Nacional dos Magistrados da Justiça do Trabalho — ANAMATRA e Conselho de Escolas de Magistratura Trabalhista — CONEMATRA, ocorrida nos dias 21, 22 e 23 de novembro de 2007. Disponível em: <www.anamatra.org.br>. Acesso em: 6.2.08: "FLEXIBILIZAÇÃO: I — [...]; II — DIREITO DO TRABALHO. PRINCÍPIOS. EFICÁCIA. A negociação coletiva que reduz garantias dos trabalhadores asseguradas em normas constitucionais e legais ofende princípios do Direito do Trabalho. A quebra da hierarquia das fontes é válida na hipótese de o instrumento inferior ser mais vantajoso ao trabalhador."

Com efeito, a flexibilidade hoje reinante, como se teve oportunidade de ver e inclusive exemplificar no terceiro capítulo desta pesquisa, é aquela que está a serviço de interesses meramente econômicos, relegando o trabalhador para um segundo (ou último?) plano.(146)

De fato, esse modelo de flexibilização não vê o trabalhador como sujeito de direitos, mas sim como um "custo", lançando mão de todos os meios (econômicos, políticos e jurídicos) para "baratear" a mão-de-obra e, com isso, alcançar, o mais possível, a lucratividade máxima.

Em outras palavras, a flexibilidade que vigora, em vez de colocar o trabalhador como destinatário das riquezas geradas pela produção, na verdade, coloca-o como um mero objeto, um instrumento a serviço de uma "elite" dominante, que usufrui, sozinha e egoisticamente, de toda essa riqueza.(147)

Esse modelo de flexibilização, que gradativamente vai coisificando o homem, transgride frontalmente o princípio da dignidade da pessoa humana e, consequentemente, toda a ordem constitucional em vigor.

Com efeito, todo o sistema jurídico-político vigente está fundamentado na dignidade da pessoa humana e voltado à proteção e promoção da mesma. A Constituição do Estado brasileiro colocou o homem e sua dignidade no centro do sistema, e o Direito, a Economia e a Política a seu serviço.

Nessa ordem de ideias, é imperativo reverter esse quadro adverso, implementando ações de resistência contra a flexibilização que precariza os direitos trabalhistas, ações essas que afirmem a dignidade da pessoa humana, restabelecendo a ordem constitucional vigente.(148)

---

(146) Esse enfoque é desastroso e deprimente para o mundo do trabalho. Bauman aponta o caso dos "trabalhadores de rotina", os quais, presos à linha de montagem ou às redes de computadores "tendem a ser as partes mais dispensáveis, disponíveis e trocáveis do sistema econômico. Em seus requisitos de emprego não constam nem habilidades particulares, nem a arte da interação social com clientes e assim são os mais fáceis de substituir; têm poucas qualidades especiais que poderiam inspirar seus empregadores a desejar mantê-los a todo o custo; controlam, se tanto, apenas parte residual e negligenciável do poder de barganha. Sabem que são dispensáveis, e por isso não vêem razões para aderir ou se comprometer com seu trabalho ou entrar numa associação mais durável com seus companheiros de trabalho. Para evitar frustração eminente, tendem a desconfiar de qualquer lealdade em relação ao local de trabalho e relutam em inscrever seus próprios planos de vida em um futuro projetado para a empresa. É uma reação natural à 'flexibilidade' do mercado de trabalho, que, quando traduzida na experiência individual de vida, significa que a segurança de longo prazo é a última coisa que se aprende a associar ao trabalho que se realiza". BAUMAN, *op. cit.*, 2001. p. 174-175.

(147) Nesta linha são as considerações de Capella: "O direito laboral e assistencial se tornou selvático. Sofreu os efeitos da desregulamentação, que volatizou elementos substanciais da proteção laboral e esvaziou notavelmente de conteúdo os direitos sociais. Uma parte do trabalho se tornou 'coreano', isto é, se presta em regime 'mercantil' ou 'de direito privado' sem que se lhe reconheça a proteção especificamente laboral (não só em termos econômicos senão nos da segurança do trabalho); e uma fração não depreciável do trabalho que se realiza nas metrópoles assume caracteres de ilegalismo tolerado ao estar a cargo de imigrantes estrangeiros em situações anômalas de clandestinidade ou semilegalidade, vítimas de todos os abusos". CAPELLA, *op. cit.*, 2002. p. 275.

(148) A propósito, digna de colação a lição de Vizentini: "Hoje a luta pela criação de empregos, através da redução da jornada de trabalho, a manutenção dos direitos sociais existentes e a criação de novos constituem

Dejours, que estuda os efeitos da flexibilização precarizante dos direitos trabalhistas no interior das relações intersubjetivas do mundo do trabalho, não vislumbra, ao menos a curto prazo, solução possível para a adversidade social gerada pelo neoliberalismo econômico.(149)

Todavia, dito autor entende que a solução é possível, desde que criadas condições de mobilização, precedidas da difusão e do debate daquilo que ele denomina "banalização do mal".(150)

Compartilha-se, pois, do entendimento de *Dejours* no sentido de que somente com a difusão e o debate sobre os efeitos precarizantes da flexibilização dos direitos trabalhistas será possível afastar o estado de ignorância, que obsta uma visão mais apurada desse problema, proporcionando, então, condições concretas de mobilização da sociedade para resistir a esse fenômeno que vem degradando o Direito do Trabalho e piorando as condições sociais dos trabalhadores.

Considerando esses aspectos é que esta pesquisa tem por escopo apresentar o problema e suas repercussões para o mundo do trabalho, justamente para esclarecer e fomentar o debate em torno da flexibilização que vem debilitando os direitos trabalhistas.

Todavia, não contente só com isso, idealizou-se uma tese inédita, ou seja, uma proposta de combate a esse modelo perverso, consistente no que aqui se denominou "ações afirmativas da dignidade da pessoa humana".

O ineditismo da tese está, justamente, nessas ações afirmativas da dignidade da pessoa humana, idealizadas e propostas ao longo deste capítulo, bem como na funcionalidade das mesmas como meio de resistência à flexibilização precarizante do Direito do Trabalho.

Essas ações, como se evidenciou, são legitimadas por estarem calcadas no princípio da dignidade da pessoa humana, que fundamenta e orienta a Constituição da República Federativa do Brasil.

São ações que buscam dar força normativa à Constituição, reconhecendo sua supremacia, na esteira do moderno direito constitucional vigente, fenômeno esse denominado, pela doutrina constitucional contemporânea, "neoconstitucionalismo".

---

uma necessidade objetiva para que a Revolução Científica Tecnológica (RCT) e a globalização se realizem como modernidade. Isso porque o neoliberalismo consiste numa opção equivocada mesmo pela ótica do capitalismo, além de historicamente suicida, e pode conduzir a humanidade pelo caminho da violência incontrolável e da estagnação ou regressão histórica. Os recursos gastos com a geração de empregos, a criação de direitos sociais e a redução da jornada de trabalho, certamente diminuiriam o montante destinado aos investimentos econômicos. Mas isto produziria uma dupla vantagem: criaria mercados domésticos estáveis, garantindo demanda das empresas e terminando com a concorrência internacional desenfreada, e reduziria um pouco o ritmo da modernização tecnológica, permitindo que a sociedade tenha o tempo necessário para criar estruturas compatíveis e adaptar-se". VIZENTINI, *op. cit.*, p. 51-52.

(149) DEJOURS, *op. cit.*, p. 22.

(150) Banalização do mal, segundo o que se depreende da obra do citado autor, seria um estado de acomodação, de falta de resistência, de assimilação e de reprodução da dominação do capital sobre o homem, precarizando os direitos trabalhistas e perpetuando a injustiça social.

De acordo com *Comanducci*:

El modelo de sistema jurídico que emerge de la reconstrucción del neoconstitucionalismo está caracterizado, además de por una Constituicón "invasora", por la positivación de un catálogo de derechos fundamentales, por la omnipresencia en la Constituición de princípios y reglas, y por algunas peculiaridades de la interpretación y la aplicacións de las normas constitucionales respecto a la interpretación y la aplicación da ley.(151)

Com efeito, segundo *Barroso*, um dos marcos teóricos mais importantes do chamado neoconstitucionalismo é o reconhecimento da força normativa da Constituição.(152)

De acordo com essa mudança de paradigma, as constituições deixaram de ser "[...] repositórios de promessas vagas e de exortações ao legislador infraconstitucional, sem aplicabilidade direta e imediata", para serem reconhecidas como dotadas de normas de plena eficácia, que podem ser exigidas coercitivamente e colocadas em prática, atendendo aos desejos e anseios da população que as legitimou, até mesmo porque, como bem assinala o autor em tela "[...] o sistema jurídico deve proteger determinados direitos e valores, não apenas pelo eventual proveito que possam trazer a uma ou a algumas pessoas, mas pelo interesse geral da sociedade na sua satisfação".(153)

Em outras palavras, as ações afirmativas reconhecem que a dignidade da pessoa humana, para além de ser um valor fundamental da Constituição, constitui-se também num princípio jurídico e, como tal, por se tratar de uma norma jurídica, possui força normativa, podendo ser imposta coercitivamente.

Tais ações, voltadas à proteção e à promoção da dignidade da pessoa humana, legitimam não só as ações do Estado, da sociedade civil e dos particulares, mas também orientam a interpretação jurídica impedindo e, até mesmo, desconstituindo aquelas ações que atentam contra a referida dignidade, nomeadamente, a flexibilização que suprime ou precariza direitos trabalhistas.

Gemignani, assim como se considera nesta pesquisa, entende que os princípios são "marcos de resistência" cujo "[...] escopo é impedir que um ser humano, só porque depende de seu trabalho para sobreviver, seja apoderado e controlado por outro homem, por uma instituição, ou por uma corporação, e tenha amplamente garantido seu direito de ter voz e poder manifestar-se aos poderes constituídos, notadamente o Judiciário Trabalhista".(154)

---

(151) Tradução livre: "O modelo de sistema jurídico que emerge da reconstrução do neoconstitucionalismo está caracterizado por uma Constituição 'invasora', pela positivação de um catálogo de direitos fundamentais, pela onipresença na Constituição de princípios e regras, e por algumas peculiaridades de interpretação e aplicação das normas constitucionais a respeito da interpretação e da aplicação da lei". COMANDUCCI, Paolo. Formas de (neo)constitucionalismo: un análisis metateórico. In: CARBONELL, Miguel (org.). *Neoconstitucionalismo(s)*. Madrid: Editorial Trotta, 2003. p. 83.

(152) BARROSO, *op. cit.*, 2006. p. 31.

(153) *Idem*, p. 42.

(154) GEMIGNANI, Tereza Aparecida Asta. Princípios: marcos de resistência. *Revista LTr*. Vol. 71, n. 1. São Paulo: LTr, 2007. p. 49.

Daí por que as ações de resistência aqui ineditamente propostas não são meros exercícios de retórica ou manifestações ideológicas apaixonadas e inconsequentes, mas ações concretas, possíveis e legitimadas pela Constituição, voltadas a garantir a eficácia desta, pretendendo fazer com que a ordem econômica não seja um fim em si mesma, mas um instrumento de proteção e promoção da dignidade da pessoa humana.

Isso porque, como bem assinala *Gemignani*:

> O Estado pode, mas não pode tudo. As entidades coletivas podem, mas não podem tudo. As corporações podem, mas não podem tudo. As regras econômicas embasadas na necessidade/privação/escassez de meios podem, mas não podem tudo. Há um núcleo inalienável, que pertence a cada pessoa, sem o qual ela deixa de existir como sujeito de direitos e se transforma em súdito, um objeto a ser manipulado pelos desejos e interesses de outrem. É esse núcleo que os princípios preservam no mundo trabalho, independentemente de existir um vínculo de natureza empregatícia ou não.[155]

Nessa esteira, sempre é bom relembrar o exemplo histórico da Revolução Industrial, já abordado nesta pesquisa, em que o homem foi reduzido a condição indigna pela opressão do capital, tornando-se uma mera engrenagem do processo produtivo, sem direitos e sem perspectivas.

Somente a solidariedade, própria dos oprimidos, é que foi capaz de inverter essa lógica perversa, unindo os trabalhadores em torno de objetivos comuns, num movimento ascendente de reivindicação por melhores condições de trabalho, que fizeram com que o Estado saísse de sua inércia e começasse a editar leis voltadas à proteção do homem trabalhador.

O que se vislumbra, hoje, é um ambiente semelhante ao da Revolução Industrial, em que o capital, por caminhos sutis e perversos, novamente vem oprimindo e coisificando o homem, tornando-o mero fator de produção, um custo a ser barateado, através da flexibilização dos seus direitos trabalhistas.

O poder econômico, inspirado na ideologia neoliberal, concebeu e implementou a flexibilidade dos direitos trabalhistas, forçando a retirada do Estado das relações entre o capital e o trabalho, como forma de remover as barreiras que o controlam, aumentando a margem dos seus lucros, fortalecendo, ainda mais, seu poder de dominação do mundo.

A flexibilidade, no contexto brasileiro, trouxe consequências nefastas ao trabalhador, na medida em que retirou ou precarizou direitos trabalhistas arduamente conquistados ao longo da história, aumentando o desemprego e a informalidade, fomentando a pobreza e a exclusão, desmantelando o Estado e acentuando as desigualdades sociais.

Nas palavras de *Vieira*:

> Aos excluídos que foram expulsos do mercado de trabalho, vêm juntar-se as novas gerações que nele jamais ingressarão. Segundo *Boaventura* de *Sousa Santos* (1997), o Estado é democrático para as zonas "civilizadas" do contrato social e fascista para as zonas "selvagens" da exclusão social. A igualdade que o liberalismo defende no domínio jurídico-político deve ser ampliada para os domínios econômico e social.

---

(155) GEMIGNANI, *op. cit.*, p. 49.

A solidariedade deve ser praticada na diferença, e não apenas entre iguais. Daí a importância de reivindicar igualdade quando a diferença inferioriza, e o direito à diferença quando a igualdade descaracteriza.[156]

A partir de ações políticas, jurídicas e sociais, calcadas nos princípios da solidariedade e da dignidade da pessoa humana, é possível reverter-se esse quadro nefasto, criando uma opção para rebater o individualismo e o materialismo neoliberal, colocando o capital a serviço do homem.[157]

Dessa forma, se as ações afirmativas da dignidade da pessoa humana, preconizadas neste estudo, não forem instauradas, o futuro do Direito do Trabalho será incerto, havendo forte possibilidade, até mesmo porque esta é a realidade atual, de que as desigualdades sociais se acentuem ainda mais, gerando mais desarticulação da sociedade, mais precarização das relações de trabalho e mais injustiça social.

Como bem acentua *Dejours*: "O problema passa a ser então o do *desenvolvimento da tolerância à injustiça.* É justamente a falta de reações coletivas de mobilização que possibilita o aumento progressivo do desemprego e de seus estragos psicológicos e sociais, nos níveis que atualmente conhecemos".[158]

Nesse sentido, é imperativo que se voltem os olhos ao exemplo histórico já vivido da Revolução Industrial e se tome consciência da força normativa da Constituição, calcada e comprometida com a defesa e promoção da dignidade da pessoa humana, para que, então, se tenha condições de compreender os efeitos nefastos da flexibilização precarizante dos direitos trabalhistas. A partir dessa tomada de consciência é que se poderá articular e mobilizar os trabalhadores para oferecer resistência a esse fenômeno perverso, emancipando o homem das amarras desse modelo, resgatando sua dignidade e sua centralidade no sistema econômico, jurídico e político.

A propósito, *Bobbio* assevera:

> É nessa zona de luz que coloco, em primeiro lugar, juntamente com os movimentos ecológicos e pacifistas, o interesse crescente de movimentos, partidos e governos pela afirmação, reconhecimento e proteção dos direitos do homem. Todos esses esforços para o bem (ou, pelo menos, para a correção, limitação e superação do mal), que são uma característica essencial do mundo humano, em contraste

---

(156) VIEIRA, *op. cit.*, 2001. p. 87-88.

(157) Nessa esteira, colhe-se a profunda lição de Arendt: "[...] a ação e o discurso são os modos pelos quais os seres humanos se manifestam uns aos outros, não como meros objetos físicos, mas enquanto homens. Esta manifestação em contraposição à mera existência corpórea, depende da iniciativa, mas trata-se de uma iniciativa da qual nenhum ser humano pode abster-se sem deixar de ser humano. Isto não ocorre com nenhuma outra atividade da *vita activa.* Os homens podem perfeitamente viver sem trabalhar, obrigando a outros a trabalhar para eles; e podem muito bem decidir simplesmente usar e fruir do mundo das coisas sem lhe acrescentar um só objeto útil; a vida de um explorador ou senhor de escravos ou a vida de um parasita pode ser injusta, mas nem por isto deixa de ser humana. Por outro lado, a vida sem discurso e sem ação — único modo de vida em que há sincera renúncia de toda vaidade e aparência na acepção bíblica da palavra — está literalmente morta para o mundo; deixa de ser uma vida humana, uma vez que já não é vivida entre os homens". ARENDT, Hannah. *A condição humana.* Tradução de Roberto Raposo. 10. ed. Rio de Janeiro: Forense, 2003. p. 189.

(158) DEJOURS, *op. cit.*, p. 24.

com o mundo animal, nascem da consciência, da qual há pouco falei, do estado de sofrimento e de infelicidade em que o homem vive, do que resulta a exigência de sair de tal estado.(159)

Com a implementação do neoliberalismo, apregoou-se o chamado "fim da história",(160) já que ao homem não restava outra alternativa a não ser se submeter aos desígnios do poder econômico.

Nada obstante, acredita-se que o fim da história não chegou. Acredita-se que ainda é possível "optar" por um caminho diferente. Um caminho calcado na solidariedade e na defesa incondicional da dignidade da pessoa humana.(161)

Nas palavras de *Comparato*:

> O longo caminho da evolução histórica tende a nos conduzir, nessa perspectiva, à geração da humanidade-pessoa: a nossa espécie torna-se mais consciente de sua posição no mundo, e procura elevar-se indefinidamente rumo ao absoluto, em busca daquele ponto focal onde a mística religiosa sempre situou a divindade. Esta a verdadeira imortalidade do homem. *Dignitas non moritur,* segundo a expressão clássica: a dignidade da pessoa humana é imperecível. É ela que nos indica o caminho da plenitude de Vida, na Verdade, na Justiça e no Amor.(162)

Na esteira do pensamento de *Dal'ri Júnior*,(163) é necessário concretizar um "Sistema que desenvolva o capitalismo internacional na sua plenitude mas que também seja o reflexo de um compromisso entre eficácia econômica e justiça social, apresentando garantias de tutela da dignidade da pessoa e reconheça o indivíduo como seu grande e único ator".

As ações afirmativas da dignidade da pessoa humana propostas aqui como forma de resistência à flexibilização precarizante dos direitos trabalhistas, que são meramente exemplificativas, apontam para essa via alternativa e demonstram que ela é possível e viável, confirmando a hipótese desta pesquisa. Todavia, é necessário se conscientizar e agir imediatamente, em reconhecimento aos esforços de nossos antepassados e como tributo às gerações futuras.

---

(159) BOBBIO, 2004, *op. cit.*, p. 71-72.

(160) Cita-se, nesse sentido, a lição de Coelho: "Tal como alguns pensadores absorveram a ideia totalitária de que o Estado nazista germânico serio o momento culminante da evolução do espírito que se objetiva na história, para os profetas da pós-modernidade esse fim da história já teria chegado, o que se evidenciaria pelo triunfo definitivo da democracia como sistema de governo e do capitalismo como modo de produção". COELHO, *op. cit.*, p. 49.

(161) Nas palavras de Capella: "Inclusive nos 'maus tempos' há 'signos dos tempos', contudo. As pessoas que resistem à colonização de sua consciência pelo consumismo, que conservam tensão moral 'laica', democrática, estão pondo em pé, sem instrução de 'centro' alguma, sem nenhum acordo prévio, uma modesta, *fraca*, comunidade de iniciativas". CAPELLA, Juan Ramón. *Os cidadãos servos*. Tradução de Lédio Rosa de Andrade e de Têmis Correia Soares. Porto Alegre: Fabris, 1998. p. 225. Oportunas, também, as palavras de Comparato: "Estejamos convictos de que a humanidade saberá decidir livremente o seu futuro, construindo aquela 'sociedade comum do gênero humano' de que falou Cícero, onde já não existirão dominadores e dominados, nababos e miseráveis, mas na qual todos os seres humanos poderão, enfim, exercer, em igualdade de condições, o seu fundamental direito à busca da felicidade". COMPARATO, *op. cit.*, p. 436.

(162) COMPARATO, *op. cit.*, p. 699.

(163) DAL'RI JR, Arno; OLIVEIRA, Odete Maria de (orgs.). *Direito internacional econômico em expansão*. Ijuí: Unijuí, 2003. p. 18.

CONCLUSÕES

O Direito, quanto mais for adequado e coerente ao meio social mais será aceito e observado.

Tendo isso em conta, é necessário lançar uma visão crítica sobre as ideologias e os discursos que pretendem alterar, de forma significativa, a Ordem Jurídica posta, pois corre-se o risco de implantar um sistema injusto, desconectado dos anseios e das necessidades sociais, capaz de gerar injustiças e, por decorrência, danos de difícil ou de quase impossível reparação.

Pelo que se pode extrair do estudo que se empreendeu, a ideologia econômica neoliberal (que prega que os homens nascem iguais em direitos e oportunidades e que, por isso mesmo, são livres para empreender e contratar, observada a lei do mercado, sem a intervenção do Estado) não guarda adequação com a realidade social brasileira, posto que, aqui, ainda imperam profundas desigualdades sociais e regionais. Desigualdades que são fruto da injusta distribuição de renda e de riquezas, cujos efeitos refletem nos contratos em geral, em especial nos contratos de trabalho, tendo em conta que estes são marcados pela figura da subordinação jurídica do empregado em face do empregador.

Com efeito, na sociedade brasileira, empregados e empregadores não discutem as cláusulas do contrato de trabalho em pé de igualdade, já que os empregados se encontram em situação de vulnerabilidade e premidos a aceitar as condições contratuais postas pelo empregador. Isso se dá, muitas vezes, por não possuírem força de barganha, por não estarem representados por sindicatos fortes e combativos e, também, porque, diante do alto índice de desemprego que assola o país, o empregado "abre mão" de direitos trabalhistas fundamentais para poder, ao menos, possuir um contrato formal de trabalho.

Daí por que os princípios do Direito do Trabalho continuam válidos e atuais, porquanto idealizados para proteger o trabalhador, que é a parte considerada vulnerável no contrato de trabalho. Para que tais princípios tenham curso e aplicabilidade prática, é necessária a intervenção efetiva do Estado na relação entre o capital e o trabalho, visando estabelecer o equilíbrio de forças numa relação que, materialmente, é desigual. O Estado não só deve manter uma legislação protecionista do trabalhador — assim como faz em relação ao consumidor, ao idoso e ao adolescente (partes consideradas vulneráveis nas respectivas relações contratuais) — mas, também, aplicá-la na prática, não permitindo que, pela via legislativa e jurisprudencial, sejam flexibilizados direitos trabalhistas mínimos, salvaguardados pela própria Constituição.

Diante desse contexto, que antes de sinistro é real, fica evidente que a ideologia econômica neoliberal e o discurso da flexibilização dos direitos trabalhistas não guardam total relação de adequação e de pertinência com a atual realidade brasileira, posto que, aqui, as partes contratantes não estão em pé de igualdade para negociar, não havendo uma organização sindical forte e independente, capaz de zelar pelos interesses dos empregados no âmbito da negociação coletiva.

Assim é que a flexibilização dos direitos trabalhistas, colocada pelos neoliberais como medida necessária para viabilizar a competitividade das empresas e o aumento do número de postos de trabalho, deve ser vista com cautela e ressalvas. Porquanto, ante o constatado nesta pesquisa, a implantação pura e simples de medidas flexibilizadoras, de forma indiscriminada e sem limites, suprime ou precariza direitos trabalhistas fundamentais, afetando, diretamente, a vida do trabalhador e afrontando preceitos constitucionais.

Daí por que o fenômeno da flexibilização, pregado pela ideologia neoliberal, não pode ser aceito como um fenômeno indiscutível, irresistível e irreversível, pois, do contrário, se estará não só desconsiderando a realidade social brasileira, marcada por uma profunda desigualdade, mas, também, olvidando os ditames da Constituição, que erigiu a proteção e a promoção da dignidade da pessoa humana como seu principal fundamento e objetivo.

Em razão disso, nada mais certo do que buscar no princípio da dignidade da pessoa humana, consagrado na Carta Magna, o fundamento jurídico material e instrumental para opor resistência e limites à flexibilização, que suprime ou precariza direitos trabalhistas, não só como forma de resgatar a imperatividade e a força normativa da Constituição, mas, também, para aproximar o Direito aos reais anseios da sociedade brasileira.

Nessa proposta de resistir aos efeitos precarizantes da flexibilização, o Estado não desponta como o único ator, pois que proteger e promover a dignidade da pessoa humana, valor este ínsito nas normas trabalhistas e constitucionais fundamentais, é dever, também, da sociedade civil e do próprio particular.

Por isso, defende-se que as "ações afirmativas da dignidade da pessoa humana", tratadas no último capítulo da pesquisa, devem ser idealizadas e colocadas em prática não só pelo Estado, através de políticas públicas e da jurisdição mas, também, pela sociedade civil e pelos particulares, nas múltiplas formas de organização que estes dois últimos assumem, como forma de opor resistência e limites à flexibilização precarizante dos direitos trabalhistas, dando força normativa à Constituição, protegendo e promovendo, de fato e de direito, a dignidade humana do trabalhador.

Pode-se afirmar, nesse diapasão, que a hipótese desta pesquisa (as ações afirmativas da dignidade da pessoa humana, levadas a cabo pelo Estado, pela sociedade civil e pelos particulares, constituem meios eficazes de resistência aos efeitos nocivos da flexibilização do Direito do Trabalho) restou confirmada.

De todo o exposto, chega-se às seguintes conclusões:

1º A flexibilização dos direitos trabalhistas não pode ser implantada de forma inapelável e irresistível, posto que sua pertinência e sua adequação à realidade social brasileira devem ser questionadas e criticadas, a fim de que sejam estabelecidas suas possibilidades e seus limites.

2º A ideologia econômica neoliberal e o movimento da flexibilização dos direitos trabalhistas não guardam perfeita relação de adequação com a realidade social brasileira, porquanto esta é marcada por profundas desigualdades, fruto da injusta distribuição de renda, o que impõe que os particulares, em especial os empregados, não discutam as condições de trabalho em pé de igualdade material com seus empregadores. Esse fator justifica a forte intervenção do Estado nas relações entre o capital e o trabalho, como forma de garantir um leque de proteção jurídica ao trabalhador, impedindo que este "abra mão" de direitos trabalhistas fundamentais, indispensáveis para a manutenção e a promoção de sua dignidade.

3º A flexibilização dos direitos trabalhistas, imposta pela ideologia neoliberal econômica, nada obstante, vem operando seus efeitos no ordenamento jurídico pátrio, havendo já um bom número de leis, alterações legislativas e jurisprudenciais flexibilizando, efetivamente, direitos trabalhistas fundamentais.

4º Dita flexibilização está corroendo a base filosófica sobre a qual se assenta o Direito do Trabalho, qual seja, o princípio da proteção do trabalhador, retirando direitos fundamentais que lhe foram assegurados pelo ordenamento jurídico ao longo da história.

5º Os princípios do Direito do Trabalho, que constituem a sua base filosófica, continuam atuais e válidos, porquanto idealizados para estabelecer o equilíbrio jurídico de uma relação materialmente desigual estabelecida entre empregado e empregador, realidade esta ainda presente nos tempos atuais — dada a profunda desigualdade social brasileira e a relação de subordinação ínsita do contrato de trabalho.

6º Em decorrência, ao contrário do que prega a ideologia econômica neoliberal e o discurso da flexibilização, a intervenção do Estado nas relações entre o capital e o trabalho continua necessária, como forma de garantir um leque mínimo de direitos voltados à proteção do empregado, objetivando um maior equilíbrio jurídico na relação contratual travada com o empregador.

7º O princípio da dignidade da pessoa humana, mais do que uma mera declaração formal da Constituição, possui força normativa, podendo ser imposto coercitivamente pelo Estado, figurando não só como fundamento e objetivo do ordenamento jurídico pátrio mas, também, como limite da ordem econômica e da livre iniciativa.

8º O princípio da dignidade da pessoa humana, por possuir sede constitucional e força normativa, não só pode, como deve ser manejado para estabelecer limites materiais e instrumentais à flexibilização dos direitos trabalhistas, protegendo e promovendo a dignidade do homem trabalhador.

9º As ações afirmativas da dignidade da pessoa humana, levadas a cabo pelo Estado, pela sociedade civil e pelo particular, constituem meios eficazes de resistência aos efeitos precarizantes da flexibilização, confirmando a hipótese desta pesquisa. Elas resgatam a base filosófica do Direito do Trabalho, que continua atual, restabelecendo o equilíbrio jurídico entre o capital e o trabalho.

10º Concretamente, o Estado pode pôr em prática as seguintes ações afirmativas da dignidade humana: a) implementação de marco regulatório positivo, que inclua a generalidade dos trabalhadores no mercado formal de trabalho e que impeça a flexibilização precarizante das normas trabalhistas; b) adoção de políticas públicas específicas de inclusão e manutenção de segmentos vulneráveis de trabalhadores, *v.g.*, negros, índios, mulheres e trabalhadores envelhescentes, no mercado formal de trabalho; c) promoção de jurisdição atuante e transformadora, que exerça uma "hermenêutica responsável", ou seja, que interprete o Direito adequando-o aos anseios e às necessidades sociais brasileiras, resistindo à flexibilização precarizante do Direito do Trabalho, com a participação ativa, nessa atuação, do Ministério Público, da Defensoria Pública e da Advocacia.

11º Por seu turno, a sociedade civil pode contribuir com as seguintes ações afirmativas da dignidade humana: a) fortalecimento dos sindicatos profissionais, principalmente os de base, como forma de aumentar seu poder de barganha e, com isso, para, além de resistir à flexibilização dos direitos trabalhistas já existentes, negociar condições de trabalho mais favoráveis à categoria; b) resistência à reforma sindical precarizante, que enfraquece a organização do sindicato profissional, bem como dos seus instrumentos de atuação; c) participação ativa dos sindicatos profissionais nos órgãos de gestão e fiscalização estatal, bem como nos projetos de lei e políticas públicas que visem à melhoria das condições de trabalho; d) exercício do direito de greve, como forma de resistir aos efeitos nocivos da flexibilização; e) criação de ONGs para representar e defender os interesses de determinados segmentos de trabalhadores mais vulneráveis no mercado de trabalho, *v.g.*, mulheres e trabalhadores envelhescentes.

12º Os particulares também podem realizar ações afirmativas da dignidade da pessoa humana, exercendo o trabalho voluntário, individualmente ou engajados em entidades públicas ou privadas, nas mais diversas frentes, *v.g.*, na educação geral, na educação profissionalizante, na saúde, na previdência, no combate ao trabalho escravo e na erradicação do trabalho infantil.

13º A tese apresenta, de forma inédita, uma construção teórica de resgate da dignidade da pessoa humana no campo filosófico e jurídico, acoplando esse aporte às especificidades do Direito do Trabalho. O ineditismo da tese está, também, nas ações afirmativas da dignidade da pessoa humana propostas, bem como na funcionalidade destas como meio de resistência à flexibilização do Direito do Trabalho.

14º A não-implantação das ações afirmativas da dignidade da pessoa humana, como forma de resistência, poderá dar livre curso à flexibilização indiscriminada dos direitos trabalhistas, precarizando as formas de proteção jurídica do trabalhador brasileiro, causando-lhe danos (jurídicos e materiais) irreparáveis ou de difícil reparação.

REFERÊNCIAS

ABBAGNANO, Nicola. *Dicionário de filosofia*. Tradução de Alfredo Bossi e de Ivone Castilho Benedetti, 5. ed. São Paulo: Martins Fontes, 2007.

ABRÃO, Bernardette Siqueira. *História da filosofia*. São Paulo: Nova Cultural, 1999.

AQUINO, Tomás. *Compêndio de teologia*. Tradução de D. Odilão Moura. Rio de Janeiro: Presença, 1977.

_____. *Exposição sobre o credo*. Tradução de D. Odilão Moura. São Paulo: Loyola, 1981.

_____. *Suma Teológica*. Tradução de Aldo Vannucchi *et al*. São Paulo: Loyola, 2001, vol. 1, 2, 3 e 8.

ALEXY, Robert. *Teoría de los derechos fundamentales*. Madrid: Centro de Estudos Políticos y Constitucionales, 1993.

ALVES, Cleber Francisco. *O princípio constitucional da dignidade da pessoa humana*: o enfoque da doutrina social da Igreja. Rio de Janeiro: Renovar, 2001.

ARAÚJO, Francisco Rossal. *A boa-fé no contrato de emprego*. São Paulo: Ltr, 1996.

ARENDT, Hannah. *A condição humana*. Tradução de Roberto Raposo. 10. ed. Rio de Janeiro: Forense, 2003.

ARNAUD. André-Jean. *O Direito entre modernidade e globalização*: lições de filosofia do direito e do estado. Tradução de Patrice Charles Wuillaume. Rio de Janeiro: Renovar, 1999.

ASIMOV, Isaac. *O homem bicentenário*. Tradução de Milton Person. Porto Alegre: L&PM, 1999.

AUDI, Patrícia. A escravidão não abolida. In: VELLOSO, Gabriel; FAVA, Marcos Neves (coords.). *Trabalho escravo contemporâneo*: o desafio de superar a negação. São Paulo: LTr, 2006.

AURÉLIO, Marco. *Meditações*. Tradução de Alex Marins. São Paulo: Martin Claret, 2002.

ÁVILA, Humberto. *Teoria dos princípios*: da definição à aplicação dos princípios jurídicos. São Paulo: Malheiros, 2003.

BARBAGELATA, Hector-Hugo. *El particularismo del derecho del trabajo*. Montevideo/Uruguai: Fundación de Cultura Universitaria, 1995.

BARROS, Suzana de Toledo. *O princípio da proporcionalidade e o controle de constitucionalidade das leis restritivas de direitos fundamentais*. 2. ed. Brasília: Brasília Jurídica, 2000.

BARROS, Wellington Pacheco. *Contratos*: estudos sobre a moderna teoria geral. Porto Alegre: Livraria do Advogado, 2004.

BARROSO, Luís Roberto. *Interpretação e aplicação da Constituição*. 3. ed. São Paulo: Saraiva, 1999.

_____. Neoconstitucionalismo e constitucionalização do direito. *Revista da Escola Nacional da Magistratura*. Ano I, n. 2. Brasília: Escola Nacional da Magistratura, 2006.

BAUMAN, Zygmunt. *Globalização*: as conseqüências humanas. Tradução de Marcus Penchel. Rio de Janeiro: Jorge Zahar, 1999.

_____. *Modernidade líquida*. Tradução de Plínio Dentzien. Rio de Janeiro: Jorge Zahar, 2001.

BECK, Ulrich. *¿Qué es la globalización?* Falacias del globalismo, respuestas a la globalización. Buenos Aires: Paidós, 2004.

BERTÚLIO, Dora Lucia de Lima. O "novo" direito velho: racismo & direito. In: WOLKMER, Antonio Carlos; LEITE, José Rubens Morato (orgs.). *Os "novos" direitos no Brasil*: natureza e perspectivas. São Paulo: Saraiva, 2003.

BÍBLIA. Sociedade Bíblica Católica Internacional. *Bíblia sagrada*. São Paulo: Paulus, 1990. Edição pastoral.

BOBBIO, Norberto; MATTEUCCI, Nicola; PASQUINO, Gianfranco. *Dicionário de política*. 13. ed. Tradução de João Ferreira. Brasília: Editora UNB, 2007, vols. 1 e 2.

BOBBIO, Norberto. *A era dos direitos*. Tradução de Carlos Nelson Coutinho. Rio de Janeiro: Elsevier, 2004.

_____. *Locke e o direito natural*. Tradução de Sérgio Bath. Brasília: Universidade de Brasília, 1997. (a)

_____. *Teoria do ordenamento jurídico*. 10. ed. Tradução de Maria Celeste Cordeiro Leite dos Santos. Brasília: Universidade de Brasília, 1997. (b)

BONAVIDES, Paulo. *Curso de direito constitucional*. 13. ed. São Paulo: Malheiros, 2003.

BORON, Atílio. *A coruja de minerva: mercado contra democracia no capitalismo contemporâneo*. Tradução de Ana Carla Ferreira. Rio de Janeiro: Vozes, 2001.

BRASIL. Código Civil. 58. ed. São Paulo: Saraiva, 2007.

BRASIL. Código de Processo Civil. 35. ed. São Paulo: Saraiva, 2005.

BRASIL. Consolidação das Leis do Trabalho. 32. ed. São Paulo: Saraiva, 2005.

BRASIL. Consolidação das Leis do Trabalho. 34. ed. São Paulo: LTr, 2007.

BRASIL. Constituição (1988). Constituição da República Federativa do Brasil. 36. ed. São Paulo: Saraiva, 2005.

BRASIL, Decreto n. 3.298 de 20 de dezembro de 1999. Regulamenta a Lei n. 7.853 de 24 de outubro de 1989, dispõe sobre a política nacional para a integração da pessoa portadora de deficiência, consolida as normas de proteção, e dá outras providências. Diário Oficial da União, Brasília, DF, 21 dez. 1999. Disponível em: <https://www.planalto.gov.br/>. Acesso em: 18 jun. 2007.

BRASIL. Decreto-Lei n. 4.657, de 4 de setembro de 1942. Lei de introdução ao código civil brasileito. Diário Oficial da União, Brasília, DF, 9 set. 1942. Disponível em: <https://www.planalto.gov.br/>. Acesso em: 5 abr. 2007.

BRASIL. Emenda à Constituição n. 20, de 15 de dezembro de 1998. Modifica o sistema de previdência social, estabelece normas de transição e dá outras providências. Diário Oficial da União, Brasília, DF, 16 dez. 1998. Disponível em: <https://www.planalto.gov.br/>. Acesso em: 5 abr. 2007.

BRASIL. Emenda à Constituição n. 28, de 25 de maio de 2000. Dá nova redação ao inciso XXIX do art. 7º e revoga o art. 233 da Constituição Federal. Diário Oficial da União, Brasília, DF, 26 mai. 2000. Disponível em: <https://www.planalto.gov.br/>. Acesso em: 5 abr. 2007.

BRASIL. Emenda à Constituição n. 41, de 19 de dezembro de 2003. Modifica os arts. 37, 40, 42, 48, 96, 149 e 201 da Constituição Federal, revoga o inciso IX do § 3º do art. 142 da Constituição Federal e dispositivos da Emenda Constitucional n. 20 de 15 de dezembro de 1998, e dá outras providências. Diário Oficial da União, Brasília, DF, 31 dez. 2003. Disponível em: <https://www.planalto.gov.br/>. Acesso em: 5 abr. 2007.

BRASIL. Emenda à Constituição n. 45, de 30 de dezembro de 2004. Altera dispositivos dos arts. 5º, 36, 52, 92, 93, 95, 98, 99, 102, 103, 104, 105, 107, 109, 111, 112, 114, 115, 125, 126, 127, 128, 129, 134, 168 da Constituição Federal, e acrescenta os arts. 103-A, 103-B, 111-A e 130-A, e dá outras providências. Diário Oficial da União, Brasília, DF, 31 dez. 2004. Disponível em: <https://www.planalto.gov.br/>. Acesso em: 5 abr. 2007.

BRASIL. Lei n. 5.107, de 13 de setembro de 1966. Cria o Fundo de Garantia do Tempo de Serviço e dá outras providências. Diário Oficial da União, Brasília, DF, 14 set. 1966. Disponível em: <https://www.planalto.gov.br/>. Acesso em: 18 jun. 2007.

BRASIL. Lei n. 5.645, de 10 de dezembro de 1970. Estabelece diretrizes para a classificação de cargos do Serviço Civil da União e das autarquias federais, e dá outras providências. Diário Oficial da União, Brasília, DF, 10 dez. 1970. Disponível em: <https://www.planalto.gov.br/>. Acesso em: 18 jun. 2007.

BRASIL. Lei n. 6.019, de 3 de janeiro de 1974. Dispõe sobre o trabalho temporário nas empresas urbanas e dá outras providências. Diário Oficial da União, Brasília, DF, 3 jan. 1974. Disponível em: <https://www.planalto.gov.br/>. Acesso em: 18 jun. 2007.

BRASIL. Lei n. 7.102, de 20 de junho de 1983. Dispõe sobre segurança para estabelecimentos financeiros, estabelece normas para constituição e funcionamento das empresas particulares que exploram serviços de vigilância e de transportes de valores e dá outras providências. Diário Oficial da União, Brasília, DF, 20 jun. 1983. Disponível em: <https://www.planalto.gov.br/>. Acesso em: 18 jun. 2007.

BRASIL, Lei n. 7.783, de 28 de junho de 1989. Dispõe sobre o exercício do direito de greve, define as atividades essenciais, regula o atendimento das necessidades inadiáveis da comunidade, e dá outras providências. Diário Oficial da União, Brasília, DF, 19 jun. 1989. Disponível em: <https://www.planalto.gov.br/>. Acesso em: 18 jun. 2007.

BRASIL, Lei n. 7.853 de 24 de outubro de 1989. Dispõe sobre o apoio às pessoas portadoras de deficiência, sua integração social, sobre a coordenadoria nacional para integração da pessoa portadora de deficiência — CORDE, institui a tutela jurisdicional de interesses coletivos ou difusos dessas pessoas, disciplina a atuação do Ministério Público, define crimes, e dá outras providências. Diário Oficial da União, Brasília, DF, 25 out. 1989. Disponível em: <https://www.planalto.gov.br/>. Acesso em: 18 jun. 2007.

BRASIL, Lei n. 7.998 de 11 de janeiro de 1990. Regula o programa do seguro-desemprego, o abano salarial, institui o fundo de amparo ao trabalhador — FAT e dá outras providências. Diário Oficial da União, Brasília, DF, 12 nov. 1990. Disponível em: <https://www.planalto.gov.br/>. Acesso em: 18 jun. 2007.

BRASIL. Lei n. 8.036, de 11 de maio de 1990. Dispõe sobre o Fundo de Garantia do Tempo de Serviço e dá outras providências. Diário Oficial da União, Brasília, DF, 14 mai. 1990. Disponível em: <https://www.planalto.gov.br/>. Acesso em: 18 jun. 2007.

BRASIL. Lei n. 8.069, de 13 de julho de 1990. Dispõe sobre o Estatuto da Criança e do Adolescente. Diário Oficial da União, Brasília, DF, 16 jul. 1990. Disponível em: <https://www.planalto.gov.br/>. Acesso em: 18 jun. 2007.

BRASIL. Lei n. 8.078, de 11 de setembro de 1990. Dispõe sobre a proteção do consumidor e dá outras providências. Diário Oficial da União, Brasília, DF, 12 set. 1990. Disponível em: <https://www.planalto.gov.br/>. Acesso em: 18 jun. 2007.

BRASIL, Lei n. 8.213 de 24 de março de 1991. Dispõe sobre os planos de benefícios da previdência social e dá outras providências. Diário Oficial da União, Brasília, DF, 25 mar. 1991. Disponível em: <https://www.planalto.gov.br/>. Acesso em: 18 jun. 2007.

BRASIL, Lei n. 8.900 de 10 de dezembro de 1991. Dispõe sobre o benefício do seguro-desemprego, altera dispositivo da Lei n. 7.998, de 11 de janeiro de 1990, e dá outras providências. Diário Oficial da União, Brasília, DF, 23 dez. 1991. Disponível em: <https://www.planalto.gov.br/>. Acesso em: 18 jun. 2007.

BRASIL. Lei n. 9.307, de 23 de setembro de 1996. Dispõe sobre a arbitragem. Diário Oficial da União, Brasília, DF, 24 set. 1996. Disponível em: <https://www.planalto.gov.br/>. Acesso em: 18 jun. 2007.

BRASIL. Lei n. 9.394, de 20 de dezembro de 1996. Estabelece as diretrizes e bases da educação nacional. Diário Oficial da União, Brasília, DF, 23 dez. 1996. Disponível em: <https://www.planalto.gov.br/>. Acesso em: 18 jun. 2007.

BRASIL. Lei n. 9.601, de 21 de janeiro de 1998. Dispõe sobre o contrato de trabalho por prazo determinado e dá outras providências. Diário Oficial da União, Brasília, DF, 22 jan. 1998. Disponível em: <https://www.planalto.gov.br/>. Acesso em: 18 jun. 2007.

BRASIL, Lei n. 9.608 de 18 de fevereiro de 1998. Dispõe sobre o serviço voluntário e dá outras providências. Diário Oficial da União, Brasília, DF, 19 fev. 1998. Disponível em: <https://www.planalto.gov.br/>. Acesso em: 18 jun. 2007.

BRASIL. Lei n. 10.224 de 15 de maio de 2001. Altera o Decreto-lei n. 2.848, de 7 de dezembro de 1940 — Código Penal, para dispor sobre o crime de assédio sexual e dá outras providências. Diário Oficial da União, Brasília, DF, 16 mai. 2001. Disponível em: <https://www.planalto.gov.br/>. Acesso em: 18 jun. 2007.

BRASIL. Lei n. 10.741 de 1º de outubro de 2003. Dispõe sobre o Estatuto do Idoso e dá outras providências. Diário Oficial da União, Brasília, DF, 3 out. 2003. Disponível em: <https://www.planalto.gov.br/>. Acesso em: 18 jun. 2007.

BRASIL. Lei n. 10.748 de 22 de outubro de 2003. Cria o programa nacional de estímulo ao primeiro emprego para os jovens — PNPE, acrescenta dispositivo à Lei n. 9.608, de 18 de fevereiro de 1998, e dá outras providências. Diário Oficial da União, Brasília, DF, 23 out. 2003. Disponível em: <https://www.planalto.gov.br/>. Acesso em: 18 jun. 2007.

BRASIL. Lei n. 11.644 de 10 de março de 2008. Acresenta o art. 442 — A à Consolidação das Leis do Trabalho — CLT, aprovada pelo Decreto-lei n. 5.452, de 1º de maio de 1943, impedindo a exigência de comprovação de experiência prévia por tempo superior a 6 (seis) meses. Diário Oficial da União, Brasília, DF, 11 março 2008. Disponível em: <https://www.planalto.gov.br/>. Acesso em: 18 mar. 2008.

BRASIL. Lei n. 11.648 de 31 de março de 2008. Dispõe sobre o reconhecimento formal das centrais sindicais para os fins que especifica, altera a CLT e dá outras providências. Diário Oficial da União, Brasília, DF, 1º de abril 2008. Disponível em: <https://www.planalto.gov.br/>. Acesso em: 7 abr. 2008.

BRASIL. Ministério do Orçamento, Planejamento e Gestão. Radar Social 2006: principais iniciativas do Governo Federal. Brasília: MP, 2006.

BRASIL, Tribunal de Justiça do Rio Grande do Sul. Apelação Cível n. 70009761255, Sexta Câmara Cível. Apelante/Apelado: Rosmeri Teresinha Borelli, Apelante/Apelado: Antonio Vilson dos Santos. Relator vencido: Des. Ubirajara Mach de Oliveira. Redator do Acórdão, Presidente e Revisor: Des. Antônio Corrêa Palmeiro da Fontoura. Julgado em 8 de março de 2007, publicado no Diário da Justiça do Rio Grande do Sul em 30 de março de 2007. Disponível em <http://tj.rs.gov.br/site_php/jprud2/resultado.phb>. Acesso em 17 de out. 2007.

BRASIL. Tribunal Regional do Trabalho da Quarta Região. Recurso Ordinário n. 00432-2006-812-04-00-8, da Segunda Turma do Tribunal Regional do Trabalho da Quarta Região. Recorrente: Jeanine Bezerra dos Santos. Recorrido: Fundação Áttila Taborda — URCAM P. Relatora: Juíza Maria Beatriz Condessa Ferreira. Porto Alegre, 16 de março de 2007. Disponível em: <http://www.trt4.gov.br/#>. Acesso em: 18 jun. 2007.

BRASIL. Tribunal Regional do Trabalho da Quarta Região. Recurso Ordinário n. 01507-2005-383-04-00-3, da 8ª Turma do Tribunal Regional do Trabalho da Quarta Região. Recorrente: Calçados Azaléia S.A. Recorrido: Luis Adrovandro do Santos Hirt Relatora: Juíza Cleuza Regina Halfen. Porto Alegre, 8 de janeiro de 2007. Disponível em: <http://www.trt4.gov.br>. Acesso em: 18 jun. 2007.

BRASIL. Tribunal Regional do Trabalho da Quarta Região. Recurso Ordinário n. 01249-2005-020-04-00-8, da Sexta Turma do Tribunal Regional do Trabalho da Quarta Região. Recorrente: Hospital Cristo Redentor S.A. Recorrido: Jucinara Rodrigues dos Santos e Outros. Relatora: Juíza Ana Rosa Pereira Zago Sagrilo. Porto Alegre, 4 de maio de 2007. Disponível em: <http://www.trt4.gov.br>. Acesso em: 18 jun. 2007.

BRASIL. Tribunal Regional do Trabalho da Sexta Região. Recurso Ordinário n. 00857-2002-231-06-00-1, da Segunda Turma do Tribunal Regional do Trabalho da Sexta Região. Recorrente: Agrimex-Agro Industrial Mercantil Excelsior S/A. Recorrido: Milton Mauricio da Silva. Relatora: Juíza Maria Helena Guedes Soares de Pinho. Recife, 11 de setembro de 2003. Disponível em: <http://www.trt6.gov.br/#>. Acesso em: 18 jun. 2007.

BRASIL. Tribunal Superior do Trabalho. Agravo de Instrumento em Recurso de Revista n. 802159/2001.2, da Quinta Turma do Tribunal Superior do Trabalho. Recorrente: Banco do Brasil S.A. Recorrido: Elizabeth Kawizoe Sato. Relator: Juiz Convocado Walmir Oliveira da Costa. Brasília, 4 de maio de 2007. Disponível em: <http://www.tst.gov.br/>. Acesso em: 18 jun. 2007.

BRASIL. Tribunal Superior do Trabalho. Agravo de Instrumento em Recurso de Revista n. 08720/2002-900-04-00.5, da Sexta Turma do Tribunal Superior do Trabalho. Recorrente: Fundação de Educação Social e Comunitária (FESC). Recorrido: Itamar Cunha Malgor. Relator: Ministro Horácio Senna Pires. Brasília, 19 de dezembro de 2006. Disponível em: <http://www.tst.gov.br/>. Acesso em: 18 jun. 2007.

BRASIL. Tribunal Superior do Trabalho. Embargos em Recurso de Revista n. 628545, da Subseção I Especializada em Dissídios Individuais do Tribunal Superior do Trabalho. Recorrente: Teksid do Brasil Ltda. Recorrido: Humberto Romualdo de Farias. Relator: Ministro Aloysio Corrêa da Veiga. Brasília, 5 de agosto de 2005. Disponível em: <http://www.tst.gov.br/>. Acesso em: 18 jun. 2007.

BRASIL. Tribunal Superior do Trabalho. Recurso de Revista n. 691499/2000.2, da Primeira Turma do Tribunal Superior do Trabalho. Recorrente: Luiz Carlos Pereira da Cruz. Recorrido: Banco do Estado de São Paulo S/A — Banespa. Relator: Ministro Vieira de Mello Filho. Brasília, 4 de maio de 2007. Disponível em: <http://www.tst.gov.br/>. Acesso em: 18 jun. 2007.

BRASIL. Tribunal Superior do Trabalho. Súmula n. 12. Anotações em carteira de trabalho. As anotações apostas pelo empregador na carteira profissional do empregado não gera presunção *juris et de jure*, mas apenas *juris tantum*. Disponível em: <http://www.tst.gov.br/basesjuridicas/>. Acesso em: 18 jun. 2007.

BRASIL. Tribunal Superior do Trabalho. Súmula n. 256 (cancelada). Empresa prestadora de serviços. Contratação. Legalidade. Salvo os casos de trabalho temporário e de serviço de vigilância, previstos nas Leis n. 6.019, de 3.1.74, e 7.102, de 20.6.83, é ilegal a contratação de trabalhadores por empresa interposta, formando-se o vínculo empregatício diretamente com o tomador dos serviços. (Res. TST 4/86, DJ, 30.0.86) (Cancelada, Res. TST 121/03, DJ, 21.11.03). Disponível em: <http://www.tst.gov.br/basesjuridicas/>. Acesso em: 18 jun. 2007.

BRASIL. Tribunal Superior do Trabalho. Súmula n. 294. Tratando-se de ação que envolva pedido de prestações sucessivas decorrente de alteração do pactuado, a prescrição é total, exceto quando o direito à parcela esteja também assegurado por preceito de lei. Disponível em: <http://www.tst.gov.br/basesjuridicas/>. Acesso em: 18 jun. 2007.

BRASIL. Tribunal Superior do Trabalho. Súmula n. 330. A quitação passada pelo empregado, com assistência da entidade sindical de sua categoria, ao empregador, com observância dos requisitos exigidos nos parágrafos do art. 477 da CLT, tem eficácia liberatória em relação às parcelas expressamente consignadas no recibo, salvo se oposta ressalva expressa e especificada ao valor dado à parcela ou parcelas impugnadas. I — A quitação não abrange parcelas não consignadas no recibo de quitação e, conseqüentemente, seus reflexos em outras parcelas, ainda que estas constem desse recibo. II — Quanto a direitos que deveriam ter sido satisfeitos durante a vigência do contrato de trabalho, a quitação é válida em relação ao período expressamente consignado no recibo de quitação. Disponível em: <http://www.tst.gov.br/basesjuridicas/>. Acesso em: 18 jun. 2007.

BRASIL. Tribunal Superior do Trabalho. Súmula n. 331. Contrato de prestação de serviços. Legalidade — Inciso IV alterado pela Res. 96/2000, DJ 18.9.00. I — A contratação de trabalhadores por empresa interposta é ilegal, formando-se o vínculo diretamente com o tomador dos serviços, salvo no caso de trabalho temporário (Lei n. 6.019, de 3.1.74). II — A contratação irregular de trabalhador, mediante empresa interposta, não gera vínculo de emprego com os órgãos da administração pública direta, indireta ou fundacional (art. 37, II, da CF/1988). III — Não forma vínculo de emprego com o tomador a contratação de serviços de vigilância (Lei n. 7.102, de 20.6.83) e de conservação e limpeza, bem como a de serviços especializados ligados à atividade-meio do tomador, desde que inexistente a pessoalidade e a subordinação direta. IV — O inadimplemento das obrigações trabalhistas, por parte do empregador, implica a responsabilidade subsidiária do tomador dos serviços, quanto àquelas obrigações, inclusive quanto aos órgãos da administração direta, das autarquias, das fundações públicas, das empresas públicas e das sociedades de economia mista, desde que hajam participado da relação processual e constem também do título executivo judicial (art. 71 da Lei n. 8.666, de 21.6.93). Disponível em: <http://www.tst.gov.br/basesjuridicas/>. Acesso em: 18 jun. 2007.

BRASIL. Tribunal Superior do Trabalho. Súmula n. 342. Descontos salariais. Art. 462 da CLT (mantida) — Res. 121/2003, DJ 19, 20 e 21.11.03. Descontos salariais efetuados pelo empregador, com a autorização prévia e por escrito do empregado, para ser integrado em planos de assistência odontológica, médico-hospitalar, de seguro, de previdência privada, ou de entidade cooperativa, cultural ou recreativo-associativa de seus trabalhadores, em seu benefício e de seus dependentes, não afrontam o disposto no art. 462 da CLT, salvo se ficar demonstrada a existência de coação ou de outro defeito que vicie o ato jurídico. Disponível em: <http://www.tst.gov.br/basesjuridicas/>. Acesso em: 18 jun. 2007.

BRASIL. Tribunal Superior do Trabalho. Súmula n. 342. Descontos salariais efetuados pelo empregador, com a autorização prévia e por escrito do empregado, para ser integrado em planos de assistência odontológica, médico-hospitalar, de seguro, de previdência privada, ou de entidade corporativa, cultural ou recreativo-associativa de seus trabalhadores, em seu benefício e de seus dependentes, não afrontam o disposto no art. 462 da CLT, salvo se ficar demonstrada a existência de coação ou de outro defeito que vicie o ato jurídico. Disponível em: <http://www.tst.gov.br/basesjuridicas/>. Acesso em: 18 jun. 2007.

BRASIL. Tribunal Superior do Trabalho. Súmula n. 51. Norma regulamentar. Vantagens e opção pelo novo regulamento. Art. 468 da CLT (incorporada a Orientação Jurisprudencial n. 163 da SPDI-I) — Res. 129/2005, DJ 20, 22 e 25.04.2005. I — As cláusulas regulamentares, que revoguem ou alterem vantagens deferias anteriormente, só atingirão os trabalhadores admitidos após a revogação ou alteração do regulamento. (ex-Súmula n. 51-RA 41/73, DJ 14.06.1973). II — Havendo a coexistência de dois regulamentos da empresa, a opção do empregado por um deles tem efeito jurídico de renúncia às regras do sistema do outro (ex-OJ n. 163 da SBDI-I — inserida em 26.03.1999). Disponível em: <http://www.tst.gov.br/basesjuridicas/>. Acesso em: 18 jun. 2007.

BRASIL. Tribunal Superior do Trabalho. Súmula n. 85. Compensação de jornada (incorporadas as Orientações Jurisprudenciais ns. 182, 220 e 223 da SBDI-1) — Res. 129/2005, DJ 20, 22 e 25.04.2005. I. A compensação de jornada de trabalho deve ser ajustada por acordo individual escrito, acordo coletivo ou convenção coletiva. (ex-Súmula n. 85 — primeira parte — alterada pela Res. 121/2003, DJ 21.11.2003) — II. O acordo individual para compensação de horas é válido, salvo se houver norma coletiva em sentido contrário. (ex-OJ n. 182 da SBDI-1 — inserida em 08.11.2000) — III. O mero não-atendimento das exigências legais para a compensação de jornada, inclusive quando encetada mediante acordo tácito, não implica a repetição do pagamento das horas excedentes à jornada normal diária, se não dilatada a jornada máxima semanal, sendo devido apenas o respectivo adicional. (ex-Súmula n. 85 — segunda parte — alterada pela Res. 121/2003, DJ 21.11.2003) — IV. A prestação de horas extras habituais descaracteriza o acordo de compensação de jornada. Nesta hipótese, as horas que ultrapassarem a jornada semanal normal deverão ser pagas como horas extraordinárias e, quanto àquelas destinadas à compensação, deverá ser pago a mais apenas o adicional por trabalho extraordinário. (ex-OJ n. 220 da SBDI-1 — inserida em 20.06.2001). Disponível em: <http://www.tst.gov.br/basesjuridicas/>. Acesso em: 18 jun. 2007.

BRASIL. Tribunal Superior do Trabalho. Súmula n. 212. O ônus de provar o término do contrato de trabalho, quando negados a prestação de serviço e o despedimento, é do empregador, pois o princípio da continuidade da relação de emprego constitui presunção favorável ao empregado. (Res. 14/1985, DJ 19.9.1985). Disponível em: http://www.tst.gov.br/basesjuridicas/. Acesso em 18 jun. 2007.

BUECHELE, Paulo Arminio Tavares. *O princípio da proporcionalidade e a interpretação da constituição*. Rio de Janeiro: Renovar, 1999.

BUSNELLO, Ronaldo. *Processo de produção e regulação social*. Ijuí: Unijuí, 2005.

CAMINO, Carmem. *Direito individual do trabalho*. 2. ed. Porto Alegre: Síntese, 1999.

______. *Direito individual do trabalho*. 3. ed. rev. e atual. Porto Alegre: Síntese, 2003.

CANARIS, Claus Wilhelm. *Pensamento sistemático e conceito de sistema na ciência do direito*. Tradução de Menezes Cordeiro. Lisboa: Fundação Calouste Gulbenkian, 1989.

CANOTILHO, José Joaquim Gomes. *Direito constitucional*. 6. ed. rev. Coimbra: Livraria Almedina, 1993.

CAPELLA, Juan Ramón. *Fruto proibido*: uma aproximação histórico-teórica ao Estudo do Direito e do Estado. Porto Alegre: Livraria do Advogado, 2002.

______. *Os cidadãos servos*. Tradução de Lédio Rosa de Andrade e de Têmis Correia Soares. Porto Alegre: Fabris, 1998.

CAPPELLETTI, Mauro; GARTH, Bryant. *Acesso à justiça*. Tradução de Ellen Gracie Northleet. Porto Alegre: Fabris, 1998.

CARDOSO, Cassiano Pereira. *Princípios gerais de direito*. Passo Fundo: UPF, 2003.

CARDOSO, Fernando Henrique. *A arte da política*: a história que vivi. 3. ed. Rio de Janeiro: Civilização Brasileira, 2006.

CARRION, Valentin. *Comentários à Consolidação das Leis do Trabalho*: legislação complementar e jurisprudência. 31. ed. atual. São Paulo: Saraiva, 2006.

CARVALHO, Amilton Bueno de. *Magistratura e direito alternativo*. 6. ed. Rio de Janeiro: Lumem Juris, 2003.

CASTELVETRI, Laura. *Il Diritto del lavoro delle origini*. Milano: Dott. A. Giuffrè Editore, 1994.

CATHARINO, José Martins. *Neoliberalismo e seqüela*. São Paulo: LTr, 1997.

CÍCERO, Marco Túlio. *Dos deveres*. Tradução de Alex Marins. São Paulo: Martin Claret, 2007.

CINTRA, Antonio Carlos de Araújo; GRINOVER, Ada Pellegrini; DINAMARCO, Cândido Rangel. *Teoria geral do processo*. 15. ed. São Paulo: Malheiros, 1999.

CHAVES, Daniela Lustoza Marques de Souza. *Mercado de trabalho e discriminação etária*: a vulnerabilidade dos trabalhadores "envelhescentes". São Paulo: LTr, 2006.

______. *A precarização das relações de trabalho e a desestabilização dos vínculos sociais*. Revista trabalhista. Vol. VII. Rio de Janeiro: Forense, 2003.

COELHO, Luiz Fernando. *Saudade do futuro*. Florianópolis: Fundação Boiteux, 2001.

COMANDUCCI, Paolo. Formas de (neo)constitucionalismo: un análisis metateórico. In: CARBONELL, Miguel (org.). *Neoconstitucionalismo(s)*. Madrid: Editorial Trotta, 2003.

COMPARATO, Fábio Konder. *Ética*: direito, moral e religião no mundo moderno. São Paulo: Companhia das Letras, 2006.

CONGRESSO NACIONAL DE MAGISTRADOS DO TRABALHO. XII, 2004, Campos do Jordão (SP). *Neoliberalismo e direito do trabalho*. Campos do Jordão, 2004, Agostinho Ramalho Marques Neto.

CORTIANO JUNIOR, Eroulths; DALLEGRAVE NETO, José Affonso (orgs.). *O impacto do novo código civil no direito do trabalho*. São Paulo: LTr, 2003.

CRUZ, Álvaro Ricardo de Souza. *O direito à diferença: as ações afirmativas como mecanismo de inclusão social de mulheres, negros, homossexuais e pessoa portadoras de deficiência*. Belo Horizonte: Del Rey, 2003.

DAL'RI JR., Arno; OLIVEIRA, Odete Maria de (orgs.). *Direito internacional econômico em expansão*. Ijuí: Unijuí, 2003.

DAL'RI JR., Arno; PAVIANI, Jayme. A necessidade de humanizar a globalização. *In*: DAL'RI JUNIOR, Arno; PAVIANI, Jayme (Org.). *Globalização e humanismo latino*. Porto Alegre: EDIPUCRS, 2000.

DALLEGRAVE NETO, José Affonso. *Direito do trabalho contemporâneo*. São Paulo: LTr, 2003.

DANTAS, Marcos. Telecomunicações: uma alternativa social e nacional à globalização subalterna. In: CARRION, Raul K. M.; VIZENTINI, Paulo G. Fagundes (orgs.). *Globalização, neoliberalismo, privatizações*: quem decide este jogo? 2. ed. Porto Alegre: Universidade/UFRGS, 1998.

DEJOURS, Christophe. *A banalização da injustiça social*. Tradução de Luiz Alberto Monjardim. 5. ed. Rio de Janeiro: FGV, 2003.

DELGADO, Mauricio Godinho. *Curso de direito do trabalho*. 3. ed. São Paulo: LTr, 2004.

______. *Capitalismo, trabalho e emprego*: entre o paradigma da destruição e os caminhos da reconstrução. São Paulo: LTr, 2006.

DELGADO, Gabriela Neves. *Terceirização*: paradoxo do direito do trabalho contemporâneo. São Paulo: LTr, 2003.

______. *Direito fundamental ao trabalho digno*. São Paulo: LTr, 2006.

DELMAS-MARTY, Mireille. *Três desafios para um direito mundial*. Tradução de Fauzi Hassan Choukr. Rio de Janeiro: Lúmen Juris, 2003.

DINAMARCO, Cândido Rangel. *A instrumentalidade do processo*. 4. ed. São Paulo: Malheiros, 1994.

DINIZ, Maria Helena. *Conflito de normas*. 2. ed. São Paulo: Saraiva, 1996.

DWORKIN, Ronald. *O império do direito*. Tradução Jefferson Luiz Camargo. São Paulo: Martins Fontes, 1999.

ERRAZURIZ, Francisco Walker. La flexibilidad laboral y los principios orientadores del derecho del trabajo, teniendo en cuenta, en forma particular, algunos aspectos da la legislacion chilena. In: *Estúdios en homenaje al Prof. Héctor-Hugo Barbagelata*. Montevideo-Uruguai: Fundacion de Cultura Universitária, 1997.

ESPÍNDOLA, Ruy Samuel. *Conceito de princípios constitucionais*: elementos teóricos para uma formulação dogmática constitucionalmente adequada. São Paulo: RT, 1998.

FACHIN, Luiz Edson. *Teoria crítica do direito civil*. Rio de Janeiro: Renovar, 2003.

FARIAS, Edílson Pereira de. *Colisão de direitos*. Porto Alegre: Fabris, 1996.

FERNANDES, Francisco. *Dicionário brasileiro globo*. 30. ed. São Paulo: Globo, 1993.

FONSECA, João Bosco Leopoldino da. Globalização e direito do trabalho. *Revista do Tribunal Superior do Trabalho*. Brasília, v. 65, n. 1, p. 210-222, out./dez. 1999.

FREITAS, Juarez. *A interpretação sistemática do direito*. 2. ed. São Paulo: Malheiros, 1998.

FREITAS JR., Antônio Rodrigues de. Direitos sociais e direitos humanos numa economia globalizada. *Revista de Direito do Trabalho*. São Paulo, n. 104, p. 34-50, out./dez. 2001.

FRIEDMAN, Thomas L. *O mundo é plano*: uma breve história do século XXI. Tradução de Cristiana Serra, Sergio Duarre e Bruno Casotti. Rio de Janeiro: Objetiva, 2007.

GALVES, Carlos. *O direito natural*: teoria e crítica. 3. ed. Passo Fundo: UPF, 1988.

GEMIGNANI, Tereza Aparecida Asta. Princípios: marcos de resistência. *Revista LTr*. Vol. 71, n. 1. São Paulo: LTr, 2007, p. 46-45.

GENRO, Tarso. Calor e humanismo para o direito do trabalho. *Revista do Tribunal Superior do Trabalho*. Brasília, vol. 65, n. 1, p. 254-259, out./dez. 1999.

GOLDSCHMIDT, Rodrigo. O princípio da proibição do retrocesso social e sua função limitadora dos direitos fundamentais. *Revista Justiça do Direito*. Vol. 4, n. 14, Passo Fundo: UPF, 2000, p. 29-36.

______. O trabalho, a livre iniciativa e a dignidade da pessoa humana: Uma visão sistemática. In: FREITAS, José Mello de (orgs.). *Reflexões sobre o direito do trabalho e flexibilização*. Passo Fundo: UPF, 2003.

GOMES, Dinaura Godinho Pimentel. *Direito do trabalho e dignidade da pessoa humana, no contexto da globalização econômica*: problemas e perspectivas. São Paulo: LTr, 2005.

GOMES, Orlando. *Transformações gerais do direito das obrigações*. São Paulo: Revista dos Tribunais, 1967.

GOMES, Orlando; GOTTSCHALK, Elson. *Curso de direito do trabalho*. 4. ed. Rio de Janeiro: Forense, 1995.

GOMES, Renata Raup P. Os "novos" direitos na perspectiva feminina: A constitucionalização dos direitos das mulheres. In: WOLKMER, Antonio Carlos; LEITE, José Rubens Morato (orgs.). *Os "novos" direitos no Brasil*: natureza e perspectivas. São Paulo: Saraiva, 2003.

GRANDI, Mario. "El trabajo no es uma mercancia": reflexiones al margen de una formula para volver a meditar. In: *Estudios en homenaje al Prof. Héctor-Hugo Barbagelata*. Montevideo-Uruguai: Fundacion de Cultura Universitária, 1997.

GUASTINI, Ricardo. La "constitucionalización" del ordenamiento jurídico: el caso italiano. In: CARBONELL, Miguel (orgs.). *Neoconstitucionalismo(s)*. Madrid: Editorial Trotta, 2003.

GUSMÃO, Paulo Dourado de. *Introdução ao estudo do direito*. 19. ed. Rio de Janeiro: Forense, 1996.

HAYEK, Friedrich Auguste. *O caminho da servidão*. Tradução e revisão de Anna Maria Capovilla, José Ítalo Stelle e Liande de Morais Ribeiro. Rio de Janeiro: Expressão e Cultura: Instituto Liberal, 1987.

HESPANHA, António Manuel. *Cultura jurídica européia*: síntese de um milênio. 3. ed. Portugal: Europa-América, 2003.

HILL Jr., Thomas E. Dignidade. Tradução de Magda Lopes. In: CANTO-SPERBER, Monique. *Dicionário de ética e filosofia social*. São Leopoldo: Unisinos, 2003, vol I.

HINZ, Henrique Macedo. *Direito individual do trabalho*. São Paulo: Saraiva, 2006.

______. *Direito coletivo do trabalho*. São Paulo: Saraiva, 2005.

HIRIGOYEN, Marie-France. *Mal-estar no trabalho*: redefinindo o assédio moral. Tradução de Rejane Janowitzer. 2. ed. Rio de Janeiro: Bertrand Brasil, 2005.

HOBBES, Thomas. *Leviatã ou matéria, forma e poder de um estado eclesiástico e civil*. Tradução de Alex Martins. São Paulo: Martin Claret, 2005.

HOBSBAWM, Eric j. *Da revolução industrial inglesa ao imperialismo*. Tradução de Donaldson Magalhães Garschagen. 5. ed. Rio de Janeiro: Forense, 2003.

______. *Mundos do trabalho*: novos estudos sobre história operária. Tradução de Walden barcellos e Sandra Bedran. 3. ed. Rio de Janeiro: Paz e Terra, 2000.

HUBERMAN, Leo. *História da riqueza do homem*. Tradução de Waltensir Dutra. 21. ed. Rio de Janeiro: LTC, 1986.

JACINTHO, Jussara Maria Moreno. *Dignidade humana*: princípio constitucional. Curitiba: Juruá, 2008.

JEFFERSON, Thomas. *Escritos políticos*. Tradução de Leônidas Contijo de Carvalho. São Paulo: IBRASA,1964.

KANT, Immanuel. *Fundamentação da metafísica dos costumes*. Tradução de António Pinto de Carvalho. São Paulo: Companhia Editora Nacional, 1964.

KELLER, Arno Arnoldo. *O descumprimento dos direitos sociais:* razões políticas, econômicas e jurídicas. São Paulo: LTr, 2001.

KLEIN, Zilvia. *La notion de dignité humaine dans la pensée de Kant et de Pascal*. Paris: Librairie Philosophique J. Vrin, 1968.

LEAL, Rogério Gesta. *Perspectivas hermenêuticas dos direitos humanos e fundamentais no Brasil*. Porto Alegre: Livraria do Advogado, 2000.

LEÃO XIII. *Rerum Novarum*. In: *Encíclicas e documentos sociais*. Frei Antonio de Canctis (orgs.). São Paulo: LTr, 1972.

LOCKE, John. *Segundo tratado sobre o governo*. Tradução de Alex Martins. São Paulo: Martin Claret, 2005.

MALDONADO FILHO, Eduardo. Globalização e neoliberalismo: o surgimento do novo ou a volta ao passado? In: CARRION, Raul K. M.; VIZENTINI, Paulo G. Fagundes (orgs.). *Globalização, neoliberalismo, privatizações*: quem decide este jogo? 2. ed. Porto Alegre: Universidade/UFRGS, 1998.

MARTINS, Flademir Jerônimo Belinati. *Dignidade da pessoa humana:* princípio constitucional fundamental. Curitiba: Juruá, 2006.

MARTINS, Sérgio Pinto. *Direito do trabalho*. 11. ed. São Paulo: Atlas, 2000.

MARTINS-COSTA, Judith. *Diretrizes teóricas do novo Código Civil brasileiro*. São Paulo: Saraiva, 2002.

MARX, Karl; ENGELS, Friedrich. *Manifesto do partido comunista*. Tradução de Pietro Nassetti. São Paulo: Martin Claret, 2003.

MELHADO, Reginaldo. *Poder e sujeição*: os fundamentos da relação de poder entre capital e trabalho e o conceito de subordinação. São Paulo: LTr, 2003.

MENEZES, Cláudio Armando Couce de. Novos contornos das relações de trabalho e emprego — direito do trabalho e a nova competência trabalhista estabelecida pela emenda n. 45/2004. *Repertório de Jurisprudência IOB,* São Paulo, v. 2, n. 14, p. 423-432, jul. 2005.

MIRANDA, Pontes de. *Comentários ao Código de Processo Civil*. Tomo I. 2 ed. Rio de Janeiro: Forense, 1979.

MIRANDOLA, Giovanni Pico Della. *Discurso sobre a dignidade do homem*. Tradução e apresentação de Maria de Lourdes Sirgado Ganho, Lisboa: Edições 70, 2006.

MONTESQUIEU. *Do espírito das leis*. Tradução de Jean Melville. São Paulo: Martin Claret, 2006.

MORAES, Alexandre de. *Direito constitucional*. 8. ed. São Paulo: Atlas, 2000.

NASCIMENTO, Amauri Mascaro. *Curso de direito do trabalho*. 21. ed. rev. e atual. São Paulo: Saraiva, 2006.

NUNES, Rizzato. *O princípio constitucional da dignidade da pessoa humana*. São Paulo: Saraiva, 2002.

OFM, Frei David Santos. Ações afirmativas e o judiciário o papel da magistratura nas demandas sociais. *Revista da Escola Nacional da Magistratura*. Ano II, n. 3. Brasília: Escola Nacional da Magistratura, 2007.

PEDREIRA, Pinho. Um novo modelo social: a flexissegurança. *Revista LTr*. São Paulo, v. 69, n. 6, p. 645/647, jun. 2005.

PERELMAN, Chaïm. *Tratado da argumentação*. Tradução de Maria Ermantina Galvão G. Pereira. São Paulo: Martins Fontes, 1996.

PILATI, José Isaac. Por uma nova agora perante o desafio da globalização. *Revista Jurídica*, n. 19, jan./jun., Blumenau: Edifurb, 2006.

PIOVESAN, Flávia. *Direitos Humanos e o direito constitucional internacional*. 6. ed. São Paulo: Max Limonad, 2004.

______. Direitos humanos: desafios da ordem internacional contemporânea. *Revista da Escola da Magistratura do Tribunal Regional do Trabalho da 2ª Região*. n.1. São Paulo: Revista Oficial do TRT da 2ª Região, 2006, p. 91-104.

POCHMANN, Marcio. *Relações de trabalho e padrões de organização sindical no Brasil*. São Paulo: LTr, 2003.

RABENHORST, Eduardo Ramalho. *Dignidade humana e moralidade democrática*. Brasília: Brasília Jurídica, 2001.

RAZ, Joseph. *Valor, respeito e apego*. Tradução de Vadim Nikitin. São Paulo: Martins Fontes, 2004.

REALE, Miguel. *Função social do contrato*. Disponível em: <http://www.miguelreale.com.br/artigos/funsoccont.htm>. Acesso em: 30 mar. 2007.

REIS, José Pedro dos; TRINDADE, Raquel Pinto. Degradação ambiental e humana: o trabalho escravo nas carvoarias. In: VELLOSO, Gabriel; FAVA, Marcos Neves (coords.). *Trabalho escravo contemporâneo*: o desafio de superar a negação. São Paulo: LTr, 2006.

RODRIGUEZ, Américo Plá. *Princípios de Direito do Trabalho*. Tradução de Wagner D. Giglio. 3. ed. atual. São Paulo: LTr, 2000.

ROUSSEAU, Jean-Jaques. *O contrato social*. Tradução de Antônio P. Machado. 19. ed. Rio de Janeiro: Ediouro, 1999.

SAFRANSKI, Rüdiger. *¿Cuánta globalización podemos soportar?* Buenos Aires: Tusquets Editores, 2005.

SANTOS, Moacyr Amaral. *Primeiras linhas de direito processual civil*. v.1. São Paulo: Saraiva, 1995.

SARLET, Ingo Wolfgang. *A eficácia dos direitos fundamentais*. 4. ed. rev., atual., e ampl. Porto Alegre: Livraria do Advogado, 2003.

______. *Dignidade da pessoa humana e direitos fundamentais*. 3. ed. rev., atual., e ampl. Porto Alegre: Livraria do Advogado, 2004.

SARMENTO, Daniel. Os princípios constitucionais e a ponderação de bens. In: TORRES, Ricardo Lobo (org.). *Teoria dos Direitos Fundamentais*. 2. ed. rev. e atual. Rio de Janeiro: Renovar, 2001.

SILVA, José Afonso da. *Curso de direito constitucional positivo*. 9 ed. São Paulo: Malheiros, 1994.

______. A dignidade da pessoa humana como valor supremo da democracia. *Revista de Direito Administrativo*, n. 212. Rio de Janeiro: Renovar, 1998.

SILVA, Luis Renato Ferreira da. A função social do contrato no novo código civil e sua conexão com a solidariedade social. In: SARLET, Ingo Wolfgang (orgs.). *O novo Código Civil e a Constituição*. Porto Alegre: Livraria do Advogado, 2003.

SILVA, Reinaldo Pereira e. *O mercado de trabalho humano*: a globalização econômica, as políticas neoliberais e a flexibilidade dos direitos sociais no Brasil. São Paulo: LTr, 1998.

______. *Bioética e biodireito: as implicações de um reencontro*. 2002. Disponível em: <http://www.advocaciapasold.com.br/artigos>. Acesso em: 15.10.07.

SOUTO MAIOR, Jorge Luiz. Modernidade e direito do trabalho. *Revista do Tribunal Superior do Trabalho*. Brasília, vol. 67, n. 1, p. 153-159, jan./mar. 2001.

SOUZA, Daniela Lustoza Marques de. A precarização das relações de trabalho e a desestabilização dos vínculos sociais. *Revista Trabalhista* — direito e processo — Anamatra e Forense. Vol. VII. Rio de Janeiro: Forense, 2003.

STIGLITZ, Joseph E. *A globalização e seus malefícios*: a promessa não cumprida de benefícios globais. Tradução de Bazán Tecnologia e Lingüística. São Paulo: Futura, 2002.

STUMM, Raquel Denize. *O princípio da proporcionalidade no direito constitucional brasileiro*. Porto Alegre: Livraria do Advogado, 1995.

SÜSSEKIND, Arnaldo *et al*. *Instituições de direito do trabalho*. 21. ed. atual. São Paulo: LTr, 2003, v. 1. (a)

_____. Os princípios social-trabalhistas na Constituição brasileira. *Revista do Tribunal Superior do Trabalho*. Brasília, vol. 69, n. 1, p. 40-46, jan./jun. 2003. (b)

URIARTE, Oscar Ermida. Globalización y relaciones laborales. *Revista Pistas*, Buenos Aires, n. 3, p. 1-11, fev. 2001.

______. *A flexibilidade da greve*. Tradução de Edilson Alkmin. São Paulo: LTr, 2000.

______. *A flexibilidade*. Tradução de Edilson Alkimin. São Paulo: LTr, 2002.

______. A flexibilização do direito do trabalho na experiência latino-americana. *Revista da Escola da Magistratura do Tribunal Regional do Trabalho da Segunda Região*. São Paulo, n. 1, p. 114-139, set. 2006.

VECCHI, Ipojucan Demétrius. *Noções de direito do trabalho*: um enfoque constitucional. 2 ed. rev. e ampl. Passo Fundo: UPF, 2007. v. 1.

______. Considerações sobre a proposta de alteração do artigo 618 da CLT. In: FREITAS, José Mello (orgs.). *Reflexões sobre direito do trabalho e flexibilzação*. Passo Fundo: UPF, 2003.

VIDAL, Bautista. Entregar a Vale é traição. In: CARRION, Raul K. M.; VIZENTINI, Paulo G. Fagundes (orgs.). *Globalização, neoliberalismo, privatizações*: quem decide este jogo? 2. ed. Porto Alegre: Universidade/UFRGS, 1998.

_____. *Cidadania e globalização*. Rio de Janeiro: Record, 1998.

_____. *Os argonautas da cidadania*: a sociedade civil na globalização. Rio de Janeiro: Record, 2001.

VIZENTINI, Paulo G. Fagundes. A globalização e os impasses do neoliberalismo. In: CARRION, Raul K. M.; VIZENTINI, Paulo G. Fagundes (orgs.). *Globalização, neoliberalismo, privatizações*: quem decide este jogo? 2. ed. Porto Alegre: Universidade/UFRGS, 1998.

WALLRAFF, Günter. *Cabeça de turco*: uma viagem aos porões da sociedade alemã. Tradução de Nicolino Simone Neto. 14. ed. São Paulo: Globo, 2004.

WOLKMER, Antônio Carlos. *Pluralismo jurídico*: fundamentos de uma nova cultura no direito. 2. ed. São Paulo: Alfa-Omega, 1997.

WOSGRAU, Clayton Haviaras; CEMIM, Letícia e RICKEN, Vanderlei. Obstáculo do tempo. *Revista Tribuna 12*. Florianópolis, n. 5, p. 10-12, out-dez. 2007.

ZOLA, Émile. *Germinal*. Tradução de Silvana Salermo. São Paulo: Companhia das Letras, 2000.

SÍTIOS CONSULTADOS:

ASSOCIAÇÃO NACIONAL DOS MAGISTRADOS DA JUSTIÇA DO TRABALHO — ANAMATRA. Disponível em: <http://www.anamatra.org.br>. Acesso em: 25.1.08.

CAMARA DOS DEPUTADOS. <www.camara.gov.br/sileg/integras/280671.htm>. Acesso em: 17.11.05.

CENTRO DE VOLUNTARIADO DE SÃO PAULO. Disponível em: <http://www.cvsp.org.br>. Acesso em: 25.1.08.

CONTRATUH. <www.contratuh.org.br/agencia/anteprojeto_novo.htm>. Acesso em: 17.11.05.

FOLHA ONLINE. UOL. Disponível em: <http://www1.folha.uol.com.br/folha/brasil/ult96u 71874.shtml>. Acesso em: 4.5.07.

FUNDAÇÃO ABRINQ. Disponível em: <http://www.fundabrinq.org.br>. Acesso em: 25.1.08.

INSTITUTO PRÓ-CIDADANIA DE DESENVOLVIMENTO E CAPACITAÇÃO PARA PESSOA ESPECIAIS — IPC. Disponível em: <http://www.institutoprocidadania.org.br>. Acesso em: 25.1.08.

JORNAL FOLHA DE SÃO PAULO. <http://www1.folha.uol.com.br/folha/brasil/ult96u71874. shtml>. Acesso em: 4.5.07.

MINISTÉRIO DO DESENVOLVIMENTO SOCIAL E COMBATE À FOME. PROGRAMA BOLSA FAMÍLIA. Disponível em: <http://www.mds.gov.br/programas/transferencia-de-renda/programa-bolsa-família>. Acesso em: 1º.10.07.

MINISTÉRIO DO PLANEJAMENTO, ORÇAMENTO E GESTÃO. Radar Social. Disponível em: <www.planejamento.gov.br>. Acesso em: 15.3.07.

MINISTÉRIO DO TRABALHO E EMPREGO. FÓRUM NACIONAL DO TRABALHO. Disponível em: <http://www.mte.gov.fnt/default.asp>. Acesso em: 10.10.07.

ORGANIZAÇÃO DAS NAÇÕES UNIDAS. Disponível em: <http://www.onu-brasil.org.br/documentos-direitoshumanos.phb>. Acesso em: 15.10.07.

ORGANIZAÇÃO INTERNACIONAL DO TRABALHO — ESCRITÓRIO BRASIL. Disponível em: <http://www.oitbrasil.org.br/trabalho-forçado/brasil/iniciativas/plano-nacional.pdf>. Acesso em: 2.10.07. Também em: <www.oitbrasil.org.br>. Acesso em 25.1.08. Ainda, em <http://www.oitbrasil.org.br/trabalho_forcado/index.php. Acesso em: 18.3.08.

PRESIDÊNCIA DA REPÚBLICA. FOME ZERO. <http://www.fomezero.gov.br/>. Acesso em: 3.10.07.

PRIMEIRA JORNADA DE DIREITO MATERIAL E PROCESSUAL NA JUSTIÇA DO TRABALHO. Disponível em: <http://www.anamatra.org.br/jornada/index.cfm>. Acesso em: 18.1.07.

REDE GLOBO. AMIGOS DA ESCOLA. Disponível em: <http://amigosdaescola.globo.com/ TVGlobo/Amigosdaescola/0,,AA1277302-6960,00.html>. Acesso em: 3.10.07.

SECRETARIA ESPECIAL DE POLÍTICAS PÚBLICAS DE PROMOÇÃO DE IGUALDADE RACIAL — SEPPIR. <www.presidencia.gov.br/estrutura/seppir/>. Acesso em: 13.2.08.

SECRETARIA ESPECIAL DE POLÍTICAS PÚBLICAS PARA MULHERES — SPM. <www.presidencia.gov.br/estrutura_presidencia/sepm/>. Acesso em: 13.2.08.

TRATADO DE VERSALHES. <http://net.lib.byu.edu/~rdh7/wwi/ versailles.html>. Acesso em: 14.11.07.

TRIBUNAL REGIONAL DO TRABALHO. <http://www3.trt12.gov.br/juris/scripts/ juris.asp?seguro+desemprego+fraude&cb-em=S&dt1_dia=>. Acesso em: 29.5.07.